DAS Brigitte Huber

KARRIERE BUCH

Brigitte Huber

DAS KARRIERE BUCH

Die typischen Frauenfallen vermeiden, selbstbewußt auftreten, den eigenen Weg finden

SÜDWEST

INHALT

Wenn Mädchen Selbstwertgefühl und Durchsetzungsvermögen vermittelt werden, können sie Psychofallen leichter vermeiden.

Den Umgang mit Vorgesetzten und Kollegen kann man lernen.

Auf dem Weg nach oben müssen Frauen Profil zeigen.

Die Babypause sinnvoll nützen!

Auf den oberen Etagen ist die Luft dünn.

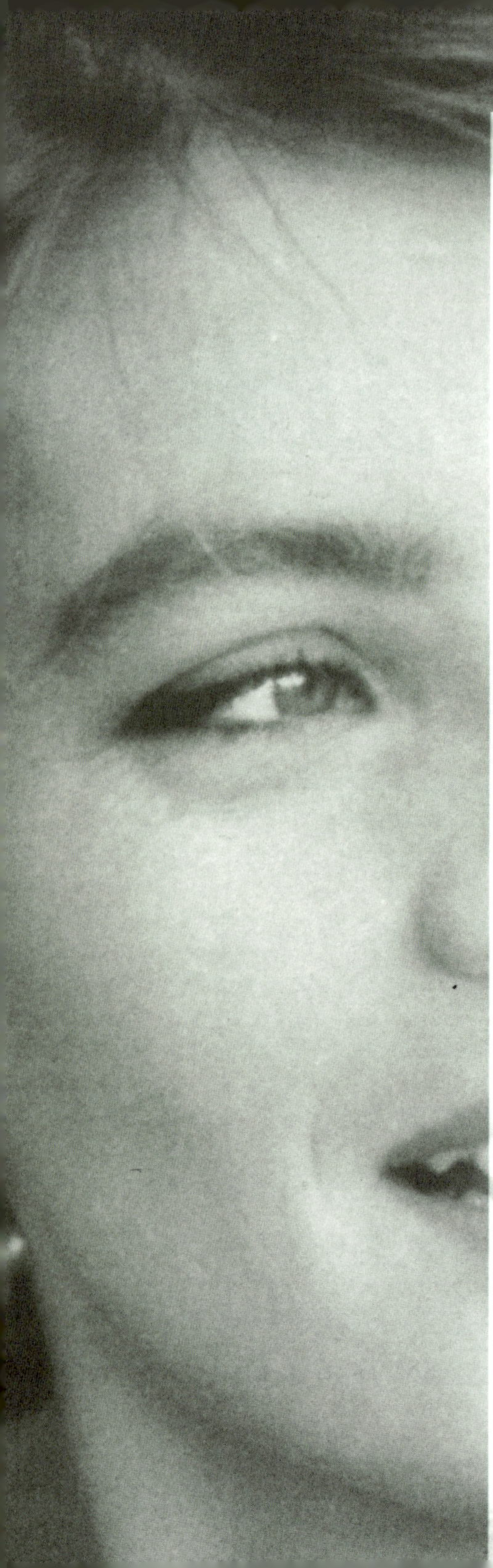

VORWORT

Karriere – das Wort stammt aus dem Französischen und bedeutet scharfer Galopp. Im Zusammenhang mit Frauen hat es noch immer einen etwas merkwürdigen Beigeschmack. Ist Karriere also nur der Weg für erfolgsorientierte Männer? Sicher gibt es für Frauen noch genügend äußere Barrieren – und vor allem auch eigene innere Blockaden. Doch diese Hemmnisse sind nicht unüberwindlich. Dieses Buch zeigt Ihnen, wie Sie die eigenen Chancen nützen und Durchsetzungsstrategien entwickeln können.

Die gute Nachricht zuerst

Die beruflich erfolgreiche Frau müssen wir nicht mehr suchen wie die berühmte Stecknadel im Heuhaufen. Inzwischen gibt es Frauen in (beinahe) allen Branchen, in fast sämtlichen Unternehmen und in den unterschiedlichsten Berufen, die die Karriereleiter erklimmen, und das mit einem Tempo, das manch männlichen Konkurrenten vor Neid erblassen läßt. Wurde noch vor 10, 20 Jahren die »Karrierefrau« als Ausnahme von der Regel neugierig und mißtrauisch beäugt, so entdeckt heute fast jeder in seinem Umfeld eine oder auch mehrere Frauen, die es geschafft haben oder zumindest auf dem besten Weg dorthin sind. Gut so.

Frauen sind oft besser, aber weniger erfolgreich

Diese erfreuliche Entwicklung kann und sollte uns jedoch nicht darüber hinwegtrösten, daß wir Frauen im Berufsalltag oft noch den kürzeren ziehen: So verdienen wir nach wie vor deutlich weniger als die Männer. Wir erreichen immer noch weit seltener gute bis hervorragende Positionen, die Anzahl weiblicher Führungskräfte dümpelt auf lächerlich niedrigem Niveau. Nicht, weil wir schlechter sind. Im Gegenteil: Frauen haben oft die besseren Noten und können teilweise höhere Qualifikationen aufweisen als die männliche Konkurrenz. Ebenso unbestritten ist, daß sie vielfach härter, mehr und engagierter arbeiten als Männer. Gleichzeitig ist längst bekannt, daß sogenannte weibliche Qualitäten – wie Einfühlungsvermögen und globales Denken – auch in den oberen Etagen so hoch im Kurs stehen wie niemals zuvor.

Frauen haben offensichtlich exzellente Karten, und dennoch machen meist die Männer das Spiel.

Woran liegt es also? An den Knüppeln, die Frauen auf dem Weg nach oben zwischen die Füße geworfen werden? Von Männern, die nur Vertreter des eigenen Geschlechts fördern? Von Chefs, die Frauen wenig zutrauen oder Angst um ihre Pfründe haben? Sicher: Alte Vorurteile sind längst noch nicht in allen Köpfen ausradiert, und Gleichberechtigung gilt in manchen Firmen immer noch als ein lästiger Trend, der nur Verwirrung stiftet. Ebenso klar ist: Die typischen Karrieremodelle, denen sich Frauen auf dem Weg nach oben unterordnen müssen, sind nach wie vor auf Männer zugeschnitten – mit der Konsequenz, daß Frauen einen viel höheren Preis zahlen müssen. Das wohl deutlichste Beispiel: Während Männer auf dem Erfolgstrip ganz gut »nebenbei« eine Familie gründen können, bedeutet ein Kind für Frauen meistens den Karriereknick. Diese äußeren Barrieren existieren auch heute noch, und sie sind keinesfalls zu unterschätzen; doch es wäre völlig falsch, die beruflichen Probleme der Frauen einzig auf diese Ursache zurückzuführen.

Innere Barrieren

Mindestens so entscheidend wie die äußeren Barrieren sind nämlich die inneren, die wir überwinden müssen. Denn Frauen werden nicht nur gebremst – sie bremsen sich oft genug selbst aus. Frauen wissen meist zuwenig darüber, wie Karriere »funktioniert«, worauf es tatsächlich ankommt, wie sie sich ins rechte Licht setzen. Wichtige Verhaltensmuster und Regeln, die zum beruflichen Erfolg führen, beherrschen Männer oft weit besser. Natürlich lassen sich diese Unterschiede weder auf den Zufall noch etwa auf angeborene Defizite zurückführen: Frauen tappen in Fallen, die sie sich selbst gestellt haben. Nicht absichtlich, sondern unbewußt. Zum Glück ist keine Frau gezwungen, dieses Spiel weiter mitzumachen: Wer die psychischen Barrieren kennt, kann sie auch überwinden.

Man(n) stellt sich Frauen nicht nur in den Weg – Frauen stehen sich auch selbst im Weg.

Warum dieses Buch?

Dieses Kursbuch will Ihnen helfen, Ihren eigenen Weg zu finden – aus den Psychofallen heraus und die Erfolgsleiter hinauf. Im ersten Kapitel »Die typischen Frauenfallen« sind die inneren Barrieren beschrieben, wie sie entstehen und wie sie sich auswirken. Dieses Einleitungskapitel dient der Hintergrundinformation. Der Großteil des Ratgebers widmet sich jedoch der Praxis: In den folgenden vier Kapiteln »Einstieg in den Job«, »Aufstieg im Beruf«, »Umstieg und Wiedereinstieg« sowie »Erfolg – auf dem Weg nach oben« werden – entsprechend Ihres momentanen beruflichen »Standortes« – typische Situationen und Probleme des Berufsalltags aufgegriffen und Lösungsvorschläge angeboten, damit Sie sich nicht zuletzt in diesen heiklen Phasen geschickt verhalten und Ihre Chancen verbessern können. Darüber hinaus finden Sie eine ganze Reihe von Extrapunkten, von denen Sie unabhängig vom derzeitigen beruflichen Entwicklungsstadium profitieren können.

Heute gelingt es weit mehr Frauen als noch vor wenigen Jahren, beruflich (und gleichzeitig privat) erfolgreich zu sein.

Die vorgestellten Erfolgsstrategien sind das Ergebnis meiner langjährigen beruflichen Auseinandersetzung mit diesen Themengebieten und zahlreicher Gespräche mit Psychologen/Psychologinnen, Managementtrainer/innen, Personalverantwortlichen und nicht zuletzt Frauen, die mir mitteilten, wie sie die inneren und äußeren Blockaden erfolgreich überwinden konnten. Ich wünsche auch Ihnen dabei viel Erfolg!

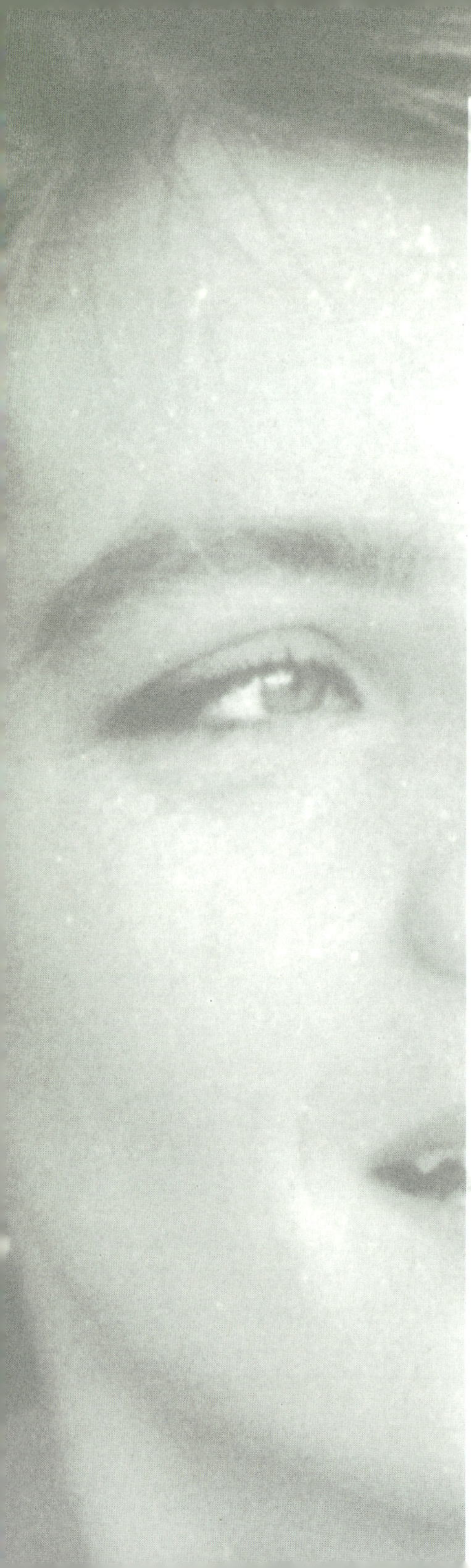

DIE TYPISCHE

Das erste Kapitel bietet Ihnen zunächst einen Überblick über die typischen Psychofallen für Frauen. Es zeigt, wie die hemmenden Blockaden entstehen und wie sie sich auswirken. Dieses Kapitel dient der Hintergrundinformation für die weiteren, eher praxisorientierten Kapitel des Buches; die hier kurz beschriebenen unterschiedlichen Fallen – von der Kompetenz- bis zur Bescheidenheitsfalle – sind wichtig, um bestimmte Mechanismen durchschauen und gezielter durchbrechen zu können.

N FRAUENFALLEN

WIE DIE PSYCHOFALLEN ENTSTEHEN

Schwaches Mädchen, starker Junge? Ein dummes Klischee, natürlich. Aber wie so viele der gesellschaftlichen Klischeevorstellungen ist auch diese äußerst hartnäckig und nur schwer aus der Welt zu schaffen. Kein Wunder: Schließlich hat die traditionelle Rollenverteilung eine jahrtausendealte Geschichte. Die Erziehung von Mädchen zielte lange Zeit hauptsächlich auf ihren »natürlichen Beruf« als Hausfrau, Mutter und Ehefrau.

Bildungschancen für Frauen – ein neueres Kapitel

Bis zur Jahrhundertwende schickte lediglich die Elite ihre Töchter auf Schulen, und dann auch nur, um ihre Chancen auf dem Heiratsmarkt zu erhöhen. Die junge Frau sollte vollendete Manieren sowie Hand- und Hausarbeit erlernen und darüber hinaus in der Lage sein, mit ihrem Gatten und auch seinen Gästen nett zu parlieren. Der Mann hatte das Sagen, die Frau sich unterzuordnen.

Die Vergangenheit ist noch längst nicht passé. Mädchen, die höhere Schulen besuchten oder gar studierten, waren noch in der Generation unserer Mütter eher die Ausnahme denn die Regel. Natürlich hat dank der Emanzipationsbewegung ein Umdenken stattgefunden, das sich auch weiterhin fortsetzen wird. Doch tief verankerte Vorstellungen, wie eben die Rollenverteilung der Geschlechter, überleben mühelos einige Generationen.

Traditionelle Rollenbilder von Frauen sind unterschwellig nach wie vor existent.

TOUGH UND UNWEIBLICH?

Auch die Medien tragen zum Rollenklischee bei. Beispielsweise wird die typische Karrierefrau im Fernsehen in der Regel immer noch als eher abschreckende Person gezeichnet: entweder als hoffnungslose Egoistin, die Kinder und Mann vernachlässigt, oder als unglückseliges Mannweib, das den Erfolg mit Einsamkeit bezahlen muß.

Weibliche »Tugenden«

Mit weiblichen Werten verbindet man auch heute noch vielfach Fürsorglichkeit, Rücksichtnahme, Aufopferungsbereitschaft, uneingeschränkte Offenheit – Attribute, mit denen im Berufsleben meist nicht viel zu gewinnen ist. Doch nach diesen Kriterien wurden – und werden – die meisten Mädchen erzogen, während für die Männer von morgen ganz andere Richtlinien gelten. Ein kleiner Junge erntet Beifall, wenn er sich durchsetzt, eigenständig ist, sich mit anderen mißt – Zeichen dafür, daß er später einmal seinen ganzen Mann stehen wird.

Ein kleines Mädchen hingegen gewinnt Sympathien auf ganz andere Weise: indem es nett, hübsch, brav, ausgeglichen und bescheiden ist, andere tröstet und auch mal gewinnen läßt. Dadurch lernt das Mädchen von klein auf, sich anzupassen und unterzuordnen. Ein gesundes Selbstbewußtsein und Durchsetzungsvermögen können sich dadurch nur schwer entwickeln. Innere Barrieren entstehen, die uns nicht zuletzt im Beruf daran hindern, unsere Chancen zu nutzen.

Die Kompetenzfalle

Natürlich ist ein hohes Maß an fachlicher Kompetenz ein wichtiger Erfolgsfaktor. Wohlgemerkt: einer von mehreren. Frauen glauben, je mehr sie auf ihrem Gebiet wissen, um so sicherer erreichen sie das nächste Karrieretreppchen. Sie erwerben sich Zusatzqualifikationen, opfern ihre Wochenenden der Teilnahme an Seminaren, vertiefen nach Feierabend ihre Kenntnisse in Fremdsprachen, Computer usw., vergraben sich in Fachlektüre, bis sie tatsächlich beinahe unschlagbar sind in ihrem Bereich – und fassungslos feststellen müssen, daß ein Kollege, der fachlich weit we-

Frauen überschätzen häufig gerade den Faktor »Kompetenz«.

Fachliche Kompetenz hat ihre Tücken

Fachliche Kompetenz allein reicht bei weitem nicht aus, um ge- und befördert zu werden. Unter Umständen kann sie sogar hinderlich sein – dann nämlich, wenn der Chef das Gefühl hat, seine Mitarbeiterin wisse mehr als er. Ein Gefühl, das er auch als bedrohlich empfinden kann.

niger an sich gefeilt hat, bereits um Längen an ihnen vorbeigezogen ist und beispielsweise bei einer Beförderung vorgezogen wird.
Mindestens so wichtig wie Leistung sind Taktik, die Fähigkeit, gute berufliche Beziehungen zu knüpfen, das richtige Auftreten – Eigenschaften, die Männer in aller Regel besser beherrschen, weil sie ihnen frühzeitig beigebracht wurden.

Old Boys' System

Die Neigung, Kompetenz überzubewerten, rührt zum einen aus mangelnder weiblicher Erfahrung mit den Spielregeln der Arbeitswelt. Während Männer dieses Wissen über Generationen an ihre Geschlechtsgenossen weitergegeben und somit schon fast verinnerlicht haben, sind Frauen eben erst vor wenigen Jahrzehnten in diese Bereiche vorgedrungen. Gleichzeitig hängt diese Karrierebremse natürlich eng mit einem mangelnden Selbstbewußtsein zusammen: Wer sich selbstsicher fühlt, kann auch gut damit leben, in einem Bereich mal nicht so 100prozentig Bescheid zu wissen und Lücken aufzuweisen.

Die Fleissfalle

Eng mit der Kompetenzfalle verbunden ist die nächste Falle: die Fleißfalle. Will ein Mann nach oben kommen, muß er 100 Prozent leisten. Eine Frau hingegen bezahlt die gleiche Karriere mit 150prozentigem Einsatz. Mag sein, daß diese gern zitierte »Regel« in manchen Betrieben auch heute noch Gültigkeit hat. Doch meist sind es nicht die Firmen, sondern die Frauen selbst, die von sich unermüdliches Engagement verlangen. Sie machen freiwillig unzählige Überstunden, nehmen zusätzliche Arbeit an, verausgaben sich bis an die Grenze ihres Leistungsvermögens und oft genug darüber hinaus. Leider übersehen sie dabei Entscheidendes: Ein überdurchschnittliches Arbeitspensum mündet keineswegs geradlinig in eine steile Karriere (eher in die Arbeitssucht und damit langfristig ins Gegenteil). Fleiß ist bestenfalls ein sekundäres Aufstiegskriterium. Wer befördert werden will, muß sich profilieren, positiv auffallen – leider fallen die emsigsten Mitarbeiter höchstens mal auf, wenn sie krank sind und der ansonsten so reibungslose Ablauf gestört ist.

Übertriebene Pflichterfüllung und unermüdliches Engagement sind auf dem Weg nach oben eher hinderlich.

Karrierehemmer Pflichterfüllung

Übertriebene Pflichterfüllung kann direkt karrierehemmend wirken. Durch Fleiß und Zuverlässigkeit kann man sich auf einer Position so unentbehrlich machen, daß der Vorgesetzte nicht im Traum an eine Beförderung denken wird – schließlich kann es in seinen Augen gar nicht besser laufen.

Die Perfektionismusfalle

Frauen neigen dazu, sehr hohe und auch überzogene Ansprüche an sich und ihre Leistungen zu stellen. Sich keinen Fehler zu leisten, immer alles richtig zu machen – das ist schlichtweg unmöglich. Dennoch halten viele Frauen an diesem Anspruch fest, weil sie nicht selbstbewußt genug sind, um sich auch Schwächen oder Versäumnisse zuzugestehen. Das uralte Vorurteil, Frauen seien schwächer, unfähiger, minderwertig, hat seine Wirkung eben nur eingebüßt und noch nicht verloren. Es führt zu starken Selbstzweifeln und dem verzweifelten Versuch, den Gegenbeweis anzutreten. Um so stärker trifft es Frauen dann, wenn sie tatsächlich einen Fehler gemacht haben oder wenn sie kritisiert werden. Während ein im großen und ganzen erfolgreicher Mann einen vereinzelten Patzer in der Regel relativ mühelos wegsteckt, neigt manche Frau in derselben Situation dazu, sich selbst und alle bisherigen Erfolge in Frage zu stellen. Der Hang zum Perfektionismus läßt sich oft auch am Arbeits-

Die Perfektionismusfalle ist beides: karrierehemmend und selbstzerstörerisch.

C-Prioritäten delegieren!

Experten weisen darauf hin, daß sich Frauen in bereits gehobenen Positionen oft zu viele A-Prioritäten – also Tätigkeiten von großer Wichtigkeit – setzen. Darüber hinaus versuchen sie, auch C-Prioritäten – Aufgaben, die weniger wichtig sind, delegiert oder im Zweifelsfall links liegengelassen werden sollten – möglichst selbst zu erledigen. Wenn tagsüber die Zeit dazu fehlt, muß dafür der Abend oder gar die Nacht herhalten.

volumen ablesen. Diese Arbeitsüberlastung rächt sich häufig, denn unter dem anhaltenden Raubbau an sich und den eigenen Energiedepots können auf Dauer jene Qualitäten leiden, die für das Weiterkommen nicht selten ausschlaggebend sind: die Kreativität etwa oder auch die Fähigkeit, flexibel zu bleiben und sich blitzschnell auf eine veränderte Situation einstellen zu können.

Die Nummer-Sicher-Falle

Ohne Mut und eine gewisse Risikobereitschaft gelingt kein beruflicher Aufstieg. Wer aber zuwenig Selbstbewußtsein hat, strebt nach größtmöglicher äußerer Sicherheit und wagt es nicht, Risiken einzugehen. Das führt dazu, daß viele Frauen immer noch brav den Nummer-Sicher-Kurs einschlagen. Aus Angst, etwas Falsches zu sagen, halten sie bei Konferenzen lieber gleich den Mund – anstatt die Möglichkeit zur Profilierung zu nutzen. Sie konzentrieren sich lieber auf Aufgaben, die sie 100prozentig bewältigen können, als eine Herausforderung in Angriff zu nehmen, bei der sie eventuell scheitern könnten. Sie bewerben sich lieber gleich gar nicht um eine interessante Stellung – es könnte ja sein, daß sie gar nicht gut genug sind. Doch wer nicht wagt, der nicht gewinnt. Um der Nummer-Sicher-Falle zu entrinnen, müssen wir nicht gleich nach den Sternen greifen oder ins eiskalte Wasser springen. Auch Schritt für Schritt können wir die Falle verlassen, indem wir zuerst kleine Risiken eingehen. Wenn wir gewinnen, stärkt es unser Selbstbewußtsein. Doch auch wenn wir verlieren, nützt es uns, weil wir lernen, kleine Niederlagen einzustecken, und allmählich die Fähigkeit erlangen, Risiken zu kalkulieren und zu mindern, ohne ihnen aus dem Weg zu gehen.

Die Passivitätsfalle

Zurückhaltung mag als vornehm gelten, Bescheidenheit als eine Zier. Im Arbeitsleben allerdings bringen uns diese beiden – typisch weiblichen – »Tugenden« überhaupt nicht weiter. Viele Frauen, die in ihrem Job gute Arbeit leisten, hoffen jahrelang, irgend jemandem würde das irgendwann schon auffallen und sie würden dann angemessen honoriert werden. Doch in der Regel wird die klammheimlich er-

Wer auf den Karrierezug will, darf nicht warten, bis dieser Zug zufällig anhält, sondern muß aufspringen.

Im persönlichen Bereich sinnvoll, im beruflichen oft falsch: vertrauensvolle Offenheit.

träumte Beförderung ebenso wie das tolle Angebot einer anderen Firma Wunschdenken bleiben. Die passive Abwartehaltung zahlt sich nur selten aus. Wer die Hand nicht hebt, wird nicht aufgerufen. Wer keine Signale aussendet, wird nicht gehört. Frauen fällt es schwerer als ihren männlichen Kollegen, Ansprüche anzumelden und für mehr Verantwortung zu kämpfen. Schließlich hat man ihnen oft genug gesagt, daß es sich nicht gehört, sich »nach vorne zu drängeln«. Diese anerzogene Zurückhaltung aufzugeben ist allerdings ein wichtiger Erfolgsfaktor.

Die Offenheitsfalle

Zweifel und Unsicherheit sind keine reine Frauensache. Männer, auch sehr erfolgreiche, kennen das beklemmende Gefühl, sich einer Sache mal nicht sicher zu sein. Doch der entscheidende Unterschied: Sie behalten solche Ängste für sich oder offenbaren sich nur Menschen, denen sie 100prozentiges Vertrauen schenken. Auch im positiven Fall – wenn sie eine gute Idee haben – überlegen sie sehr genau, wem sie davon er-

Männer schweigen über Gefühle – Frauen teilen sie mit. Das kann sich im Beruf negativ auswirken.

zählen. Viele Frauen hingegen scheinen sich verpflichtet zu fühlen, ihr Innenleben anderen nicht vorzuenthalten. Das kann böse Folgen haben. Ein Wort an die falsche Adresse – und der Schaden ist nur schwer wiedergutzumachen. Die Ursachen für dieses Verhalten liegen auf der Hand: Frauen können nicht nur besser als viele Männer über ihre Gefühle sprechen – schließlich haben sie das in der Klein-Mädchen-Erziehungsschule von der Pike auf gelernt –, sie wissen auch, wie wichtig diese Fähigkeit im Privatleben ist. Doch was im persönlichen Bereich richtig sein mag, ist im beruflichen häufig grundfalsch.

Die Einzelkämpferfalle

»Ich schaffe das ganz alleine!« Das ist ein Satz, der zur frühkindlichen Trotzphase gehört. Wenn dieses Statement allerdings aus dem Mund einer erwachsenen, berufstätigen Frau zu hören ist, muß man daraus schließen, daß sie einige wichtige Regeln im Erfolgsspiel nicht begriffen hat. Wer glaubt, ohne gute berufliche Beziehungen nach oben zu kommen, muß sich in der Regel auf eine herbe Enttäuschung gefaßt machen. Leider haftet diesem Thema in Deutschland immer noch etwas Anrüchiges an – wohlgemerkt nur, wenn es um Frauen geht. Sprüche wie »Die hat sich doch nur nach oben geschlafen« werden nicht so schnell auszurotten sein. Schließlich sind sie sehr nützlich – für Männer. Denn anscheinend lassen sich Frauen, u. a. aus Angst vor solchen Unterstellungen, immer noch davon abhalten, zu tun, was Männer seit Jahrhunderten machen: Männer knüpfen Seilschaften, schließen sich Berufs- und anderen Verbänden an, suchen sich einflußreiche Förderer und bahnen sich so den Weg nach oben. Denn gemeinsam sind sie stark.

Ohne das berühmte »Vitamin B« funktioniert der Aufstieg nicht.

Frauennetzwerke sind wichtig

In den USA haben sich viele Frauen längst aus der Einzelkämpferfalle befreit. Sie schließen sich zu lockeren Verbänden zusammen, meist innerhalb eines Berufszweiges, tauschen bei regelmäßigen Treffen ihre Erfahrungen aus, geben wertvolle Informationen (z. B. über interessante Positionen, gute Seminare usw.) weiter.

Auch in Deutschland haben inzwischen einige Frauen erkannt, daß sie sich über Netzwerke, Berufsverbände, aber auch Mentoren entscheidende Vorteile sichern können – Vorteile, die wir nicht allein den Männern überlassen sollten.

Die Naivitätsfalle

In jedem Unternehmen existieren ein mehr oder minder deutlich ausgeprägtes hierarchisches System und feste »offizielle« Wege. Wer Erfolg haben möchte, muß diese Strukturen kennen – ob Frau oder Mann. Manche Frauen übersehen allerdings, daß es darüber hinaus auch »unsichtbare« Strukturen und Regeln gibt, die oft noch entscheidender sind als die sichtbaren. So kann es durchaus sein, daß bei einer Beförderung nicht der »offiziell« Entscheidende das letzte Wort spricht, sondern ein anderer – z. B. ein bestimmtes Mitglied der Chefetage oder die graue Eminenz des Unternehmens.

Von großer Bedeutung sind nicht nur die offiziellen Strukturen eines Betriebs, sondern vor allem die inoffiziellen.

Am Ball bleiben

Viele Frauen glauben, wenn ein Vorschlag in der Konferenz abgeschmettert wurde, sei das eine endgültige Entscheidung. Erfolgreiche Männer hingegen wissen, daß sie nun inoffizielle Wege gehen müssen, wenn sie ihren Vorschlag dennoch durchsetzen wollen – etwa durch Gespräche mit wichtigen Ansprechpartnern. Frauen erwecken oft noch den Eindruck, »naiv« zu sein – sie wissen meistens einfach zuwenig über die inoffiziellen Regeln und wie bzw. wann sie angewandt werden müssen.

Die Kritikfalle

Der Vorwurf, vor allem Frauen könnten nicht mit Kritik umgehen, ist verbreitet und leider nicht ganz aus der Luft gegriffen. Frauen reagieren manchmal unangemessen, wenn ihnen berufliche Fehler oder Versäumnisse vorgehalten werden. Sie wirken zutiefst erschrocken, verletzt oder wehren sich mit übertriebener Heftigkeit – jedenfalls reagieren sie oft sehr emotional. Nicht weil sie sich selbst für unfehlbar halten, im Gegenteil: Wer große Probleme hat, mit Kritik umzugehen, ist meist nicht mit viel Selbstbewußtsein gesegnet.

Nehmen Sie's nicht persönlich!

Generell haben Frauen den Hang, Kritik, die auf den Job bezogen ist, persönlich zu nehmen.

- Dabei wird oft nur eine bestimmte Leistung in Frage gestellt, nämlich: »Das ist nicht o.k.«
- Frauen werten diesen Vorwurf dann gleich als Angriff auf ihre ganze Person – im Sinne von: »Du bist nicht o.k.«

Wer diese anerzogene Fehleinschätzung für sich korrigiert, profitiert in mehrfacher Hinsicht: persönlich, weil nicht jeder kleine Fehler gleich das innere Wohlbefinden stören kann, aber auch beruflich. Wer konstruktive Kritik zulassen kann und sie ernst, aber nicht persönlich nimmt, kann viel dazulernen und Pluspunkte auch bei demjenigen sammeln, der kritisiert hat.

Brave Mädchen kritisieren nicht

Gleichzeitig fällt es auch vielen Frauen schwer, selbst deutlich zu kritisieren. Andere auf Fehler hinzuweisen paßt nicht zu der antrainierten Rolle des netten, lieben, zurückhaltenden Mädchens. Spätestens dann, wenn Frauen in eine verantwortungsvolle Position vorgerückt sind und ein Team leiten sollen, kann dieses Defizit zum ernsthaften Problem werden. Kritik ist ein wichtiges Instrument, auf das auch wir Frauen nicht verzichten können.

Kritik muß sein. Gefährlich wird es nur, wenn Frauen Kritik falsch einsetzen.

Die Bescheidenheitsfalle

Hochmut kommt vor dem Fall, und Eigenlob stinkt – wir haben solche Sprüche oft genug gehört, um zu wissen: Auch wenn wir etwas gut gemacht haben, sollten wir möglichst nicht stolz darauf sein, zumindest dürfen wir es nicht allzu offensichtlich zeigen.
Diese mädchenhafte Bescheidenheit kann sich im Berufsleben als Erfolgskiller auswirken. Dann beispielsweise, wenn wir uns für ein Kompliment vom Chef nicht einfach nur selbstbewußt bedanken, sondern uns

bemüßigt fühlen aufzuzählen, wer diesen Geistesblitz ermöglicht hat: eine Bemerkung der Kollegin, die hervorragende Atmosphäre im Team usw. Die Folge: Auch der Chef wird schließlich zu dem Schluß kommen, daß unsere Leistung doch nicht so beachtlich war ...

SEIN LICHT NICHT UNTER DEN SCHEFFEL STELLEN!

Eine erfahrene Karriereberaterin gibt ihren Klientinnen immer folgenden Tip mit auf den Weg: Stellen Sie Ihr Licht nicht unter den Scheffel – sondern einen Scheffel unter Ihr Licht!

DIE LOBFALLE

Anerkennung genießt jeder Mensch. Und ein Lob vom Chef kann die Stimmung enorm heben. Allerdings erwarten manche Frauen zuviel positive Resonanz im Job, sie dürsten geradezu nach lobenden Worten. Bleibt der Beifall aus, stellen sie ihre Leistung allzu schnell in Frage. Der Hintergrund: Frauen definieren sich oftmals zu stark über Anerkennung von außen – statt selbst mit sich zufrieden zu sein und sich im übertragenen Sinne auch mal auf die Schulter zu klopfen, lassen sie andere zu jener Instanz werden, die letztlich über ihren Wert entscheidet.

DIE FÜGSAMKEITSFALLE

Hat ein Mann eine Chefin, wird er oft gefragt: Haben Sie damit keine Probleme? Umgekehrt wundert sich niemand, wie eine Frau damit zurechtkommt, Anweisungen von einem männlichen Vorgesetzten entgegenzunehmen. Es gilt eben nach wie vor als völlig normal, daß der Mann das Sagen hat. Diese gesellschaftliche Einordnung haben die meisten von uns noch so stark verinnerlicht, daß sie Schwierigkeiten haben, sich im Berufsleben als gleichwertige Partner zu begreifen. Sie lassen sich von männlicher Autorität einschüchtern, nehmen jedes Wort für bare Münze, wagen es nicht, Entscheidungen zu hinterfragen.

Ein tief verwurzeltes Gefühl von Schwäche führt dazu, daß sich Frauen unterordnen und klein beigeben, anstatt ihre Interessen und Überzeugungen selbstbewußt zu vertreten.

Die Konfliktfalle

Frauen haben ein anerzogenes Harmoniebedürfnis. Doch nicht alle Konflikte lösen sich in Wohlgefallen auf – vor allem nicht im Beruf.

Die Kunst zu harmonisieren zählt zweifellos zu den weiblichen Stärken. Auf den ersten Blick unversöhnlichen Gegensätzen einen gemeinsamen Nenner abzutrotzen, tragfähige Kompromisse zu entwickeln – das sind nicht zuletzt auch Führungseigenschaften, die Frauen meist mitbringen, während Männer sie auf einschlägigen Seminaren erst mühsam lernen müssen. So weit, so gut. Leider sind der Wunsch nach Harmonie und das Bedürfnis, von allen geliebt zu werden, bei manchen Frauen so stark ausgeprägt, daß sie sämtlichen Konflikten aus dem Weg gehen. Sie trauen sich nicht, ihren Standpunkt zu vertreten – aus Angst, sich Sympathien zu verscherzen. Sie lassen sich Zusatzarbeit aufhalsen, weil sie Chef oder Kollegen nicht verärgern wollen. Davon profitieren dann alle anderen, nur nicht sie selbst.

Mutters brave Tochter

Besonders gefährdet, Auseinandersetzungen zu meiden, sind die ältesten Töchter, die um des lieben Friedens willen dazu erzogen wurden, im Streit mit den jüngeren Geschwistern jedesmal klein beizugeben. Doch »Weisheiten« wie »Der Klügere gibt nach« sind armselige Trostpflaster, die darüber hinwegtäuschen sollen, daß sich ein anderer auf unsere Kosten Vorteile verschafft.

Das bedeutet nicht, daß Frauen den Harmoniekurs gegen einen harten Konfrontationskurs austauschen sollen. Sie müssen allerdings lernen:

- Notwendige Konflikte auszuhalten und auszutragen
- Ihre eigenen Interessen stärker zu vertreten
- Anderen etwas abzuschlagen und rechtzeitig nein zu sagen.

Frauen müssen versuchen, dies auszuhalten – auch auf die Gefahr hin, nicht mehr immer von allen geliebt zu werden.

Die Aggressionsfalle

Der Entschluß, selbstsicher auftreten zu wollen und sich nicht länger unterzuordnen, ist ein wichtiger Schritt zum beruflichen Erfolg und nicht zuletzt zu mehr Wohlbefinden. Allerdings schießen einige Frauen bei dem Versuch, Durchsetzungsvermögen und Bestimmtheit an den Tag zu legen, über das Ziel hinaus. Statt den Mittelweg einzuschlagen, verfallen sie ins andere Extrem und treten besonders resolut, autoritär und unversöhnlich auf. Dadurch wirken sie aggressiv, oft sogar feindselig. Ein selbstbewußter Mensch aber hat es nicht nötig, andere vor den Kopf zu stoßen und kleinzumachen. Er wird seine Rechte vertreten, ohne die der anderen zu verletzen.

Durchsetzungsvermögen und Selbstbewußtsein hängen eng zusammen. Auf seinen Ansichten und Rechten zu bestehen muß keineswegs aggressiv passieren.

Stärke minus Aggression

Frauen, die sich in die Aggressionsfalle verirren, schaden leider ihrem Image mehr als Männer mit ähnlichem Auftreten. Sie gelten nicht als Respektperson, sondern als »Mannweiber«, die bestenfalls gefürchtet, häufig aber auch verachtet werden. Um so wichtiger ist es, den Mittelweg zu finden und aus einem inneren Selbstbewußtsein heraus zu agieren.

Die Rivalitätsfalle

Frauen und Konkurrenz – vielleicht kein Tabu mehr, aber immer noch ein schwieriges Kapitel: Frauen fällt es wesentlich schwerer als Männern, im Beruf offen und fair miteinander zu konkurrieren.

Der Beste und die Netteste

Die Weichen für unterschiedliches Konkurrenzverhalten werden früh gestellt: Während es für Jungen selbstverständlich ist, ihre Kräfte etwa beim Sport und in der Freizeit miteinander zu messen und herauszufinden, wer der Schnellste, Beste, Stärkste oder Cleverste ist, werden Mädchen oft noch zur Zurückhaltung erzogen. Zwar treten auch sie untereinander in einen Wettbewerb, doch dabei geht es meist immer noch vorrangig darum, wer die hübscheste, bravste oder netteste ist.

Dies zeigt sich oft in zweierlei Hinsicht: Hält eine Frau wenig von sich, fürchtet sie die Konkurrenz, aus Angst unterlegen zu sein. Aber auch wenn sie glaubt, besser zu sein als die anderen, scheut sie häufig den direkten Vergleich – aus Angst, die Unterlegenen zu verärgern und deren Sympathie aufs Spiel zu setzen. Leider nicht ganz zu Unrecht: Denn die weibliche Solidarität endet nicht selten in dem Moment, in dem es einer gelingt, ein Treppchen höher zu steigen. Um die drohende Ablehnung von Kolleginnen und Kollegen gar nicht erst zu riskieren, verharren nicht wenige lieber gleich in der vertrauten Position. Während Frauen sich somit oft gegenseitig den Weg nach oben blockieren, können Männer als lachende Dritte ungehindert durchstarten.

Wettbewerb ist positiv

Doch das ist längst nicht der einzige Grund, der uns dazu bewegen sollte, Konkurrenzsituationen ertragen zu lernen. Der Wettbewerb – mit anderen Frauen wie auch mit Männern – hat viele positive Aspekte. Sich ab und zu mit anderen zu messen, kann anspornen und den eigenen Ehrgeiz anstacheln. Darüber hinaus hilft uns der Vergleich mit anderen, die eigenen Fähigkeiten besser einzuschätzen. Wer seine Stärken kennt, kann sie gezielter ausbauen. Kurz: Wir entwickeln Fähigkeiten, um langfristig im Rennen zu bleiben. Nicht zuletzt gibt es natürlich im Wettbewerb meist Sieger und Verlierer, d. h.: Wir können Erfolgserlebnisse haben, die das Selbstbewußtsein stärken, oder, falls wir den kürzeren ziehen, lernen, mit Niederlagen umzugehen.

Die Angstfalle

Frauen werden geschätzt, weil sie das Betriebsklima verbessern, in manchen Bereichen Männern überlegen sind und nicht zuletzt auch dem Image einer Firma dienlich sind.

Frauen fördern zu wollen, schreiben sich inzwischen zahlreiche Unternehmen auf ihre Fahnen. Zum Teil entpuppen sich diese großmundigen Versprechen natürlich bei näherem Hinsehen als leere Worte. Zum Teil aber steckt auch die Erkenntnis dahinter, daß ein Unternehmen profitiert, wenn es Mitarbeiterinnen in verantwortliche Positionen aufrücken läßt. Auf die Frage, warum in den einzelnen Unternehmen dennoch der Großteil der überdurchschnittlichen Positionen mit Männern besetzt ist, wird häufig auf die mangelnde Bereitschaft der Frauen verwiesen, Verantwortung zu übernehmen. Während Männer geradezu Schlange stehen, wenn eine interessante Position zu vergeben ist, müsse man die Frauen mit der Lupe suchen. Dieser Vorwurf ist nicht unberechtigt: Noch immer haben viele Angst, eigenständig Entscheidungen zu fällen, Mitarbeiter zu führen, an Erfolg und Mißerfolg einer Abteilung gemessen zu werden. Der Mangel an Selbstbewußtsein hindert sie daran, sich wirklichen Herausforderungen zu stellen. Das Verantwortungsbewußtsein, das den meisten Frauen anerzogen wurde, bezieht sich oft nur auf den privaten Bereich – auf Kinder, Ehe, Haushalt. Sich außerhalb der behüteten vier Wände zu beweisen, Erfahrungen zu sammeln und Selbstbewußtsein zu entwickeln, stand meistens nicht auf dem Erziehungsprogramm.

HERAUSFORDERUNGEN ANNEHMEN

Erfreulicherweise erkennen immer mehr Frauen, wie sie diese hemmende Angst am besten ablegen. Nicht, indem sie Herausforderungen meiden, sondern sich ihnen bewußt stellen. Die Erfahrungen vieler erfolgreicher Frauen in den unterschiedlichen Berufen gleichen sich: Nur der erste Schritt fällt wirklich schwer. Die Selbstzweifel schwinden, positive Gefühle können sich entfalten – die Lust an der Verantwortung, der Wille, eigenständige Entscheidungen zu fällen und ein erstarktes Selbstbewußtsein.

DIE FAMILIENFALLE

Solange Hausmänner und Väter, die Erziehungsurlaub nehmen, immer noch entweder als wahre Helden gefeiert oder als schlappe Softies belächelt werden, besteht wahrlich kein Grund zur Entwarnung: Erziehung gilt nach wie vor als Frauensache, die äußeren Barrieren – wie etwa der Mangel an guten Teilzeitjobs und Kinderbetreuungsplätzen – sind unübersehbar und für viele unüberwindlich. Die meisten Frauen fühlen sich vor eine knallharte Entscheidung gestellt. Entweder Kind – oder Karriere. Inzwischen wächst aber stetig die Zahl derer, die beides wollen. Ein selbstbewußter Entschluß. Doch leider ist dies gleichzeitig der Moment, in dem viele in eine Falle tappen. Sie wollen nicht nur beides machen, sondern beides perfekt machen.

Frauen wollen oft beides 100prozentig: Familie und Job – ohne Abstriche.

Sie geben 100 Prozent im Job, 100 Prozent als Mutter, nebenbei wollen sie eine tolle Partnerin sein und immer ein offenes Ohr für die Probleme anderer haben. Das mag alles sehr löblich klingen, führt aber dazu, daß die Superfrau selbst auf der Strecke bleibt. Dazu kommt, daß irgendwann auch ein 24-Stunden-Tag nicht mehr ausreicht, allem und jedem gerecht zu werden. Das bedeutet keineswegs, daß Kind und Karriere nicht zu vereinbaren wären. Es kann sehr wohl gutgehen – allerdings nur, wenn die Frauen bereit sind, sich von einigen ihrer inneren Barrieren zu verabschieden: vom Perfektionismus, von ihrem Anspruch, immer für alle dazusein, von der Rolle der ständig Gebenden, die nichts fordert. Um unter der Doppelbelastung, die häufig auch eine Dreifachbelastung ist, nicht zusammenzubrechen, muß sich eine Frau erlauben, manches zu vernachlässigen und andere Menschen stärker in die Pflicht zu nehmen.

Die Rollenfalle

Hat es eine Frau geschafft, nach oben zu kommen, hören die Probleme meist nicht auf. Ein Hauptproblem, das viele teilen: Sie haben Schwierigkeiten, ihre Rolle als Frau mit dem überdurchschnittlichen Erfolg in Einklang zu bringen. Zum einen im Job – weil sie fühlen, daß manche Männer Schwierigkeiten haben, eine Frau als Vorgesetzte und Autoritätsperson zu akzeptieren. Dieses Problem müssen allerdings die betroffenen Männer für sich lösen, ihre Chefin kann nur dazu beitragen.

Tagsüber kämpfen, abends kuschen?

Komplizierter wird es im Privatleben. Sogar langjährig erfolgreiche Unternehmerinnen machen keinen Hehl daraus, daß sie sich in dem Dilemma befinden, zwei entgegengesetzte Rollen verkörpern zu müssen. Tagsüber haben sie in ihrem Betrieb das Sagen, abends hingegen gibt ein anderer den Ton an: der Ehemann. Andere Erfolgsfrauen hingegen bleiben solo – weil es nur wenige Männer gibt, die es ertragen können, in der Karrierehierarchie unter ihrer Partnerin angesiedelt zu sein. Wo liegt der Ausweg aus diesem Dilemma? Tagsüber kämpfen, abends kuschen? Wohl kaum. Auch hier kann der Weg nur in der Mitte liegen – in einer gleichberechtigten Partnerschaft.

Den traditionellen Geschlechterspieß umzudrehen und den dominanten Part einzunehmen ist langfristig kaum befriedigend: Grundvoraussetzung für eine funktionierende Partnerschaft ist Gleichwertigkeit.

Wenn Mütter ihren Töchtern mehr Durchsetzungsvermögen und Selbstwertgefühl vermitteln, haben diese es später leichter.

Wege aus den Psychofallen

Die Psychofallen der Frauen sind nicht zuletzt deshalb so gefährlich, weil sie allgegenwärtig und dennoch unsichtbar sind. Sie lauern in den unterschiedlichsten Situationen des Berufsalltags, und daß sie zugeschnappt sind, merken wir meist erst, wenn wir nicht mehr weiterkommen. Doch wie können wir sie entschärfen und überwinden? Die beste und einfachste Methode: die inneren Barrieren gar nicht entstehen zu lassen.
Zum Glück achten viele aufgeklärte Eltern inzwischen ganz bewußt darauf, ihre Kinder nicht nach den klassischen Rollenmodellen zu erziehen. Sie vermitteln ihren Töchtern Durchsetzungsvermögen, ein stabiles Selbstwertgefühl – also Verhaltensweisen, die als typisch männlich gelten – und bringen ihren Söhnen Sozialverhalten, Familiensinn, Verantwortungsgefühl für andere bei – wichtige Werte, die meist Frauen zugeordnet werden.

Bisweilen funktioniert's schon

Die Tatsache, daß es heute weit mehr Frauen als noch vor wenigen Jahren gelingt, beruflich (und gleichzeitig privat) Erfolg und Zufriedenheit zu erlangen, spricht zum einen dafür, daß die Erziehung zur Gleichberechtigung und zu einem stärkeren weiblichen Selbstbewußtsein bereits Früchte trägt. Gleichzeitig gelingt es aber auch immer mehr Frauen, die Psychofallen zu erkennen und zu meiden. Ob sich die hemmenden Verhaltensmuster auf Anhieb überwinden lassen oder ob mehrere Anläufe notwendig sind, ist von verschiedenen Faktoren abhängig:

Ein positiver Aspekt: Die Erziehung zur Gleichberechtigung beginnt bereits wirksam zu werden. Immer mehr Frauen gelingt es, die typischen Fallen zu umgehen.

- Wie stark ist die innere Barriere?
- Wie schwierig ist die jeweilige Situation?
- Welche Unterstützung oder auch Behinderung kommt von außen noch hinzu?

Fest steht: Jede Frau kann die Psychofallen hinter sich lassen, wenn sie dazu entschlossen ist.

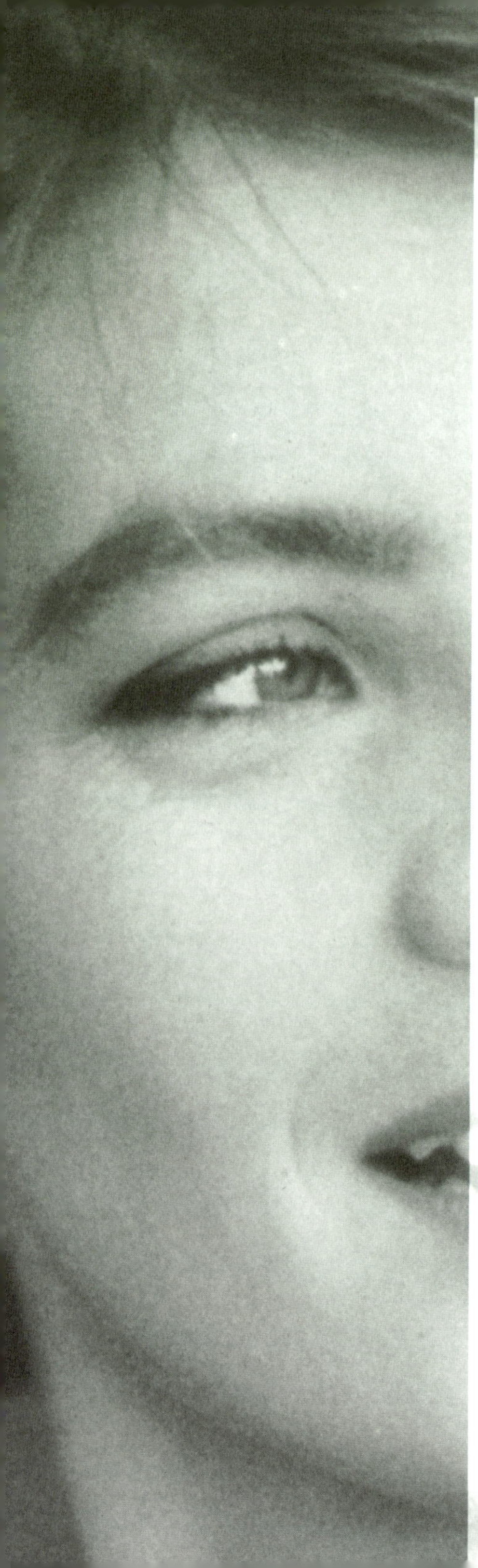

EINSTIEG IN D

Beginnend mit diesem Kapitel, werden Sie die typischen Probleme im Berufsalltag kennenlernen – und wie man mit ihnen klarkommt. Nichts ist schwieriger als der Einstieg ins Berufsleben, der erfolgreiche Beginn, der für den weiteren Weg entscheidend ist. Das zweite Kapitel widmet sich deshalb den Tücken, die die Berufsanfängerin erwarten. Die drei hauptsächlichen Problemfelder: der Chef, die Kollegen und die Kunden. Zusätzlich gibt es noch zwei »Extras« zu den Themen »Vorstellungsgespräch« und »Sexuelle Belästigung am Arbeitsplatz«.

EN JOB

Start zu einem neuen Lebensabschnitt

Der Start ins Berufsleben stellt immer einen tiefen Einschnitt dar. Ein neuer Lebensabschnitt beginnt, der – wie jede größere Veränderung – zumeist gemischte Gefühle auslöst. Zum einen durchaus positive: Wer sehnt während Schule oder Studium nicht immer wieder zutiefst den Augenblick herbei, an dem Prüfungen und Noten, Lehrer und Dozenten passé sind? Auf jahre-, oft jahrzehntelange Theorie folgt endlich die Praxis, die »wirkliche« Realität. Für viele bedeutet der Einstieg ins Berufsleben auch den letzten und entscheidenden Schritt in die Erwachsenenwelt. Allerdings mischt sich mit der Freude über den Berufsbeginn auch meist Unbehagen. Schließlich beginnt nun das, was mit drohendem Unterton als Ernst des Lebens bezeichnet wird. Zwar gewinnt man durch die finanzielle Ungebundenheit Freiheiten hinzu, büßt gleichzeitig aber auch welche ein.

Im Gegensatz zu früher muß der Großteil der eigenen Zeit jetzt einem festen Tagesrhythmus untergeordnet werden.

Der Ernst des Lebens

Ängste können auftauchen: War die Berufsentscheidung richtig? Läßt sich das theoretische Wissen auf die Praxis übertragen? Wie wird die Zusammenarbeit mit Kollegen und Vorgesetzten funktionieren? Solche Zweifel sind normal, und es ist auch sinnvoll, sie in gewissem Rahmen zuzulassen. Wer sich als zu »perfekt« einschätzt oder keinerlei Schwierigkeiten einkalkuliert, kann böse anecken. In dieser beruflichen Startphase hellwach und aufmerksam zu sein, lohnt sich.

Wer zu Beginn die Weichen richtig stellt, legt nicht nur den Grundstein für eine berufliche Karrierre, sondern wird sehr schnell erfahren, wieviel Spaß und Befriedigung Arbeit bedeuten kann. Das heißt nicht, daß immer alles reibungslos ablaufen wird. Fast jeder Berufsanfängerin werden Fehler unterlaufen, und sie wird mit schwierigen Situationen oder auch Konstellationen konfrontiert werden.

Der Umgang mit dem Vorgesetzten

Am Chef kommt keiner vorbei. Wie wahr. Hervorragende Leistungen, überdurchschnittlicher Einsatz und tolle Ideen bringen nur wenig oder gar nichts, wenn der gute Draht nach oben fehlt. Denn Chefs (der Einfachheit halber wird der männliche Begriff gewählt, wobei selbstverständlich viele der angesprochenen Probleme und Verhaltensweisen auch auf Chefinnen zutreffen) nehmen die zentrale Rolle im Berufsleben ein, sie können Karrieren fördern, behindern oder gar nicht erst entstehen lassen. Auch wenn der direkte Vorgesetzte selten der oberste Chef ist, kommt dem Verhältnis zu ihm meist die größte Bedeutung zu.

Das Verhältnis zum Chef – mit ihm steht und fällt nicht selten auch der Spaß an der Arbeit.

Die Autorität des Chefs anerkennen

Logisch also, daß wir ein besonderes Interesse daran haben, einen guten Draht zum Vorgesetzten aufzubauen. Dazu gehört zum einen der nötige Respekt. Und das ist keine leere Floskel. Wer die Autorität des Vorgesetzten, seine Leistungen und Qualitäten nicht anerkennt, wird zwangsläufig die Spielregeln verletzen – beispielsweise, indem man sich im Ton vergreift und Anweisungen nicht ernst nimmt. Allerdings sollte Respekt nicht mit Ehrfurcht verwechselt werden. Unsicheres oder gar devotes Verhalten dem Vorgesetzten gegenüber ist nicht nur unangebracht, sondern schädlich. Denn wie soll er Sie respektieren und akzeptieren, wenn Sie selbst offensichtlich nur wenig von sich halten? Die meisten Chefs sind an der Rolle des Fürsten, der über seine Höflinge bestimmt, überhaupt nicht interessiert, sie brauchen Mitdenker in ihrem Team, keine Befehlsempfänger.

Chefs sind auch nur Menschen

Auch wenn es banal klingt: Chefs brauchen genauso Anerkennung wie jeder andere. Haben Vorgesetzte das Gefühl, nicht akzeptiert zu sein, reagieren sie – je nach Persönlichkeit – verärgert, verletzt oder auch verunsichert, in jedem Fall aber negativ. Da sie am längeren Hebel sitzen, können sie Ihnen etliche Hindernisse in den Weg stellen und Sie am beruflichen Aufstieg hindern.

TEAMPLAYER SIND GEFRAGT

Überdurchschnittliche Leistungen basieren in der Regel auf einem partnerschaftlichen Chef-Mitarbeiter-Verhältnis, das durch gegenseitigen Respekt und Selbstvertrauen auf beiden Seiten gekennzeichnet ist. Manchmal funktioniert dieses Zusammenspiel der Kräfte hervorragend, dann dürfen Sie sich und Ihrem Vorgesetzten gratulieren.

Allerdings treten in der Praxis beim Chef-Mitarbeiter-Verhältnis oft auch Schwierigkeiten auf:

Den Balanceakt zwischen Anerkennung der Autorität und Selbstbehauptung sollten Sie von Anfang an trainieren.

- Ein wesentlicher Punkt: Frauen tendieren dazu, ihrem Vorgesetzten eher zuviel Respekt entgegenzubringen und folglich fast in Ehrfurcht zu erstarren. Gleichzeitig haben Sie oft zuwenig Selbstbewußtsein. Beim Einstieg ins Berufsleben wird dieses Ungleichgewicht durch die Unsicherheit und mangelnde Erfahrung naturgemäß noch verstärkt.

- Viele Probleme entstehen auch, weil das Verhältnis zwischen Chef und Mitarbeiterin noch nicht eingespielt ist oder durch anfängliche Mißverständnisse belastet wird. Darauf zu warten, daß der Vorgesetzte den ersten Schritt unternimmt, wäre unklug. Es gibt viele Wege, die man selbst beschreiten kann, um den Kontakt zum Chef herzustellen und zu verbessern.

- Unter Umständen haben Sie in der ersten Jobrunde die schwierigste Karte gezogen und sind an einen Vorgesetzten geraten, der es Ihnen sehr schwer macht, ihn zu respektieren, weil sie ihn fachlich und/oder menschlich für unfähig halten. Ihn grundlegend ändern können Sie kaum. Dennoch sind Sie nicht hilflos oder ohnmächtig: Sehen Sie über seine Fehler oder sein Unvermögen hinweg. Nicht aus Nettigkeit, sondern aus reinem Eigeninteresse.

Auch ein schwacher Chef bietet Vorteile

Sicher ist es einfacher, von einem starken, guten Chef zu profitieren, der Sie gezielt fördern und Ihnen vieles vermitteln kann. Doch auch ein schwacher Chef bietet gute Entwicklungsmöglichkeiten. Sie können lernen, selbständig zu arbeiten, diplomatisch vorzugehen und dadurch seine Mängel nutzen, um Ihre Defizite auszugleichen. Je intensiver Sie diese schwierige Phase nutzen, um so eher können Sie es sich leisten, sich von diesem Vorgesetzten zu verabschieden und auf einen Chef zu treffen, der es Ihnen leichter macht. Gleichzeitig haben Sie dann ein gutes Training hinter sich: Denn der perfekte Vorgesetzte sieht für jeden anders aus, außerdem hat jeder Mensch Macken und Fehler. Chefs auch.

T I P

Es bringt nichts, sich auf die Schwächen des Vorgesetzten zu konzentrieren. Um Erfolg zu haben, müssen wir vielmehr lernen, mit diesen Fehlern umzugehen und unsere eigenen Schwächen zu überwinden.

Angst vor dem Chef

Etwas Lampenfieber gehört dazu, wenn man die ersten Male mit dem neuen Chef zusammentrifft. Selbst erfolgreiche, langerfahrene Menschen sind davor nicht gefeit. Eine leichte Anspannung kann sich sogar positiv auswirken: Man ist voll konzentriert, bemüht sich besonders und kann in der Regel einen guten Eindruck hinterlassen.

Doch viele – Newcomerinnen, aber auch erfahrenere Mitarbeiterinnen – haben mit weit mehr als einer leichten Anspannung zu kämpfen. Sobald der Vorgesetzte den Raum betritt, beschleunigt sich ihr Puls, ein leichtes Ziehen in der Magengegend, Zweifel und ähnlich unangenehme Gefühle machen sich breit. Diese Unsicherheit zieht meist eine Reihe von belastenden Nebenwirkungen nach sich:

Eine leichte Erhöhung des Adrenalinspiegels ist normal – problematisch wird es, wenn Sie Angst vor Ihrem Chef haben.

- Man kommt dadurch leicht ins Stottern, kann nicht mehr so gut argumentieren.

- Auch bei einfachen Tätigkeiten unterlaufen einem unnötige Fehler.

- Manche fühlen sich geradezu blockiert, wenn sie mit dem Chef zusammentreffen – sie fühlen sich nicht nur unsicher, sie haben regelrecht Angst vor ihm.

Spätestens dann wird es bedrohlich: Denn Angst lähmt Kreativität und Energie, die Konzentrationsfähigkeit ist gestört, es kann zu regelrechten Blackouts kommen. Verfolgt uns die Angst über längere Zeit, können Magenprobleme, Migräne, Schlaf- und Eßstörungen auftreten. Darüber hinaus: Wie soll es gelingen, einen guten Draht zum Vorgesetzten herzustellen, wenn wir ihn am liebsten meiden würden? Nicht zuletzt zieht das Gefühl der Furcht fast immer auch tiefe Abneigung nach sich.

Karrierekiller Angst

Ob Schlangen oder Einsamkeit, Menschenansammlungen oder eben Chefs – wenn wir vor etwas Angst haben, entwickeln wir meist auch Haßgefühle. Alles andere als eine gute Basis für eine gelungene Zusammenarbeit. Nicht umsonst gilt Angst als einer der gefährlichsten Karrierekiller. Doch auch wenn Sie sich »nur« sehr unsicher fühlen im Beisein des Chefs, sollten Sie möglichst früh gegen dieses Gefühl angehen, denn auch damit können Sie sich schaden. Wer unsicher ist, kann kaum brillieren, neigt zu überangepaßtem Verhalten, und nicht zuletzt leidet einfach der Spaß an der Arbeit darunter.

Unsicher und ängstlich – aber warum?

Um das Gefühl der Unsicherheit oder gar Angst wirksam bekämpfen zu können, sollte man sich über die Ursachen klarwerden: Liegt es am Chef oder an einem selbst? Bevor man sich allerdings diese Frage beantwortet, sollte man sich einen wichtigen Punkt vor Augen halten: Der Umgangston ist im Arbeitsleben häufig – natürlich nicht immer – eine Spur rauher, als Sie es vielleicht von Schule oder Uni gewohnt sind. Vorgesetzte haben oft keine Zeit (und manchmal auch keine Lust), freundlich um die Erledigung einer Aufgabe zu bitten. Dementsprechend fallen Anweisungen knapp und harsch aus. Dazu kommt, daß im Arbeitsleben leider generell mehr getadelt als gelobt wird. Hat eine Mitarbeiterin ihre Sache gut gemacht, wird das vielleicht wohlwollend, aber oft ohne große Worte zur Kenntnis genommen. Unterläuft ihr allerdings ein Fehler und hat sie darüber hinaus das Pech, daß der Vorgesetzte gerade selbst unter Druck steht, dann kann es durchaus passieren, daß er überzogen reagiert.

Im Beruf ist Lob bisweilen dünn gesät. Viele – Chefs und Kollegen – stehen oft einfach unter Druck.

T I P

Auch wenn es schwerfällt: Wer sich von Anfang an klarmacht, daß Lob und Anerkennung in der Arbeitswelt in erster Linie über das Gehalt abgegolten werden, befindet sich auf dem richtigen Weg. Nach diesem simplen Prinzip funktioniert die Leistungsgesellschaft – für Berufsanfänger mag das manchmal einen Schock darstellen. Doch je früher man diese Lektion verstanden hat und sich von falschen Erwartungshaltungen verabschiedet, um so besser.

Distanzierungsmechanismen

Allerdings gibt es Vorgesetzte, die eine Verunsicherung geradezu heraufbeschwören, beispielsweise indem sie beim kleinsten Fehler ungehalten reagieren, übermäßig kritisieren, kein anerkennendes Wort verlieren. Sie sind ständig unzufrieden – in der Regel auch mit sich selbst. Andere wiederum bauen einen Wall der Distanz zwischen sich und ihren Mitarbeitern auf. Sie beschränken den Kontakt zur Abteilung auf das Allernötigste und halten auch räumlich Abstand zu ihr, etwa, indem sie am liebsten hinter verschlossener Tür sitzen. Dieses Verhalten ist häufig bei Führungskräften anzutreffen, die selbst sehr unsicher sind oder ihre Position ausschließlich aufgrund ihrer Kompetenz erhalten haben. Sie haben viel Ahnung von ihrem Spezialgebiet, wissen aber nichts von Mitarbeiterführung und haben auch kein Händchen dafür. Die Einschüchterungstaktik wird für sie zum Mittel, möglichst in Ruhe gelassen zu werden.

Chefs sind bisweilen stark auf ihrem Fachgebiet – aber schwach in der Mitarbeiterführung.

Nehmen Sie's gelassener!

Der erste Schritt, um die Angst vor solchen schwierigen Cheftypen abzubauen, ist die Erkenntnis, daß dieses Verhalten unabhängig von einem selbst ist (siehe auch »Schwierige Cheftypen und wie man mit ihnen klarkommt«, Seite 50).

In den meisten Fällen allerdings liegt die Angst bei einem selbst begründet. Besonders deutlich wird dies, wenn der Vorgesetzte sich objektiv betrachtet »normal« verhält. Doch sogar wenn der Vorgesetzte tatsächlich ein einschüchterndes Auftreten besitzt, kommt der eigene Faktor meist noch hinzu.

Häufige Ursachen für die Angst

- Die Angst zu versagen: Die Weichen dafür werden meist in der Kindheit gestellt. Kinder, denen wenig zugetraut wird oder die viel kritisiert werden, können oft kein richtiges Selbstbewußtsein und Vertrauen in die eigenen Fähigkeiten entwickeln. Frauen sind gefährdeter für solche Ängste, da sie als Kinder und Teenager oft viele Einschränkungen (wie »Das kannst du noch nicht.« – »Das ist zu gefährlich für dich.«) erlebten. Aber auch schlechte Erfahrungen (z. B. in der Schule) können solche Ängste auslösen oder verstärken.

- Das Gefühl der Abhängigkeit: Auch hier liegen die Wurzeln oft in der Erziehung. Insbesondere wenn die Eltern Wert darauf legten, daß ihr Mädchen immer schön brav war und bei jeder Kleinigkeit um Erlaubnis fragte, kam die Eigenständigkeit zu kurz. Das führt dazu, daß man sich auch später von Autoritätspersonen abhängig fühlt.

Menschen, die sich abhängig fühlen, sind leicht zu verunsichern.

- Leistungsdruck: Manche Menschen stellen an sich selbst enorm hohe Erwartungen. Vor allem Frauen und Männer, die aus stark leistungsorientierten Familien stammen, haben mit diesen Problemen zu kämpfen. Insgeheim konkurrieren sie mit den erfolgreichen Eltern oder versuchen immer noch, es ihnen recht zu machen. Sie setzen sich selbst unter Druck – eine gefährliche Basis für Angst.

- Streß: In einer entspannten Situation können wir Anforderungen von außen realistisch einschätzen und uns ggf. auch beruhigen. Wer hingegen starken Belastungen ausgesetzt ist, bekommt es leichter mit der Angst zu tun. Der Einstieg ins Berufsleben stellt natürlich für viele eine Streßsituation dar.

Streß und Leistungsdruck führen zu Arbeitsüberlastung und zu Angstgefühlen.

Mutmacher – fünf nützliche Strategien

1. *Den Kontakt zum Vorgesetzten suchen:* Angst führt häufig zu Fluchtgedanken. Auch wenn es Sie anfangs Überwindung kostet, sollten Sie die Begegnung mit dem Chef gezielt suchen. Diese Konfrontationsstrategie wird auch bei zahlreichen anderen Alltagsängsten erfolgreich angewandt. Beginnen Sie mit kleinen, überschaubaren Schritten – indem Sie beispielsweise eine Frage stellen oder mit einem harmlosen Anliegen zu ihm kommen. Allmählich lernen Sie ihn dadurch kennen.

2. *Richtige Vorbereitung:* Wer sich auskennt, fühlt sich sicherer. Bereiten Sie sich deshalb auf jedes Gespräch sorgfältig vor. Spielen Sie die Unterredung in Gedanken durch, lassen Sie sich mögliche Fragen, Antworten und Argumente durch den Kopf gehen.

3. *Die Worst-case-Strategie:* Sie hilft vor allem in akuten Momenten, etwa, wenn Sie unvorbereitet zum Chef gerufen werden und sofort die Angst in Ihnen hochsteigt. Gehen Sie jetzt in Gedanken Möglichkeiten durch – und gehen Sie dann vom schlimmsten Fall aus, etwa, daß er Sie für unfähig hält oder Sie die Probezeit nicht bestanden haben. Fragen Sie sich dann: Werde ich das überleben? Die Antwort wird in etwa lauten: Ich werde einige Mühe haben, das zu verarbeiten, aber keine Frage – natürlich überlebe ich das.

4. *Erfolge vor Augen haben:* Die Unsicherheit vor dem Vorgesetzten wird verstärkt, wenn man selbst ein negatives Bild von sich erstellt, etwa, indem man überlegt, welche Fehler einem in der letzten Zeit unterlaufen sein könnten. Denken Sie beim nächsten Mal in die umgekehrte Richtung: Holen Sie sich Erfolge von früher ins Bewußtsein – Ihren Schulabschluß, die gelungene Seminararbeit, den Führerschein. Denken Sie auch daran, daß Sie diesen Job nur deshalb haben, weil Sie durch Ihre Bewerbung und das Vorstellungsgespräch beim Chef einen guten Eindruck gemacht haben. Wer sich regelmäßig für Leistungen selbst lobt, sich kleine Fehler verzeiht und sich vornimmt, so gut wie möglich weiterzumachen, ist nicht mehr so abhängig von der Einschätzung anderer.

5. *Die Angst der anderen sehen:* Die eigene Unsicherheit Freunden oder auch einer netten Kollegin mitzuteilen, bewirkt oft eine große Erleichterung. Denn: Auch andere kennen dieses Gefühl der Unsicherheit. Darüber hinaus ist selbst der Chef nicht frei von Angst – sich das vor Augen zu halten relativiert die eigene Angst.

Der Chef nimmt kaum Notiz von der Neuen

Erwarten Sie sich von Ihrer Firma keinen Familienersatz.

»Für meinen Chef bin ich fast Luft. Bei Teambesprechungen läßt er immer nur die anderen zu Wort kommen, und er gibt mir auch kaum Anweisungen.« – »Anfangs war mein Vorgesetzter sehr nett. Er hat mir alles gezeigt, mir die Kollegen und meinen Arbeitsplatz vorgestellt und auch gesagt, ich könne mich jederzeit an ihn wenden, wenn es Probleme gäbe. Doch jetzt nimmt er kaum mehr Notiz von mir, und wenn ich ihn etwas frage, ist er kurz angebunden.« – »Ich glaube, wenn mich mein Chef auf der Straße treffen würde – er würde mich gar nicht erkennen.«
Typische Äußerungen von jungen Frauen, die sich einige Wochen nach ihrem ersten Arbeitstag enttäuscht und auch verunsichert fühlen, weil ihr Chef scheinbar so gar kein Interesse an ihnen hat. Zugegeben, diese Situation ist nicht gerade angenehm, doch alles andere als ungewöhnlich. Das Problem liegt oft weniger am Chef als an den eigenen Erwartungen. Um diese auf ein realistisches Maß herunterzuschrauben, sollten Sie sich folgende Punkte vor Augen führen:

- Der Vorgesetzte hat in aller Regel etliche Mitarbeiter. Da Sie als letzte hinzugestoßen sind, sind Sie nicht nur eine von vielen, sondern gleichzeitig die Unerfahrenste und – auch wenn es hart klingt – diejenige, von der er zur Zeit noch am wenigsten profitiert.

- Viele Chefs belassen es bei einer kurzen Einweisung – und warten dann ab, wie sich die Neue entwickelt. Erst, wenn sie einige elementare Fähigkeiten und Kenntnisse erworben hat, wird sie für ihn interessant.

- Eine Firma ist keine Familie, ein Chef kein Vater. Viele Frauen wurden dazu erzogen, vertrauensvolle Beziehungen sehr hoch einzuschätzen, und erhoffen sich auch im Beruf ein familiäres Klima – was zumeist nicht erfüllt werden kann. Lösen Sie sich also von Ihren anerzogenen Vorstellungen.

Es ist also noch längst nicht als Alarmsignal zu werten, wenn sich der Chef die ersten Wochen oder auch Monate wenig mit seiner neuen Mitarbeiterin abgibt. Allerdings kann es auch sein, daß sich die Neue in der Anfangsphase ungeschickt verhalten hat.

Typische Fehler von Berufs-anfängerinnen

• ***Zu viele Fragen:*** Auch Kleinigkeiten will sich die Neue vom Chef erklären lassen. Notfalls fragt sie nochmals nach, wenn sie beim erstenmal nicht alles behalten hat. Ihre Auffassung: Schließlich muß es der Chef am besten wissen.

• ***Feedback-Erwartung:*** Sobald die Neue eine Aufgabe erledigt hat, geht sie zum Chef und »macht Meldung«. Ihre Auffassung: Der Chef muß meine Leistung absegnen und wissen, wie lange ich für eine Aufgabe brauche.

• ***Passivität:*** Wenn eine Aufgabe erledigt ist, wartet die Neue auf die nächste Anweisung von oben. In Besprechungen hält sie sich zurück, in der Hoffnung, der Chef würde sie um ihre Meinung fragen. Ihre Auffassung: Wenn der Vorgesetzte etwas von mir will, wird er es sagen – schließlich ist er der Chef.

• ***Falsches Timing:*** Die Neue kommt immer dann zum Chef, wenn sie Fragen hat, neue Aufgaben übernehmen möchte etc. – ohne darauf zu achten, ob er vielleicht gerade im Streß ist oder nicht gestört werden möchte. Ihre Auffassung: Um möglichst viel erledigen zu können, darf ich keine Zeit verlieren.

Der Balanceakt zwischen Passivität und Alleingang

Aus der Sicht der Neuen mag ihr Verhalten durchaus nachvollziehbar sein: Sie möchte nichts falsch machen, um es sich ja nicht mit dem Vorgesetzten zu verderben. Doch gerade damit enttäuscht sie ihn unter Umständen – sei es, weil sie seine Zeit übermäßig strapaziert oder aus übertriebener Zurückhaltung heraus gar nicht in Erscheinung tritt.

Das Gespür, wann Sie eigenmächtig handeln sollten und wann eher nicht, müssen Sie als Berufsanfängerin erst entwickeln.

Die Alternative sind allerdings keinesfalls selbstherrliche Alleingänge. Damit verscherzen Sie es sich bei den meisten Chefs wesentlich nachhaltiger als durch Passivität oder ständige Fragerei. Der Balanceakt zwischen Pflichterfüllung und Eigeninitiative verlangt etwas Fingerspitzengefühl. Dieses Gespür möglichst schnell zu entwickeln, gehört zu den Voraussetzungen, um einen guten Draht nach oben zu entwickeln.

Die Aufmerksamkeit des Chefs wecken

Um herauszufinden, wie Sie Ihren Vorgesetzten dazu bewegen können, in Zukunft mehr Notiz von Ihnen zu nehmen, sollten Sie sich kurz in seine Position hineinversetzen. Die Frage sollte also nicht lauten: Was erwarte ich? Sondern erst einmal: Was erwartet der Chef?
Ein primäres Interesse des Chefs: Er will keine Zeit vergeuden. Bei jedem neuen Job, insbesondere beim ersten, steht man aber vor dem Problem, vieles nicht oder nur ungefähr zu wissen. Der Betriebsablauf, die Aufgaben, die Hierarchien – alles ist ungewohnt und fremd. Und das ist auch jedem klar. Um diese Lücken zu schließen, brauchen Sie Informationen. Manche sollten Sie sich vom Chef holen, aber längst nicht alle.

FAUSTREGEL NUMMER EINS Mit wichtigen und schwierigen Fragen sollten Sie direkt zum Chef gehen. Schließlich soll er ja Notiz von Ihnen nehmen. Allerdings: Überlegen Sie sich vorher genau, was Sie eigentlich wissen wollen und wie Sie Ihre Frage deutlich formulieren können. Noch wichtiger: Newcomer vergessen vor lauter Aufregung manchmal, sich auf die Antwort zu konzentrieren. Nichts ist peinlicher als eine halbe Stunde später mit der gleichen Frage nochmals anzukommen, nur weil man die Hälfte vergessen hat. Notieren Sie sich die wichtigsten Stichpunkte sofort. Damit schützen Sie sich vor unangenehmen Wiederholungsfragen und signalisieren Aufmerksamkeit.

FAUSTREGEL NUMMER ZWEI Kleinigkeiten sollten Sie nicht zur Chefsache machen. Kollegen können bei alltäglichen Fragen ebenso gut Auskunft geben. Auch wenn es umständlicher für Sie ist und Sie für manche Informationen einen kleinen Umweg in Kauf nehmen müssen: Denken Sie immer daran, mit der Zeit Ihres Chefs sparsam umzugehen.

Diese Auffassung sollte Sie auch jedesmal begleiten, wenn ein Gespräch mit ihm ansteht. Spielen Sie die Besprechung geistig durch, damit Sie sich kurz fassen und das Wesentliche klar ausdrücken können. Bleiben Sie nicht sitzen, wenn die betreffende Sache geklärt ist, sondern bereiten Sie den Abgang vor (etwa mit den Worten: »Von meiner Seite her ist alles klar.«) – allerdings nicht, ohne sich kurz für seine Aufmerksamkeit zu bedanken.

Mit kleinen Floskeln können Sie Ihrem Chef signalisieren, daß Sie seine Zeit nicht strapazieren wollen.

Wenn der Chef ins Plaudern kommt

Was aber, wenn der Vorgesetzte offensichtlich selbst Lust hat, sich etwas länger mit Ihnen zu unterhalten? Um so besser. Nutzen Sie diese Gelegenheit, neben der rein beruflichen Ebene auch die zwischenmenschliche aufzubauen. Sie ist nämlich nicht zu unterschätzen. Auch hier sollten Sie wieder kurz die Chefinteressen reflektieren: Die meisten Vorgesetzten legen Wert auf ein spannungsfreies Verhältnis zu ihren Mitarbeitern. Zum einen aus Geschäftsinteresse: Sie wissen, wie wichtig ein gutes Betriebsklima für den Erfolg eines Unternehmens ist. Gleichzeitig aber auch aus persönlichen Motiven: Auch Chefs – zumindest die meisten – fühlen sich wohler, wenn sie von ihren Mitarbeitern geliebt und anerkannt werden.

T I P

Falls sich die Gelegenheit ergibt, können Sie Ihrem Chef auch ein Kompliment machen – für eine gute Idee etwa. Allerdings sollten Sie dabei nicht übertreiben und schon gar nicht lügen – sonst wirkt es anbiedernd.

Den Chef entlasten – Lösungen präsentieren

Ein weiteres Interesse Ihres Chefs: Er will sich auf das Wesentliche konzentrieren können, ohne ständig gestört zu werden. Das bedeutet für die Neue einerseits: Bitte nicht im unpassenden Moment stören. Ist der Vorgesetzte im Streß, weil die Zeit drängt und ein schwieriges Problem aufgetreten ist, sollte sie ihn tunlichst nicht behelligen. Um ein Gespür für solche Tabumomente zu entwickeln, bedarf es wahrlich keiner telepathischen Fähigkeiten. Eine gesunde Beobachtungsgabe genügt meist völlig. Achten Sie auch darauf, wie Ihre Kollegen sich im Zweifelsfall verhalten.

Auch wenn es Ausnahmen von der Regel gibt: Chefs mögen Mitarbeiter, die mitdenken und nicht für jeden Handgriff grünes Licht brauchen.

Um den Chef nicht unnötig zu stören, sollten Sie auch Eigeninitiative entwickeln. Unterbreiten Sie ihrem Chef nicht nur ein Problem, sondern auch eine mögliche Lösung. Haben Sie eine Aufgabe bereits einmal gemacht, erledigen Sie sie beim zweiten- und drittenmal ohne nochmalige Anweisung. Machen Sie etwas zum erstenmal, dann verlangen Sie keine Extraeinweisung, sondern schauen Sie mal einem erfahrenen Kollegen über die Schulter.

Fehler und Pannen – wie sag' ich's ihm?

Nobody is perfect ...? Wissen wir längst. Ebenso ist uns klar, daß wir zu Fehlern stehen sollten und aus ihnen jede Menge lernen können. Doch was theoretisch so einleuchtend und einfach klingt, ist in der Praxis häufig wesentlich schwieriger. Vor allem für Frauen, die es sich mit ihrem Hang zum Perfektionismus doppelt schwermachen. Viele haben ohnehin eine ausgeprägte Angst davor, etwas falsch zu machen. Sie gehen weniger Risiken ein, überdenken jeden Schritt sorgfältig. Dies führt dazu, daß sie zuwenig Routine darin entwickeln, mit kleinen Ausrutschern fertigzuwerden, und um so schockierter reagieren, wenn sie dennoch feststellen: Hier ist etwas falschgelaufen.

Frauen fallen manchmal gleich in zwei Fallen: zunächst in die Perfektionismusfalle und anschließend in die Kritikfalle.

In diesem Moment geraten manche Frauen blindlings in die zweite Falle. Denn wer etwas falsch macht, muß sich Kritik gefallen lassen. Und auch damit haben Frauen oft ihre Schwierigkeiten. Die Konsequenz: Der Fehler wird zur extremen Belastungsprobe. Auch kleine Pannen können dann zu schlaflosen Nächten, einem angeknacksten Selbstbewußtsein und letztlich auch zu einem Imageverlust führen, weil man unangemessen reagiert. Aus inneren Barrieren entsteht somit tatsächlich eine äußere.

Aus Fehlern lernen

- Wir müssen uns Schwächen und Fehler zugestehen. Beim Einstieg ins Berufsleben, aber auch bei jedem entscheidenden weiteren Entwicklungsschritt läßt es sich nicht vermeiden, daß wir neben vielen richtigen Entscheidungen auch falsche treffen, daß wir auf das meiste achten, uns aber doch ab und zu auch etwas entgeht. Je häufiger Sie sich das klarmachen, um so besser. Nur mit dieser Erlaubnis, auch Fehler zu machen, gelingt es uns, relativ rasch voranzukommen. Wenn wir hingegen jeden Schritt im Geiste zehnmal durchdenken und korrigieren, bewegen wir uns im Zeitlupentempo.

- Gleichzeitig ist es wichtig, wie wir im Ernstfall unsere Fehler eingestehen. Denn wir haben zwar keinen Einfluß auf die Vergangenheit, aber sehr wohl auf Gegenwart und Zukunft. Mit anderen Worten: Eine Panne läßt sich nicht mehr rückgängig machen, der Schaden aber sehr wohl begrenzen – und unter Umständen können wir dem Ganzen tatsächlich einen positiven Dreh geben.

Nicht jeder Fehler gehört an die große Glocke

Keiner beichtet gerne. Somit ist es völlig normal, daß man sich erst einmal überlegt: Muß der Chef davon erfahren, oder kann ich den Ausrutscher selbst ausbügeln? Die Antwort hängt von der Situation ab, insbesondere davon, wie schwerwiegend der Fehler ist. Es lassen sich vier Kategorien unterscheiden.

- Kleine Mißgeschicke, die Sie selbst ohne großen Aufwand bereinigen können und die der Firma oder dem Chef keinerlei Nachteile bescheren, dürfen Sie getrost für sich behalten.

- Bei anderen Pannen wiederum genügt es völlig, Kollegen einzuschalten. Vor allem, wenn Sie noch nicht vollständig eingearbeitet sind, gehört es zum normalen Ablauf, daß man der Neuen unterstützend zur Seite springt, wenn mal etwas schiefgelaufen ist. Der einzige Fehler, den Sie in dieser Situation machen können: um Verschwiegenheit bitten. Falls Sie nämlich an den falschen Helfer geraten sind, wird es dem Chef brühwarm zugetragen.

- Darüber hinaus gibt es Grenzfälle. Ein Beispiel: Sie haben vergessen, einen wichtigen Kunden rechtzeitig anzurufen, wissen nun aber nicht, ob es genügt, das Versäumnis nachzuholen, oder ob der Vorgesetzte darüber informiert werden muß. In dieser Situation hilft es oft, sich mit Fingerspitzengefühl vorzutasten, indem Sie, um bei dem Beispiel zu bleiben, den Kunden anrufen, sich für die Verzögerung entschuldigen und dann zur Sache kommen. An seiner Reaktion können Sie oft erkennen, ob es nötig ist, Ihren Chef einzuweihen.

Sie müssen nicht bei jedem Fehler ein lautes Schuldbekenntnis ablegen. Andererseits: Verschweigen bringt auch nichts.

Kollegialität zeigt sich in schwierigen Situationen

Im Zweifelsfall können Sie sich in einer solchen Situation an einen Kollegen wenden und ihn fragen, wie Sie in diesem Fall weiter vorgehen sollen. Unter Umständen freut sich der Kollege, daß Sie ausgerechnet zu ihm kommen, und wird Ihnen gerne helfen.

● Zur vierten Kategorie zählen schließlich alle jene Fehler, die sich nicht problemlos ausbügeln lassen, deren Folgen Sie nicht abschätzen und kaum beeinflussen können. Gravierende Mißgeschicke vertuschen zu wollen, rächt sich oft. Bekommen der Chef oder die Kollegen Wind davon, erhält Ihr Image häßliche Kratzer.

Stehen Sie zu Fehlern!

Auch wenn es Ihnen gelingt, das Deckmäntelchen über Fehler zu halten, schaden Sie sich letztlich oft selbst: Die Angst, es könnte doch auffliegen, wird sich negativ auf Ihr Wohlbefinden auswirken.

Schlechte Nachrichten – gut präsentiert

Vorab den Fehler analysieren Selbstverständlich sollten Sie die Panne dem Chef so früh wie möglich beibringen. Allerdings sollten Sie sich vor dem Gespräch mit dem Chef die Zeit nehmen herauszufinden, wie der Fehler entstehen konnte oder, bei komplexen Vorgängen, wo er genau liegt. Ist beispielsweise ein wichtiger langjähriger Kunde abgesprungen, weil er mit Ihrer Betreuung nicht zufrieden war, sollten Sie Ihr Verhalten reflektieren und überlegen, wann Sie sich falsch verhalten haben. Um nicht mit leeren Händen vor Ihrem Chef zu stehen, sollten Sie darüber hinaus Lösungsmöglichkeiten anbieten können.

Angst abbauen Eine typische Situation für die Worst-case-Strategie. Um nicht allzu verunsichert aufzutreten, sollten Sie sich vorab auf das Allerschlimmste gefaßt machen (siehe auch Seite 36).

Gutes Timing Wie der Vorgesetzte die schlechten Neuigkeiten aufnimmt, ist immer auch von seiner aktuellen Verfassung abhängig. Eruieren Sie bei der Sekretärin oder engen Mitarbeitern des Chefs, wann der Zeitpunkt günstig ist, und lassen Sie sich, wenn möglich, dann einen Termin geben. Allerdings: Schieben Sie das Gespräch nicht zu lange hinaus. Denn es besteht immer die Gefahr, daß der Vorgesetzte von anderer Seite von Ihrem Mißgeschick erfährt.

Wenn Sie bereits einen guten Draht zu bestimmten Kollegen haben, lohnt es sich, auch mit ihnen Lösungsansätze zu beraten.

KLAR UND UNMISSVERSTÄNDLICH MIT DER SPRACHE HERAUSRÜCKEN Hüten Sie sich davor, den Vorgesetzten mit langatmigen Reden auf das Thema »einzustimmen«. Damit steigern Sie höchstens seine Ungeduld. Nennen Sie ohne Umschweife Problem und Verursacher – und zwar eindeutig, etwa: »Ich habe offensichtlich einen Fehler gemacht. Der Kunde X ist abgesprungen.« Mit Verharmlosungen und vagen Formulierungen (»Mit dem Kunden X haben wir leider Probleme ...«) ziehen Sie erst recht den Ärger des Chefs auf sich.

GEBEN SIE DEN SCHWARZEN PETER NICHT WEITER Nehmen Sie die Verantwortung voll auf sich. Behalten Sie entlastende Argumente (wie »Kein Wunder, daß ich Mist gebaut habe – schließlich hat mich auch keiner richtig eingearbeitet.« – »Die Werbeabteilung hätte auch auf diesen Fehler aufmerksam werden müssen.«) vorerst für sich. Wenn Sie versuchen, sich herauszureden oder die Schuld auf andere zu schieben, wird es nur noch schlimmer. Demonstrieren Sie Professionalität, indem Sie sich dem Wesentlichen zuwenden: Wie läßt sich der Schaden begrenzen oder wiedergutmachen. Haben sich die Wogen geglättet, wird Ihr Chef vermutlich selbst erkennen, daß nicht Sie allein der Sündenbock sind. Ansonsten: Suchen Sie einige Tage später das Gespräch mit ihm unter anderen Vorzeichen.

Betreiben Sie Schadenbegrenzung: Den Fehler sollte man analysieren – und dann so schnell wie möglich beheben.

AKZEPTIEREN SIE DIE KRITIK Klar ist: Ihr Chef wird nicht begeistert reagieren. Schlägt er einen scharfen Ton an, sollten Sie in jedem Fall sachlich und ruhig bleiben. Sonst heizt sich die Debatte emotional auf, und die Verliererin sind Sie.

DIE KRITIKFALLE VERMEIDEN

Reagieren Sie auf Kritik keinensfalls beleidigt oder wehleidig-hilflos (»Ich weiß auch nicht, wie mir so etwas Schreckliches passieren konnte ...«), sonst stecken Sie mittendrin in der Kritikfalle. Nutzen Sie die Situation vielmehr als Übungsfeld und signalisieren Sie Ihrem Chef, daß Sie gut mit seiner Kritik umgehen und den Fehler reflektieren können – und bereit sind, daraus zu lernen.

LÖSUNGEN ANSPRECHEN Auf die Reflexions- und Kritikphase sollte die Aktionsphase folgen. Ihr Vorteil: Während der Chef von der schlechten Nachricht überrumpelt wurde, konnten Sie sich bereits Lösungsmöglichkeiten überlegen und können nun das Gespräch in diese Richtung lenken. Unterbreiten Sie Ihre Vorschläge sachlich und klar; ideal ist es, wenn Sie bereits eine Strategie anbieten können. Damit besänftigen Sie Ihren Chef nicht nur, Sie können Pluspunkte sammeln, die letztlich mehr wiegen als die Minuspunkte auf Ihrem Konto.

Kritik zu akzeptieren ist nicht immer einfach. Doch wenn Sie kritisiert werden, ist es wichtig, Fehler zu analysieren und Lösungen zu finden.

Wenn der Chef Fehler macht

Wer arbeitet, macht Fehler. Das gilt auch für Chefs. Somit ist es nicht verwunderlich, wenn Sie irgendwann einmal das Gefühl haben, eine Anweisung oder Information von oben sei falsch, ein Weg unnötig kompliziert, ein Konzept zuwenig ausgereift. Allerdings: Wer den Chef auf Fehler hinweist, sollte dabei möglichst nicht selbst welche machen. Beantworten Sie sich deshalb in jedem Fall vorab folgende drei Fragen:

1. Handelt es sich tatsächlich um einen Fehler? Vor allem Neulinge haben oft noch nicht den nötigen Ein- und Überblick, um den Hintergrund gewisser Anweisungen zu erkennen. Was ihnen unnötig oder gar falsch erscheint, hat unter Umständen einige Berechtigung. Gehen Sie deshalb vorsichtshalber davon aus, daß sich andere – insbesondere der Chef – Gedanken darüber gemacht haben, warum etwas so und nicht anders gehandhabt wird. Fragen Sie auch Kollegen, welche Motive hinter einer bestimmten Entscheidung stecken. Damit schützen Sie sich davor, vorschnell zu urteilen. Falls der Fehler wirklich einer ist, sollten Sie sich nicht scheuen, ihn auch vorzubringen. Allerdings: Falls Sie noch gar keinen Kontakt zum Chef haben, sollten Sie sich zweimal überlegen, Ihr Entree mit einer Kritk an seinen Entscheidungen und damit seinen Fähigkeiten zu verbinden. Dann ist es besser abzuwarten oder, wenn das nicht möglich ist, eine Kollegin zwischenzuschalten.

2. Wie bringe ich die Kritik vor? Am besten so, daß es nicht nach Kritik klingt. Das ist im großen und ganzen reine Formulierungssache: Statt den Chef zu brüskieren mit den Worten »Die Informationen, die Sie mir gegeben haben, sind falsch«, sollten Sie die gleiche Aussage besser neutral – also ohne Schuldzuweisung – und abgeschwächt vorbringen: »Die Informationen, die unserer Firma vorliegen, sind in einigen Punkten überholt/ergänzungsbedürftig/einseitig.« Statt: »Ihre Entscheidung, das Projekt so anzugehen, ist falsch.« Besser: »Wenn wir das Projekt wie ursprünglich geplant angehen, könnten Probleme entstehen, weil ...«

3. Was kann ich dem Chef anbieten? Rühren Sie besser nicht an die Wunde, wenn Sie nicht gleichzeitig eine Linderung zur Hand haben. Sie sollten schon Gegenstrategien, bessere Wege, eindeutigere Informationen zu bieten haben. Dann lohnt sich das Gespräch für beide – Ihr Chef profitiert, und Sie können sich profilieren.

Wenn die »Chemie« nicht stimmt

Völlig frei von Emotionen ist natürlich auch der Berufsalltag nicht. Neben der rein sachlichen Ebene, die das Verhältnis zwischen Chef und Mitarbeiterin bestimmt, existiert gleichzeitig eine Gefühlsebene. Die Hauptrolle spielt aber die Sachebene. Zumindest sollte es so sein. Der Chef kann einen Mitarbeiter noch so sympathisch finden: Wenn der die geforderten Leistungen nicht erbringen kann, wird es Probleme geben. Allerdings – und in diesem Moment schaltet sich die Gefühlsebene ein: Der Chef wird einem Mitarbeiter, den er menschlich schätzt, eher einen Fehler verzeihen und gleichzeitig den Blick stärker auf dessen Qualitäten lenken als bei einem Mitarbeiter, der ihm gleichgültig ist.

Sachebene und Gefühlsebene

Umgekehrt gilt dies natürlich auch: Wenn Vorgesetzter und Untergebener persönlich nicht auf der gleichen Wellenlänge liegen, kann sich das auch auf die Sachebene auswirken – indem Leistungen kritischer beäugt werden. Ein guter, souveräner Chef wird versuchen, Sach- und Gefühlsebene so gut wie möglich zu trennen und sich selbst soweit zu kontrollieren, daß keine Ungerechtigkeiten entstehen. Die wenigsten Menschen sind allerdings in der glücklichen Lage – und Newcomer schon gleich gar nicht –, sich ihren Vorgesetzten auszusuchen. Natürlich kommt es deshalb neben positiven Chef-Mitarbeiter-Verhältnissen auch immer wieder zu schwierigen Konstellationen. Viele Menschen schwören auf den ersten Eindruck. Im positiven Fall heißt es dann: »Daß mein Chef und ich auf einer Wellenlänge sind, merkte ich sofort.« Im negativen hingegen: »Ich spürte gleich, daß ich mit ihm nicht warm werde.« Nichts gegen Intuition, doch es wäre falsch, sich allein darauf zu verlassen.

Der erste Eindruck ist längst nicht alles

Der erste Eindruck ist enorm wichtig – doch er kann auch revidiert werden!

Zum einen kann der erste Eindruck durchaus trügerisch sein. Ob wir einen Menschen auf Anhieb sympathisch finden oder nicht, hängt auch von unserer eigenen Stimmung ab und von der des anderen. Streß, Unsicherheit und ähnliche belastende Faktoren führen rasch dazu, daß wir jemanden falsch einschätzen. Im Privatleben passiert es schließlich auch, daß wir unsere Meinung von einem Bekannten revidieren, nachdem wir die Gelegenheit hatten, ihn näher kennenzulernen.

Miteinander warmwerden hat auch immer mit aneinander gewöhnen, sich allmählich aufeinander einstellen zu tun. Diese Annäherungsphase, die durchaus einige Monate dauern kann, sollten Sie sich erst einmal zugestehen. Und auch Ihrem Chef. Zeigt er sich anfangs sehr zugeknöpft oder auch überkritisch, ist das noch längst nicht auf eine Abneigung zurückzuführen. Vielleicht hat er sich mit Ihrer Vorgängerin exzellent verstanden und muß sich erst umstellen.

Miteinander warmwerden ist auch eine Frage der Zeit.

Häufig können sich Frauen mit männlichen Vorgesetzten anfangs auch deshalb schwer anfreunden, weil zwischen den Geschlechtern große Kommunikationsunterschiede herrschen (siehe dazu auch »Powertalk – die Sprache des Erfolges«, Seite 219).

Wie man das Verhältnis zum Chef verbessert

Wir können einiges dazu beitragen, die »Chemie« zu verbessern. Einerseits durch eine professionelle Einstellung: Wenn wir bereit sind, die Fähigkeiten und Qualitäten des Vorgesetzten zu sehen, können wir leichter über Marotten oder Verhaltensweisen hinwegsehen, die wir als störend empfinden. Wir lernen, ihn zu schätzen, zumindest in fachlicher Hinsicht. Gleichzeitig können wir natürlich die Meinung des Chefs von uns beeinflussen – im positiven wie im negativen.

Berufliche Beziehungen sind anders als private

Frauen neigen oftmals dazu, an berufliche Beziehungen die gleichen Maßstäbe zu legen wie an private. Sie wollen, daß man sie mag, und leiden darunter, wenn sie Ablehnung vermuten. Doch diesen Transfer vom Privatbereich auf den Arbeitsbereich sollten wir tunlichst unterlassen. Schließlich geht es nicht darum, den Bund fürs Leben einzugehen, sondern eine berufliche Beziehung aufzubauen.

Was tun, wenn der Chef blockiert?

Was aber, wenn zwar Sie an einer solchen Beziehung Interesse haben, aber offensichtlich nicht Ihr Vorgesetzter? Wenn er Sie meidet, sich Ihnen gegenüber unfreundlich, unfair oder gar intrigant verhält?

Es mag Sie verwundern – aber die wohl häufigste Ursache für solch ein abschreckendes Verhalten ist Angst, die in verschiedenen Facetten anzutreffen ist: etwa die Angst vor Überlegenheit. Eine Mitarbeiterin, die kompetent, ideenreich und aktiv ist, empfindet mancher Vorgesetzte als Bedrohung, insbesondere dann, wenn er selbst schon älter und vom aktuellen Fachwissen weit entfernt oder noch sehr jung und unerfahren ist.

Die klammheimliche Angst der Chefs

Beinahe jeden Chef beschäftigt die Frage: Was denken die Mitarbeiter wirklich über mich? Wie schätzen sie meine Kompetenz, meinen Führungsstil, meine menschlichen Qualitäten wirklich ein? Natürlich müßte jeder Vorgesetzte mit diesen subtilen Ängsten selbst fertigwerden. Tatsache ist allerdings: Manchen gelingt es nur unzureichend oder gar nicht. Die Angst vor der Meinung der anderen kann sich sogar zur Vorstellung steigern, heimlich belächelt oder gar verachtet zu werden.

Spielen Sie nicht die Psychotherapeutin

Falls Sie es mit einem solchen ängstlichen Vorgesetzten zu tun haben, müssen Sie natürlich nicht in die Rolle der Psychologin schlüpfen, die alles versteht und verzeiht. Prinzipiell empfiehlt es sich, dem Vorgesetzten angstmindernd gegenüberzutreten: »Das heißt natürlich nicht«, so schreibt Wolfram Kowalewsky in seinem Buch »Über den Umgang mit Vorgesetzten. Macht und Mut am Arbeitsplatz«, »daß wir vor dem Vorgesetzten auf Knien rutschen und bitten und betteln sollen; das wäre ein absurder Irrtum, der jahrhundertelang geübt wurde. Angstfreier Umgang heißt … mehr direktes Sprechen, Verminderung der Ungewißheit und Überwindung der eigenen Ängste.«

Versuchen Sie den ängstlichen Chef nicht zu »heilen«; treten Sie ihm aber freundlich und direkt gegenüber.

Hoffnungsloser Fall?

Natürlich gibt es »hoffnungslose« Chefs, die es Ihnen unmöglich machen, ein zumindest neutrales sachliches Arbeitsverhältnis aufzubauen. Ist das Verhältnis zu angespannt oder gar feindselig, kann sich keinerlei Arbeitsfreude mehr entwickeln, und darunter leidet auch die fachliche Ebene. Langfristig bleibt dann nur die Kündigung.

Typologie: Schwierige Cheftypen

und wie man mit ihnen klarkommt

Ein guter Chef bringt Kompetenz und Kooperationsbereitschaft mit, er ist aufgeschlossen, fair und stets gesprächsbereit, hat Teamgeist und Spaß daran, seine Mitarbeiter zu fördern. Meist müssen wir allerdings schon zufrieden sein, wenn der eigene Vorgesetzte zumindest mehr Qualitäten besitzt, als er Macken, Schwächen oder Allüren an den Tag legt. Doch auch mit schwierigen Vorgesetzten kann man – halbwegs – klarkommen, wenn man ihr Verhalten analysieren kann.

Vergessen Sie nicht: Auch schwierige Chefs haben in der Regel den nötigen Einfluß, um Ihre Karriere zu bremsen oder voranzutreiben.

»Warum sollte ich mir die Mühe machen«, so werden Sie sich vielleicht fragen, »mich in einen mir unsympathischen Chef hineinzuversetzen und dann entsprechend zu verhalten?« Ganz einfach: aus Eigeninteresse. Um diplomatisch und klug vorgehen zu können, um sich selbst letztendlich zu fördern.

Der Eigenbrötler

Er verschanzt sich gerne hinter seiner stets verschlossenen Tür, beschränkt den Kontakt zum Team bzw. zur Abteilung auf das absolute Minimum. Mitarbeitermotivation hält er für ein dummes Schlagwort, sofern er überhaupt davon gehört hat. Der Eigenbrötler-Chef besitzt in der Regel hohes Fachwissen, die soziale Kompetenz hingegen fehlt ihm meist völlig. Bei manchen Eigenbrötlern steckt dahinter Unsicherheit. Andere wiederum geben sich deshalb so unnahbar, weil sie sich tatsächlich »für etwas Besseres« halten. Aus Arroganz und Elitedenken heraus halten sie Abstand zu den »Untergebenen«.

Unsicher vs. überheblich

Den eher schüchternen vom überheblichen Typ zu unterscheiden, fällt nicht schwer: Während der Unsichere generell Schwierigkeiten im Umgang mit Menschen hat und auch privat wenige Kontakte besitzt, genießt der Überhebliche die Gesellschaft anderer durchaus – sofern es sich um einflußreiche Menschen und Kapazitäten handelt.

Der richtige Umgang mit dem Eigenbrötler

- Machen Sie sich bewußt: Den Einzelbrötler-Chef werden Sie nur selten zu Gesicht bekommen. Um so wichtiger ist es, im entscheidenden Moment präsent zu sein und sofort auf das Wesentliche zu kommen: Sparen Sie sich den Kommentar zu dem neuen Bild im Arbeitszimmer des Vorgesetzten, tragen Sie Ihre Anliegen kurz und prägnant vor, stellen Sie Lösungsansätze gut durchdacht und perfekt strukturiert dar. Das setzt voraus, daß Sie sich auf diese Gespräche intensiv vorbereiten müssen. (Dies ist zu verkraften, da es ja nicht häufig vorkommt.)

- Fragen Sie ihn besser nicht, welche Aufgaben Sie als nächstes in Angriff nehmen sollen oder ob Sie etwas besser so oder doch anders machen sollten. Das heißt nicht, daß Sie ihn übergehen dürfen; das wäre fatal. Vielmehr sollten Sie vorher brauchbare, eindeutige Vorschläge entwickeln, die er nur noch absegnen muß. Oft genügt es, wenn Sie ihm Ihre Ideen schriftlich – über ein knappes Memo – oder über seine Sekretärin zukommen lassen. Über kurz oder lang wird er das Gefühl bekommen, in Ihnen die ideale Mitarbeiterin gefunden zu haben, der er auch – im Eigeninteresse – gerne mehr Verantwortung überläßt.

- Zusätzlich sollten Sie dennoch Ihre Erfolge und Leistungen dezent unterstreichen – auch das natürlich in gebotener Kürze.

- Noch ein Wort zum richtigen Auftritt: Während Sie bei einem menschenscheuen Eigenbrötler mit einer effizienten, aber stets zurückhaltenden Art garantiert richtigliegen, kommt beim arroganten Einzelkämpfer eine Gratwanderung auf Sie zu: Einerseits sollten Sie tunlichst vermeiden, seine Eitelkeit zu verletzen oder seine Macht anzuzweifeln, andererseits sollten Sie stets selbstbewußt auftreten.

Der Einzelkämpfer-Chef läßt sich nur von Persönlichkeiten beeindrucken – unsichere Menschen nimmt er nicht für voll.

Der Autoritäre

Zweifel, wer hier der Boß ist, läßt er gar nicht erst aufkommen. Er liebt klare Anweisungen, deutliche Hierarchien und Mitarbeiter, die sich danach richten. Wenn jemand seine Entscheidungen anzweifelt oder ihnen gar zuwiderhandelt, kann er äußerst laut und unangenehm werden.

Auch hier gibt es zwei Typen: Den Patriarchen, der sich als entscheidungsfähigen, wohlwollenden Übervater sieht und tatsächlich über eine gefestigte starke Persönlichkeit verfügt. Er ist in der Regel auch sehr beliebt bei seiner »Familie«, der Firma, nicht zuletzt, weil die Mitarbeiter, seine »Kinder«, sich sicher und behütet fühlen können, solange sie nicht über die Stränge schlagen. Allerdings gibt es auch autoritäre Chefs, die über wenig Selbstbewußtsein verfügen und gerade deshalb keinerlei Widerspruch dulden. Sie tarnen ihre Unsicherheit hinter markigen Sprüchen und nahezu militärischem Gehabe.

Beim patriarchalischen Chef können Sie am ehesten »Familiengefühle« im Job entwickeln.

Der richtige Umgang mit dem Autoritären

- Wenn Sie einfach nur mit ihm auskommen wollen, genügt es, das zu tun, was er Ihnen aufträgt, und Widerspruch für sich zu behalten.

- Wollen Sie langfristig mehr erreichen: Fragen Sie ihn ab und zu um seinen Rat, kommen Sie mit Ideen und Vorschlägen zu ihm, um seine von Ihnen so hoch geschätzte Meinung einzuholen. Am besten weisen Sie noch darauf hin, daß Sie den Impuls für diese Idee selbstverständlich ihm verdanken.

FÖRDERMÖGLICHKEITEN NUTZEN

Der autoritäre Chef ist ein hervorragender Mentor: Schließlich ist er stets darauf bedacht, seine Hausmacht zu halten und auszubauen. Eine gelehrige Schülerin wird er gerne fördern. Doch sollten Sie sich ebensowenig von ihm einschüchtern lassen: Wenn Sie Kritik persönlich nehmen, enttäuschen Sie ihn und verspielen Ihren Kredit.

Der Zauderer

Entscheidungen liegen ihm gar nicht. Er schiebt jede auch noch so belanglose Angelegenheit auf die lange Bank, um nichts falsch zu machen, sich keinesfalls festlegen zu müssen. Auch mit dem Delegieren hat er seine Probleme. Sein Führungsstil ist – sofern man überhaupt davon sprechen kann – reichlich chaotisch und undurchsichtig.

Der richtige Umgang mit dem Zauderer

- Sicherlich ist es oft nervenaufreibend, mit ihm zusammenzuarbeiten, allerdings können Sie enorm viel davon profitieren, wenn Sie sich geschickt verhalten und selbst Stärke entwickeln. Nehmen Sie Aufgaben selbst in die Hand, treffen Sie Entscheidungen, soweit es vertretbar ist.

- Natürlich müssen Sie ihn stets auf dem laufenden halten, zumindest solange, bis er Ihnen für einen bestimmten Bereich freie Hand läßt. Das wird er gerne tun, wenn er merkt, daß er sich auf Sie, Ihre Arbeit und Loyalität verlassen kann.

- Wenn es mehrere Möglichkeiten gibt, eine Sache anzugehen – machen Sie ihm nur eine schmackhaft, und geizen Sie nicht mit Anerkennung, wenn er sich zu einem Entschluß durchringen konnte. Positives Feedback braucht der unsichere Chef mehr als jeder andere. Es stärkt ihm den Rücken – und es festigt Ihre Position.

Der Inkompetente

Er stellt manchmal Fragen, die völlig überflüssig sind, hat Forderungen, die uneinlösbar sind. Kommt eine Mitarbeiterin mit einem fachlichen Problem zu ihm, reagiert er gelangweilt oder genervt – allzuviel Hilfe kann sie sich von ihm nicht erwarten. Die Ursache erkennen auch Anfänger rasch: Der Vorgesetzte hat wenig Überblick über die Tätigkeit seiner Mitarbeiter und die genauen Abläufe in der Abteilung. »Der hat ja keine Ahnung«, lästern manche Kollegen.

Der richtige Umgang mit dem Inkompetenten

- Auf jeden Fall sollten Sie sich hüten, sich dem negativen Urteil jener Kollegen anzuschließen. Es ist keineswegs ungewöhnlich, daß der Chef manche Aufgaben, die seine Mitarbeiter mit links erledigen, überhaupt nicht oder nur ungenügend erfüllen kann. Der Manager eines Autokonzerns kann unter Umständen keinen Vergaser reparieren, der Leiter einer Modefirma nicht selbst schneidern. Das müssen sie auch nicht. Dafür haben sie ja Mitarbeiter.

Vorgesetzte sind »führende« Persönlichkeiten; sie müssen keinesfalls ein umfassendes Detailwissen haben.

- Der erste Schritt, mit einem »inkompetenten« Chef gut zu fahren: Billigen Sie ihm das Recht zu, Fragen und Forderungen zu stellen, die in Ihren Augen dumm sind.

- Der zweite Schritt: Erklären Sie ihm möglichst einfach (ohne Fachchinesisch und langwierige Erläuterungen), daß dies oder jenes nicht geht, teilen Sie ihm gleichzeitig aber mit, was möglich ist. Damit kann er etwas anfangen. Wenn Sie sich als zuverlässige Kraft, die kompetent auf ihrem Gebiet ist, bewährt haben, wird er ohnehin nicht mehr auf Erklärungen pochen, sondern sich auf Ihre Aussage verlassen.

- Der dritte Schritt: Mit Sicherheit hat Ihr Chef einige nennenswerte Qualitäten und Eigenschaften, die für seine Position ausschlaggebender waren als Kompetenz. Vielleicht kann er gut koordinieren, überzeugen, sich einen Überblick verschaffen ... Konzentrieren Sie sich auf diese Eigenschaften, versuchen Sie, von ihm abzuschauen – denn solche Qualitäten sind für den Aufstieg mitentscheidend.

Der Kontrolleur

Damit ist nicht der Chef gemeint, der darauf bedacht ist, den Überblick zu behalten und deshalb auch zu Stichproben greift, also mal genauer hinsieht. Der Kontrolleur ist wesentlich pedantischer: Er will über jeden kleinen Schritt informiert werden, delegiert nur die niedrigsten Aufgaben. An eigenständiges Arbeiten ist nicht zu denken, vielmehr an Orwells Vision »1984«: »Big brother is always watching you.«

Der Kontrolleur überwacht die simpelsten Vorgänge, prüft alles nach – ein schwieriger Fall.

Der richtige Umgang mit dem Kontrolleur

- Zugegeben, mit diesem Chef zu arbeiten, macht keinen Spaß, und die Entwicklungsmöglichkeiten sind nicht gut. Wie läßt sich das ändern?

- Zuerst sollten Sie herausfinden, warum er vom Kontrollzwang besessen ist. Ist er zuwenig ausgelastet und muß sich selbst irgendwie beschäftigen? Wahrscheinlicher ist, daß er unsicher ist, weil er in der jetzigen Position neu und unerfahren ist oder weil er Grund zur Sorge hat – vielleicht bekommt er Druck von oben, steht auf der Abschußliste.

Schlagen Sie den Kontrolleur mit seinen eigenen Waffen: Spielen Sie erst einmal mit.

- Das Wichtigste, was Sie zunächst tun sollten: Spielen Sie sein Spiel mit, informieren Sie ihn über jeden kleinen Schritt und – das ist wichtig – darüber, wie Sie jetzt weiter vorgehen würden, wenn Sie auf sich gestellt wären. Wenn er merkt, daß auf Sie 100prozentig Verlaß ist, wird er das Kontrollieren am ehesten unterlassen. Tut er es nicht, obwohl Sie Ihre Sache gut machen, kommen Sie um ein Gespräch nicht herum: Vorwürfe bringen nichts, versuchen Sie lieber, ihn davon zu überzeugen, daß Sie in kürzerer Zeit mehr leisten könnten, wenn Sie bei Routinearbeiten nicht jeden Schritt absprechen müßten. Machen Sie ihm klar, daß etwas mehr Eigenständigkeit Sie motivieren könnte. Das liegt auch in seinem Interesse, schließlich will er, daß seine Abteilung gute Arbeit leistet.

- Falls das alles nichts bewirkt, müssen Sie sich über kurz oder lang anderweitig orientieren und sich einen Tätigkeitsbereich suchen, in dem Sie mehr Eigenständigkeit entwickeln können.

Pedantische Dauerkontrolle von seiten eines Vorgesetzten verhindert jede Eigenständigkeit – und kann ins berufliche Abseits führen.

ZEHN TIPS FÜR DEN GUTEN DRAHT NACH OBEN

1. Freundlichkeit, Zuverlässigkeit, Aufgeschlossenheit – Attribute, die im Normalfall selbstverständlich sind. Wer diese Eigenschaften auch in Streßsituationen nicht verliert, gewinnt an Sympathie und Souveränität.

2. Sei es durch intelligente Fragen, Zustimmung bei Entscheidungen oder ungeteilte Aufmerksamkeit: Nehmen Sie Gelegenheiten wahr, um dem Chef zu signalisieren, daß Sie ihn, seine Meinung und Qualitäten zu schätzen wissen. Auch er braucht Bestätigung und Anerkennung.

3. Zeigen Sie Engagement und Interesse – im Berufsalltag, aber auch bei anderen Belangen. Bilden Sie sich eine Meinung zu Projekten der Firma. Es wirkt äußerst desinteressiert, wenn Sie Ihr Chef nach Ihrer Einstellung dazu fragt und als Antwort nur ein Achselzucken erntet.

4. Bereiten Sie sich auf jede Besprechung sorgfältig vor. Legen Sie sich Argumente zurecht, fassen Sie sich kurz – Ihr Chef wird gerne Zeit in Sie investieren, wenn er sieht, daß es sich lohnt.

5. Gehen Sie davon aus, daß Ihr Chef einen Wissens- und Erfahrungsvorsprung hat. Hüten Sie sich vor schnellen Fehlurteilen. Wenn es Ihnen gelingt, sich in die Sichtweise des Chefs hineinzuversetzen und in größeren Zusammenhängen zu denken, gewinnen Sie seine Beachtung.

6. Lassen Sie sich von der Autorität des Chefs nicht verunsichern. Bekämpfen Sie Ihre Ängste gezielt und suchen Sie bewußt Kontakt.

7. Wer nicht auf der Stelle treten will, muß Eigenständigkeit entwickeln. Denken Sie mit, denken Sie voraus – so erobern Sie sich neues Terrain.

8. Tränen, Trotz und scharfe Worte gehören auf Ihre schwarze Liste. Kontrollieren Sie sich stets in Anwesenheit des Chefs. Bewahren Sie die Ruhe, auch wenn er emotional und heftig wird.

9. Seien Sie unbedingt loyal – auch wenn Ihr Chef unmöglich ist und seine Vorwürfe ungerecht sind. Wer hinter seinem Rücken hetzt oder ihn gar vor anderen bloßstellt, schadet dem eigenen Ruf. Auf illoyale Mitarbeiter legt keine Firma wert.

10. Kritisieren Sie Ihren Chef – aber richtig. Sachlich und ohne ihn direkt zu brüskieren. Wenn Sie von Ihrer Meinung überzeugt sind, sollten Sie sie auch vertreten. Umfaller werden nicht ernst genommen.

EXTRA: DAS VORSTELLUNGSGESPRÄCH – SICH PERFEKT PRÄSENTIEREN

Zu einem Vorstellungsgespräch gebeten zu werden, bedeutet eine Auszeichnung. Häufig kommen auf eine Stelle Dutzende, nicht selten sogar Hunderte von Bewerbungen – nur die vielversprechendsten werden eingeladen. Schließlich macht sich kein Chef oder Personalleiter die Mühe, aussichtslose Kandidatinnen zu empfangen: Die Bewerbung kam ganz offensichtlich gut an, die vorgewiesenen fachlichen Qualifikationen entsprechen dem Stellenprofil, eine erste wichtige Hürde ist genommen. Grund genug, diese anerkennende Botschaft direkt an das Selbstbewußtsein weiterzuleiten und sich für die zweite Hürde fit zu machen.

Profil zeigen

Beim Vorstellungsgespräch geht es vorrangig um die Person. Das Unternehmen will herausfinden: Paßt die Bewerberin zu uns? Umgekehrt sollte man sich selbst die Frage stellen: Will ich bei dieser Firma arbeiten? Insbesondere Frauen scheinen häufig zu vergessen, daß nicht nur sie selbst, sondern auch die Firmen bei der Jobvergabe ein Interesse haben. So treten sie eher als Bittstellerinnen in Erscheinung, als sich klarzumachen, daß sie selbst etwas zu bieten haben, und dieses Selbstbewußtsein auch angemessen zu zeigen.

Die richtige Vorbereitung

- Informationen sammeln: Je mehr Sie wissen, um so sicherer fühlen Sie sich und um so besser können Sie Pluspunkte sammeln. Lassen Sie sich von der Firma Informationsmaterial zusenden. Prospekte, Broschüren und Geschäftsberichte sind eine gute Grundlage, um sich ein Bild zu machen. Gleichzeitig sollten Sie sich allerdings auch auf anderem Wege um Informationen über die Firma, den Chef in spe und das Betriebsklima bemühen. Herrscht in einem Betrieb beispielsweise eine hohe Fluktuation, kann das ein Alarmsignal sein. Eventuell ist der Führungsstil streng autoritär, die Firma bietet kaum Aufstiegschancen oder zahlt schlecht, weil sie finanziell in der Krise steckt.

Am besten informieren Sie sich über eine Firma aus mehreren Quellen.

Es ist wichtig, solche Hintergründe zu kennen. Schließlich will man möglichst in einer soliden Firma arbeiten und sich dort auch wohl fühlen. Um Informationen richtig einordnen zu können, muß natürlich zwischen Klatsch und seriösen Quellen unterschieden werden. Gute Ansprechpartner sind Freunde und Bekannte, die das Unternehmen kennen oder in der Branche genau Bescheid wissen.

TIP

Über Frauennetzwerke können Sie ebenfalls an Insiderwissen herankommen. Oft lohnt es sich auch, Fachblätter und den Wirtschaftsteil der Tageszeitungen zu durchforsten.

Dieser Informationsvorsprung hilft, um sich innerlich auf die Wellenlänge des Gesprächspartners einzustellen und den eigenen Auftritt danach abzustimmen. Eingestreute Bemerkungen und Fragen, die sich etwa auf neue Aktivitäten der Firma beziehen, signalisieren Interesse. Der Chef oder Personalleiter sollte schließlich keinesfalls den Eindruck gewinnen, Sie hätten sich wahllos beworben.

Bringen Sie Informationen über die Firma gezielt ins Gespräch ein.

- Das Trockentraining: Insbesondere dann, wenn Sie noch wenig Erfahrung mit Vorstellungsgesprächen haben, sollten Sie bereits zu Hause mögliche Fragen und entsprechende Antworten durchgehen.

TIP

Üben Sie nicht nur in Gedanken, sondern laut. Ideal ist es, wenn Sie eine Freundin, Kollegin oder den Partner für die »Generalprobe« gewinnen können.

Natürlich wird das tatsächliche Vorstellungsgespräch anders ablaufen. Aber der Effekt eines Trainings ist nicht zu unterschätzen: Inhaltliche Schwachpunkte und schwammige Formulierungen lassen sich auf diese Weise deutlich reduzieren. Machen Sie sich auch Notizen darüber, was Sie unbedingt zur Sprache bringen oder fragen wollen, und bringen Sie diese Unterlagen ohne Bedenken zum Vorstellungsgespräch mit. Ihr Gesprächspartner wird es gerne sehen, daß Sie sich vorab mit seinem Unternehmen auseinandergesetzt haben.

Der gelungene Auftritt

- ... beginnt mit einem perfekten Timing. Erscheinen Sie unbedingt pünktlich – keine Minute zu spät, aber auch nicht eine Viertelstunde früher. Planen Sie bei Auswärtsterminen deshalb auch Staus, Parkplatzsuche oder Zugverspätungen mit ein.

- Das passende Outfit sollte in jedem Fall auf das Unternehmen und die Branche abgestimmt sein. Die Mitarbeiter einer Bank sind selbstverständlich anders gekleidet als in einer Werbeagentur. Generell gilt: Wenn Sie sich nicht ausgerechnet als Model bewerben, sollten Sie auf allzu Körperbetontes verzichten. In bezug auf Accessoires, Make-up und Parfüm können Sie getrost der alten Regel vertrauen: Weniger ist oft mehr.

Altbewährt: Setzen Sie auf ein dezentes, klassisches Outfit.

TIP

Entscheidend ist, daß das Outfit zu Ihnen paßt. Wer sich verkleidet fühlt, verliert an Sicherheit und Ausstrahlung.

- Körpersprache: Achten Sie darauf, offene, verbindliche Signale auszusenden – angefangen bei einem festen Händedruck bis hin zum freundlich-aufmerksamen Blickkontakt, den Sie nie ganz abreißen lassen sollten.

TIP

Stellen Sie sich auf die Körpersprache Ihres Gegenübers ein: Sitzt der Gesprächspartner sehr aufrecht, sollte man sich möglichst nicht betont lässig zurücklehnen. Versuchen Sie generell, Ihre Körperhaltung derjenigen des Gesprächspartners etwas anzugleichen.

Versuchen Sie allerdings nicht, Ihre Nervosität um jeden Preis zu verbergen. Ein aufgesetzt souveränes Auftreten wirkt unecht und verkrampft. Wesentlich besser ist es dann, offen zu sagen, daß die Situation für Sie noch sehr ungewohnt ist. Dadurch wird die Anspannung für Sie leichter, und Ihr Gesprächspartner sieht, daß Sie trotz aller Aufregung zu sich stehen können.

- Lehnen Sie in jedem Fall Alkohol ab. Hinter einem offerierten »Gläschen zur Entspannung« verbirgt sich unter Umständen ein Suchttest. Auch auf das Rauchen sollten Sie möglichst verzichten.

Standardfragen – Chancen ohne Risiko

Es gibt eine ganze Reihe von Fragen, die mit ziemlicher Sicherheit gestellt werden. Ein Grund mehr, sich die Antworten vorher zurechtzulegen und sich durch unüberlegte, banale Äußerungen nicht ins Abseits zu manövrieren. Typische Fragen sind:

- *Was haben Sie bislang gemacht?* Eine Frage, mit der durchaus auch Neulinge ohne Berufserfahrung rechnen sollten. Dabei geht es nicht darum, den Lebenslauf einfach herunterzubeten (der dem Gesprächspartner ohnehin vorliegt), sondern ihn gleichzeitig zu interpretieren. Auch im Laufe von Schulzeit, Studium oder Praktika sammelt man Erfahrungen, die im Berufsleben von Vorteil sind. Es kristallisieren sich besondere Fähigkeiten und Stärken heraus, die Sie an dieser Stelle herausstreichen können.

Geben Sie Ihrem Lebenslauf eine dynamische und positive Komponente; erwähnen Sie Besonderheiten.

Privates Engagement kann schmücken

Egal, ob Sie aktiv bei der Schülerzeitung mitgearbeitet haben, bei einem Verein oder einer Bürgerinitiative – dadurch signalisieren Sie, daß Sie über Elan und Energien verfügen. Faktoren, die auch im Job gerne gesehen werden, solange nicht der Eindruck entsteht, Ihre Freizeitgestaltung hätte für Sie Priorität.

- *Worin sehen Sie Ihre Stärken?* Eine Frage, die Frauen schnell in die Bescheidenheitsfalle tappen läßt. Zwar sollten Sie an dieser Stelle nicht die absolute Superfrau spielen, aber einige Argumente parat haben, mit denen Sie punkten können. Verzichten Sie möglichst auf Standardstärken wie Organisationstalent, guter Umgang mit Menschen, Zuverlässigkeit, Präzision. Sie klingen banal, langweilig und werden darüber hinaus oft vorausgesetzt. Besser fahren Sie mit Aussagen, die etwa auf Kreativität, langen Atem, Intuition, Motivation, Lösungsorientiertheit, Streßresistenz usw. schließen lassen.

- ***Was liegt Ihnen weniger?*** Letztlich geht es bei dieser Frage um Ihre Schwächen. Also Vorsicht vor der Ehrlichkeitsfalle! Ein geschickter Schachzug, um sich in dieser Situation keine Minuspunkte einzuhandeln: Sie räumen eine Schwachstelle ein, die eigentlich eine Stärke ist, etwa: »Es fällt mir schwer, ein Projekt aufzugeben, bevor ich nicht alles versucht habe.« Oder: »Ich fürchte, ich bin ziemlich ehrgeizig.« Eine andere Möglichkeit: Sie stehen zu einer Schwäche, die in Ihrem Beruf keine Rolle spielen dürfte.

- ***Warum haben Sie sich gerade bei uns beworben?*** Der richtige Zeitpunkt, um zu zeigen, daß Sie gut über die Firma Bescheid wissen. Jetzt können Sie die neuen Projekte der Firma, ihre Produktpalette oder auch ihr Auftreten in der Öffentlichkeit loben.

- ***Wieso möchten Sie wechseln?*** Wenn es sich um Ihren ersten Job handelt, können Sie diese Frage natürlich vergessen. Vorerst, denn beim ersten Wechsel kommt sie garantiert. In dieser Situation auf Differenzen mit dem bisherigen Arbeitgeber, Mobbing durch einen Kollegen oder sonstige Probleme hinzuweisen, wäre ein Kapitalfehler. Versichern Sie vielmehr, daß Sie in Ihrer jetzigen Firma wichtige Erfahrungen sammeln konnten und sich nun für eine neue Herausforderung reif fühlen. Damit sagen Sie in der Regel nicht einmal die Unwahrheit.

Vorsicht vor der Ehrlichkeitsfalle: Keine Probleme schildern, sondern positiv antworten.

- ***Was wollen Sie verdienen?*** Vor allem als Berufsanfängerin, aber häufig auch später, werden Sie Schwierigkeiten haben, ein »angemessenes« Gehalt zu fordern. Zuwenig zu verlangen, ist aber ebenso schlecht wie eine übertriebene Forderung.

T I P

Informieren Sie sich vorab ausführlich, was in der Branche und in dieser Position normalerweise bezahlt wird – bei Berufsorganisationen, Gewerkschaften, IHK, aber auch bei Freunden und Kollegen.

Als Verhandlungsbasis können Sie eine Summe anbieten, die ein wenig über dem Wunschgehalt liegt. Häufig wenden Arbeitgeber die umgekehrte Strategie an, und man trifft sich in der Mitte.

INFO

Bei einem Wechsel ist der Ausgangspunkt in der Regel das Gehalt, das Sie bisher verdienen. Prinzipiell gilt: Mit jeder neuen Arbeitsstelle sollten Sie sich etwa um 10 bis 20 Prozent verbessern. Befindet sich die Branche allerdings derzeit in der Krise oder handelt es sich um Ihren Traumjob, müssen Sie sich unter Umständen auch mit kleineren Sprüngen zufriedengeben.

Heikle Klippen sicher umschiffen

Neben einfachen und klar zu beantwortenden Fragen können in Vorstellungsgesprächen auch manchmal Stolpersteine auftreten.

- *Minuspunkte im Lebenslauf:* Sie mußten von einer höheren Schule abgehen, weil Ihre Leistungen nicht gereicht haben? Sie haben nach dem Schulabschluß erst einmal ein Jahr Pause eingelegt oder – falls Sie bereits länger im Job sind – innerhalb kurzer Zeit zweimal die Stelle gewechselt? Überlegen Sie sich vorher genau, wie Sie solche Punkte ansprechen oder auf diesbezügliche Fragen reagieren können, ohne völlig aus dem Konzept zu kommen. Manches läßt sich erklären, ohne Federn zu lassen. Lange Studienzeiten ergeben sich z. B. zwangsläufig, wenn man jobben mußte, um den Lebensunterhalt zu finanzieren. Ein Jahr Pause nach der Schule hingegen kann als wichtige Orientierungsphase genutzt worden sein oder auch als Gelegenheit, auf Reisen Fremdsprachenkenntnisse und Eigenständigkeit zu trainieren.

Auch »Löcher« im Lebenslauf lassen sich positiv interpretieren.

Nicht alles positiv verkaufen

Bevor Sie allerdings unglaubwürdig wirken oder sich gar in Lügen verstricken: Räumen Sie ein, daß Sie damals Fehler gemacht haben, aber aus diesen Erfahrungen gelernt haben.

- ***Arbeitslosigkeit:*** Wer nach Schule, Uni oder dem letzten Job längere Zeit arbeitslos war, hat keinen Anlaß, sich zu rechtfertigen. Angesichts der derzeitigen Beschäftigungskrise kann es jeden treffen. Statt unsicher oder gar resigniert-klagend aufzutreten, sollte eine positive Strategie verfolgt werden: indem man signalisiert, daß man diese Übergangszeit – z. B. durch Kurse, intensive Fachlektüre usw. – genutzt hat und nun hochmotiviert und optimistisch neue Aufgaben in Angriff nehmen möchte.

- ***Kinderwunsch:*** Im Gegensatz zu Männern werden junge Frauen häufig nach ihrer Familienplanung gefragt. Mit einem patzigen Hinweis auf diese Diskriminierung schaden Sie sich leider ebenso wie mit einem Achselzucken oder der Ausflucht, Sie wären derzeit solo. Unglaubwürdig wirkt es, wenn eine 25jährige versichert, niemals Kinder zu wollen.

»Sieben Jahre lang nicht«

Die richtige Antwort – und zwar unabhängig davon, was Sie tatsächlich denken – ist ein vorläufiges Nein. Verweisen Sie darauf, daß Sie sich zunächst voll auf Ihren Job konzentrieren möchten und das Thema »Kinder« frühestens in einigen Jahren aktuell werden könnte. Falls Sie in einer festen Beziehung leben, sollten Sie darüber hinaus klarstellen, daß Ihr Partner ebenso denkt wie Sie.

Bleiben Sie cool: Auch diskriminierende Fragen lassen sich umschiffen.

- ***Indiskrete Fragen:*** Das Privatleben wird Ihren Gesprächspartner in der Regel nur interessieren, soweit davon der Beruf betroffen ist – also wenn es um die Kinderbetreuung während der Arbeitszeiten geht (genaueres dazu wird im Kapitel »Umstieg und Wiedereinstieg«, Seite 144, erörtert). Natürlich sollten Sie nicht übertrieben zugeknöpft wirken, falls Ihr Gegenüber mehr über Ihre Lebensumstände wissen will. Aber Sie sollten wissen, warum diese Fragen gestellt werden. Zumeist geht es darum, herauszufinden, ob Sie außerhalb des Arbeitsalltags starken Belastungen ausgesetzt sind. Eine Trennung oder Scheidung, die Sie gerade durchleiden, zum großen Thema zu machen, ist verständlicherweise nicht günstig. Verschweigen Sie diese psychischen Belastungen nicht, aber signalisieren Sie, daß Sie das Schlimmste bereits überstanden haben.

NO COMMENT!

Fragen, die Ihre Intimsphäre oder auch weltanschauliche Aspekte berühren, sind indiskret und indiskutabel. Ihre politische oder religiöse Einstellung etwa ist für den Arbeitgeber nur dann von Bedeutung, wenn Sie sich als Parteisprecherin bzw. bei einer kirchlichen Organisation bewerben. Ansonsten sollten Sie auf solche Fragen nicht eingehen, zumal Ihr Gesprächspartner oft nur an Ihrer Reaktion interessiert ist. Am besten, Sie lassen sich nicht aus der Ruhe bringen und antworten mit unverbindlichen Floskeln.

Auf eventuelle fachliche Fangfragen sollten Sie gelassen reagieren. Sie müssen nicht alles sofort beantworten können. Auch ein Profi muß sich manchmal erst informieren.

● ***Überraschende Fachfragen:*** Unter Umständen richtet der Gesprächspartner eine spezielle fachliche Frage an Sie, die sie nicht beantworten können. Keine Panik, auch hier geht es meist nicht darum, Ihr Wissen zu prüfen, sondern Ihre Reaktion in einer Streßphase zu testen. Deshalb: Kurz durchatmen, dann nachfragen. Das gibt Ihnen Zeit, sich eine Formulierung zu überlegen, mit der Sie sich aus der Affäre ziehen können, etwa: »Um Ihnen jetzt nicht vorschnell etwas Falsches zu sagen, müßte ich mir das Problem erst einmal genauer ansehen.«

● ***Der Gesprächspartner wirkt unkonzentriert:*** Das Wichtigste, wenn der Personalleiter oder Vorgesetzte desinteressiert, ungeduldig oder unkonzentriert wirkt: Lassen Sie sich nicht davon einschüchtern. Oft hat sein Verhalten nichts mit Ihnen zu tun. Meiden Sie in dieser Phase ausufernde Erläuterungen, antworten Sie knapp und präzise – allerdings ohne Ihr Sprechtempo zu beschleunigen. Eine gute Methode, um die Aufmerksamkeit (wieder) zu wecken: eine Frage stellen.

Beim nächsten Mal klappt's besser

Wenn Sie trotz guter Vorbereitung und starkem Interesse eine Absage erhalten, ist das natürlich erst einmal eine Enttäuschung. Allerdings ist es kein Grund, sich entmutigen zu lassen. Sie haben ein optimales Training hinter sich – und Ihre Chancen damit erhöht. Nutzen Sie diese für das nächste Bewerbungsgespräch.

Durch interessierte Fragen Interesse wecken

Ein gelungenes Vorstellungsgespräch ist – wie das Wort bereits sagt – kein einseitiges Frage-Antwort-Spiel und schon gar kein Verhör, sondern ein Gespräch, in dem beide Seiten sondieren, ob sie zusammenpassen. In der Regel wird man vom Gesprächspartner aufgefordert, Fragen zu stellen. Doch wenn es sich vorher ergibt, kann man auch durchaus selbst die Initiative ergreifen:

1. Fragen, die Engagement zeigen: Erkundigen Sie sich nach internen Abläufen, Plänen, Geschäftspartnern oder neuen Produktentwicklungen. Wer sich interessiert zeigt, weckt gleichzeitig Interesse. Auch firmeninterne Weiter- und Fortbildungsmöglichkeiten können Sie dabei ansprechen; damit signalisieren Sie Ehrgeiz und Motivation. Äußerst ungeschickt hingegen wäre es, sich nach der Anzahl der Urlaubstage oder der Länge der Mittagspause zu erkundigen.

2. Fragen, die Ihren Informationsstand verbessern: Gleichzeitig sollten Sie die Gelegenheit nutzen, um möglichst viel über den potentiellen Arbeitsplatz zu erfahren. Welche Kompetenzen werden Sie haben, welche Hauptansprechpartner, wie sieht es mit Einfluß- und Aufstiegschancen aus? Zum Teil können Sie sich Antworten auch erschließen, indem Sie genau hinhören: Ist das Unternehmen gesund, oder geht es Ihrem Gesprächspartner bei jedem zweiten Satz um Kostendämpfung und Einsparungsmöglichkeiten? Falls sich Ihr Gegenüber sehr schwammig ausdrückt oder eine Frage »überhört«, sollten Sie sich aber auch nicht scheuen, nochmals nachzuhaken. Schließlich geht es nicht nur darum, einen guten Eindruck zu hinterlassen, sondern auch darum, sich ein möglichst genaues und realistisches Bild zu machen. Denn letztlich soll nicht nur die Firma Sie auswählen – auch Sie müssen sich guten Gewissens für das Unternehmen entscheiden können.

INFO

Man unterscheidet bei Fragen zwischen zwei hauptsächlichen Gruppen: den offenen und den geschlossenen Fragen. Geschlossene Fragen sind solche, die nur mit einem Ja oder Nein zu beantworten sind. Offene Fragen (wie, was usw.) eröffnen mehrere Antwortmöglichkeiten.

START MIT STRESS

Es ist ein bißchen wie beim ersten Date: Sie wollen sich von Ihrer besten Seite präsentieren – und stellen dann verärgert fest, daß Sie sich besonders ungeschickt anstellen. Sie freuen sich auf die Neueroberung – bekommen dann aber vielleicht Zweifel, ob Sie sich nicht zuviel erhofft haben. Auch der Einstieg ins Berufsleben verläuft selten wie erhofft. Trotz bester Vorsätze geht manches schief. Nicht selten treten Zweifel auf – an den eigenen Fähigkeiten, vielleicht auch an der eigenen Entscheidung für gerade diese Stelle oder diesen Beruf. Gut, wenn dann wenigstens privat alles zum besten steht. Aber auch das ist leider nicht immer der Fall. Streßfaktoren am Anfang lassen sich oft nicht vermeiden, doch sehr wohl entschärfen.

Selbstzweifel: Bin ich die Richtige für den Job?

Gemischte Gefühle hat fast jeder vor dem ersten Arbeitstag. Bei manchen lösen sich die vorherigen Bedenken schnell in Wohlgefallen auf – der Job macht riesigen Spaß, mit den Kollegen und dem Chef klappt es von Anfang an, es könnte gar nicht besser laufen. Beneidenswert. Doch diese Bilderbuchstarts sind eher selten. Viele frösteln mitunter nach dem kalten Sprung ins Wasser. Sie sind alles andere als sicher, ob Sie an der richtigen Stelle sitzen, und fühlen sich von äußerst unangenehmen Gefühlen geplagt. Manche hegen Zweifel, ob sie den gestellten Anforderungen überhaupt gewachsen sind, andere befürchten insgeheim, bei der falschen Firma gelandet zu sein, wieder andere glauben, sich bereits bei der Berufswahl völlig vertan zu haben. Nicht selten kommen auch sämtliche Zweifel zusammen. Meistens sind diese unguten Gefühle allerdings kein Alarmsignal, sondern Auswirkungen eines altbekannten Phänomens: des sogenannten Praxisschocks.

Praxisschock: Das Bild, das man sich vom Beruf gemacht hat, stimmt oft nur teilweise.

Die Frage, ob Sie die Richtige für den Job sind, oder umgekehrt, ob die Stelle bzw. auch der Beruf richtig für Sie sind, sollte in der Anfangsphase erst einmal völlig in den Hintergrund treten. Sie läßt sich erst beantworten, wenn Sie während der Probezeit versucht haben, das Beste daraus zu machen. Falls Sie den gestellten Anforderungen tatsächlich nicht gewachsen sind, wird ohnehin ein Gespräch mit dem Vorgesetzten stattfinden, der Ihre Leistungen objektiv beurteilen kann.

Haben Sie hingegen Ihrerseits das Gefühl, der Job fordere Sie zuwenig, sollten Sie vor Ablauf der Probezeit mit Ihrem Chef offen darüber sprechen. Eventuell kann er Ihnen erfolgversprechende Perspektiven bieten. Vielleicht gibt es auch die Möglichkeit, sich über Fortbildung für eine interessantere Tätigkeit in der Firma oder Branche zu prädestinieren. Viele Frauen finden sich mit den Gegebenheiten zu rasch ab und verharren nach dem Motto »Das kann ich ohnehin nicht ändern« zulange in Positionen, für die sie eindeutig zu gut sind. Gleichwohl – ein gewisses Durchhaltevermögen sollten Sie schon an den Tag legen.

Erst einmal gilt: Halten Sie durch!

Experten empfehlen, jeweils zwei bis drei Jahre in einem Job zu bleiben, bevor man sich neu orientiert. Falls Sie eine Ausbildung begonnen haben, spricht sehr viel dafür, daß Sie sie zu Ende führen. Allzu schnelle Wechsel und Kehrtwendungen machen sich im Lebenslauf nicht gut. Diese Faustregel muß allerdings nicht um jeden Preis befolgt werden. Wenn Sie nach einem Jahr feststellen, daß Ihnen Ihr jetziger Job weder Spaß macht noch Entwicklungsmöglichkeiten bietet, sollten Sie sich allmählich nach einer Alternative umsehen. Dabei ist es äußerst empfehlenswert, sich grundlegend zu informieren und jede Gelegenheit zu nützen, in einen neuen Bereich hineinzuschnuppern. Nur so können Sie sich ein Bild erstellen, das realistisch genug ist, um Sie vor einer zweiten Fehlentscheidung zu bewahren.

Kritik – kein Grund zur Panik

Mit Kritik richtig umgehen zu können gehört zu den wichtigsten Erfolgsregeln im Berufsalltag. Wir werden uns immer wieder teils berechtigten, teils unberechtigten Vorwürfen stellen müssen. Insbesondere beim Einstieg in den Job ist dieser Punkt extrem wichtig – schon allein deshalb, weil es Neulingen aufgrund ihrer Unerfahrenheit leichter passiert, Fehler zu machen oder in ein Fettnäpfchen zu tappen. Gleichzeitig ist der erste Job ein gutes Übungsfeld, um sich in dieser Hinsicht für den Aufstieg zu wappnen: Denn je verantwortungsvoller das Aufgabengebiet, um so wichtiger ist es, Kritik richtig einzuschätzen und angemessen zu reagieren.

Richtig und entspannt mit Kritik umgehen zu können ist für die berufliche Karriere wichtig.

Die Grundvoraussetzung, um mit jeder Art von Kritik umgehen zu können, besteht darin, sich nicht länger von jenen anerzogenen Schuld- und Minderwertigkeitsgefühlen leiten zu lassen, sondern sich Schwächen und Fehler zuzugestehen. Gleichzeitig sollten Sie sich immer wieder Ihre Erfolge und Stärken vor Augen führen. Wer sich seiner positiven Seiten bewußt ist, kann auch die negativen viel leichter akzeptieren. Gleichzeitig bietet uns Kritik von anderen auch immer die Chance, an uns zu arbeiten, uns zu verbessern. Eine Chance, die wir nicht leichtfertig verspielen sollten, indem wir andere mit unangemessenen Reaktionen verprellen oder verärgern. Im kritischen Moment richtig zu kontern, kann man lernen. Hier einige Tips dazu:

Mit dem entsprechenden Selbstbewußtsein kann man Kritik leichter wegstecken. Denn: Fehler macht jeder mal.

- Wenn Sie sich einen Fehler geleistet haben: Dann müssen Sie sich Kritik natürlich gefallen lassen und keine Zweifel daran lassen, daß Sie auch die Verantwortung dafür übernehmen. Als Anfängerin werden Sie die meiste Kritik von Kollegen zu hören bekommen. Mit dem Satz »Stimmt, das war dumm von mir« entwaffnen Sie selbst jenen Kollegen, der Sie vom ersten Tag an mit Argusaugen beobachtet. Verzichten Sie auf Rechtfertigungen, die ohnehin nur nach billigen Ausreden klingen, vermeiden Sie aber auch auf jeden Fall zerknirschte Entschuldigungsarien oder gar tränenreiche Erklärungen. Falls nicht ohnehin offensichtlich: Erklären sie kurz und knapp, wie es zu dem Lapsus kommen konnte. Überlegen Sie dann, wie Sie die Sache am elegantesten und schnellsten in Ordnung bringen können.

Ein guter Schachzug

Bitten Sie jenen Kollegen um Hilfe, der Sie auf den Fehler aufmerksam gemacht hat. Das schmeichelt und schafft Verbündete.

Wenn Sie direkt vom Chef kritisiert werden oder der Fehler so schwerwiegend ist, daß Sie ihn informieren müssen, sollten Sie sich erst recht darum bemühen, zu Ihrem Versäumnis zu stehen und zu signalisieren, daß Ihnen der Lapsus eine Lehre war (siehe auch »Der Umgang mit dem Vorgesetzten«, Seite 30).

● Im Kern richtig, im Ton falsch: Wenn die Kritik unsachlich vorgebracht wird, doch inhaltlich berechtigt ist, ändert das erst einmal nichts daran, daß Sie voll dazu stehen müssen. Als Anfängerin sollten Sie es auch in Kauf nehmen, wenn sich der Chef im Ton vergreift. Warten Sie möglichst stillschweigend ab, bis sich das Gewitter entladen hat. Wenn Sie ihn Ihrerseits angreifen, schüren Sie nur seine Wut. Kommt der Vorwurf von gleicher Ebene, sollten Sie dem entsprechenden Kollegen selbstverständlich auch recht geben. Doch scheuen Sie sich nicht, ihn im Anschluß daran zu bitten, seine Kritik in Zukunft sachlich und freundlich vorzubringen.

● Pauschale Vorwürfe: »Nie werden Sie rechtzeitig fertig.« – »Immer möchtest du dich vor den unangenehmen Aufgaben drücken.« Generalisierungen kränken besonders und entsprechen auch nicht ganz der Wahrheit. Allerdings: Auch wenn der Kritiker übertreibt, kann sein Vorwurf letztlich zutreffen. Falls Sie mit der Kritik wenig anfangen können: Bitten Sie um Beispiele.

WAS STECKT WIRKLICH DAHINTER?

Hinter unberechtigten Pauschalvorwürfen stecken meist unausgesprochene Konflikte. In diesem Fall hilft nur ein offenes Gespräch, in dem Sie behutsam die möglichen Ursachen aufdecken sollten.

● Unausgesprochene Kritik: Wenn sich das Verhalten von Vorgesetzten oder Kollegen zum Negativen ändert, ohne daß über die Ursache gesprochen wird, belastet das mehr als offen vorgebrachte Kritik. Das kann ein Alarmsignal dafür sein, daß Sie in der Vergangenheit schlecht mit Kritik umgegangen sind – oder der betreffende Kollege oder Chef seinerseits Probleme hat, Kritik vorzubringen. Falls Ihnen eigentlich klar ist, warum der Kollege oder Chef verärgert oder enttäuscht ist, sollten Sie Ihr Verhalten ändern. Ist das nicht der Fall: Bitten Sie um ein Gespräch. Natürlich müssen Sie dann auch bereit sein, die geäußerten Vorwürfe genau anzuhören, zu durchdenken und sich gegebenenfalls zu korrigieren.

Unausgesprochene Kritik ist – genau wie pauschale Vorwürfe – sehr belastend. Suchen Sie das klärende Gespräch.

In einer quasi »öffentlichen« Situation – bei Kundengesprächen oder Besprechungen – sollte man Auseinandersetzungen vermeiden.

● Ungünstige Augenblicke: Sei es während einer Besprechung im Team, an einem vollbesetzten Tisch in der Kantine oder gar vor einem Kunden oder Geschäftspartner – wenn Sie in solch heiklen Situationen zur »öffentlichen« Zielscheibe von Kritik werden, sollten Sie ebenso schnell wie besonnen reagieren. Häufig sucht der Kollege nämlich keine inhaltliche Auseinandersetzung, sondern versucht, Sie zu provozieren oder gar zu blamieren. Lassen Sie es nicht auf eine offene Auseinandersetzung vor anderen ankommen. Denn bei jedem Streit gibt es Sieger und Verlierer. Frauen stecken leider mehr noch als Männer in einem Dilemma, denn auch wenn sie im Streit die Oberhand behalten, kann sich das später rächen, weil sich der Kollege bloßgestellt fühlt.

Bitten Sie den Kollegen um eine spätere Aussprache unter vier Augen. Dadurch wirken Sie souverän und behalten die Fäden in der Hand.

Schwierigkeiten im Umgang mit Kunden

In sehr vielen Branchen kommt man täglich auch mit Menschen außerhalb der Firma in Kontakt. Egal, ob Sie es hauptsächlich mit Kunden, Klienten, Patienten oder Geschäftspartnern zu tun haben: Meist werden Sie sich für Ihren Beruf auch deshalb entschieden haben, weil Ihnen der Umgang mit Menschen Spaß macht und leichtfällt. Doch in der beruflichen Praxis stellt sich der erfolgreiche Kontakt dann doch oft als etwas schwieriger heraus als angenommen: Man fühlt sich verkrampft und unsicher, findet nicht die richtigen Worte, wirkt wenig überzeugend und wartet vergeblich auf positives Feedback.

Der Umgang mit Menschen macht eigentlich Spaß; doch Kundenkontakte haben nicht nur ihre positiven Seiten.

Frauen sind kommunikativer

So verständlich anfängliche Selbstzweifel sind, so wenig sollten Sie sich von ihnen beeinträchtigen lassen. Generell haben Frauen auf diesem Gebiet einen entscheidenden Vorteil: Ihre Kommunikationsfähigkeit ist – wiederum erziehungsbedingt – wesentlich stärker ausgeprägt, sie können sich besser in ihr Gegenüber hineinversetzen, auf seine Bedürfnisse und Erwartungen eingehen – die optimale Voraussetzung für ein gelungenes Beratungsgespräch oder eine geschickte Verhandlungsführung.
Machen Sie sich diesen Vorteil bewußt, um Ihre Unsicherheit zumindest so weit in den Griff zu bekommen, daß sie vom Kunden oder Geschäftspartner nicht bemerkt wird. Denn niemand läßt sich von jemandem überzeugen, der an dem, was er sagt, zweifelt. Das bedeutet natürlich nicht, daß Sie Fachkenntnis vortäuschen dürfen. Denn eine weitere wichtige Voraussetzung für sicheres Auftreten ist Ihr Wissen: Überzeugend können Sie nur wirken, wenn Sie die nötigen Kenntnisse haben. Deshalb ist es vollkommen normal und auch unvermeidbar, daß Sie anfangs manchmal einen Kollegen um Hilfe bitten, wenn Sie selbst überfragt sind. Dafür hat jeder Kunde oder Geschäftspartner Verständnis, auch wenn die Angelegenheit deshalb zwei Minuten länger dauert. Versäumen Sie diesen Schritt in der Hoffnung »Es wird schon gutgehen«, kann sich das bitter rächen. Sie geben falsche oder ungenügende Informationen weiter und schaden damit Ihrem Image und dem Ihrer Firma.

Die wichtigsten Spielregeln

Die ersten Sekunden können über Erfolg oder Mißerfolg entscheiden. Jeder kennt beispielsweise von Behördenbesuchen das Gefühl, nicht wahrgenommen zu werden, weil der Beamte den Gruß nur »nebenbei« erwidert, den Blick aber noch auf Akten gerichtet hat. Man ärgert sich, fühlt sich gekränkt – der erste Eindruck ist so negativ verlaufen, daß es besonderer Anstrengungen bedarf, den Schaden wiedergutzumachen. Dieses abschreckende Beispiel belegt, daß es beim ersten Kontakt mit dem Kunden oder Geschäftspartner noch nicht um dessen Anliegen geht, sondern darum, eine Beziehung zu ihm aufzubauen.

Der erste Eindruck prägt sich nachhaltig ein. In Sekundenschnelle wird entschieden, ob er positiv oder negativ ist.

AUFMERKSAMKEIT FÜR DEN KUNDEN Da sich Frauen auf der Gefühls- und Beziehungsebene besser auskennen, können Sie hier Ihren ersten Trumpf ausspielen: über einen freundlichen verbindlichen Tonfall, ein nettes offenes Lächeln. Konzentrieren Sie sich 100prozentig auf Ihr Gegenüber – dadurch signalisieren Sie ihm Aufmerksamkeit und das Gefühl, wichtig zu sein.

Damit diese positive Eröffnung auch echt, nicht etwa aufgesetzt wirkt, sollten Sie sich dementsprechend darauf einstimmen. Um andere für sich zu gewinnen, etwa für ein neues Sparkonzept oder die neue Herbstkollektion zu begeistern, muß man selbst motiviert sein.

TIP

Ein guter Start in den Tag: Lächeln Sie sich morgens bewußt im Spiegel an, entscheiden Sie sich dafür, sich zu mögen und zu akzeptieren. Nur wer sich in seiner Haut wohl fühlt, kann positive Gefühle ausstrahlen.

DEN KUNDEN EINSCHÄTZEN Versuchen Sie gleichzeitig, Ihr Gegenüber einzuschätzen, um sich optimal auf ihn einstellen zu können. Die Körperhaltung und die Art, wie er sich ausdrückt, verraten viel: Ein zögerlicher, unentschlossener Kunde z. B. zeigt sich durch nervöse Gesten; er zupft an seiner Krawatte, spielt mit seiner Uhr, benutzt Ausdrücke wie »vielleicht« und »könnte«. Um diesen Typus in seiner Entscheidungsfindung zu bestärken, empfehlen sich sogenannte geschlossene Fragen, die nur mit einem Ja oder Nein beantwortet werden können.

Geschlossene Fragen zielen auf eindeutige Antworten

Ein einfaches Beispiel. Einen zögerlichen Kunden fragen Sie nicht: »Welches Modell haben Sie sich in etwa vorgestellt?« Vielmehr stellen Sie ihm z. B. die Frage: »Dachten Sie an ein sportliches (elegantes ...) Modell?« Überschütten Sie ihn nicht mit der gesamten Angebotspalette, sondern präsentieren Sie ihm das für ihn Passende.

Einem Kunden hingegen, der sehr selbstbewußt auftritt und offensichtlich genau weiß, was er will, sollten Sie keinesfalls mehr Fragen als nötig stellen und ihn nicht mit Belehrungen provozieren. Zeigen Sie ihm, daß seinem Informationsstand nur noch wenig hinzuzufügen ist, und vermitteln Sie ihm diese zusätzlichen Kenntnisse knapp und präzise.

Positiv formulieren – ein wichtiges rhetorisches Mittel, um Kunden zu überzeugen.

Den Kunden überzeugen Die letzte schwierige Hürde ist die Überzeugungsphase. Wie Ihre Argumente ankommen, hängt entscheidend von der Rhetorik ab. Dazu gehört: Sätze positiv zu formulieren. (Also statt: »Ich kann Ihnen nicht zusichern, ob die Lieferung rechtzeitig rausgeht«. Besser: »Ich werde sofort alles in die Wege leiten, damit Sie die Lieferung so früh wie möglich erhalten.«) Ebenso wichtig ist es, Einwände des Kunden ernst zu nehmen.

Die Sachebene nicht verlassen

Behalten Sie Ihre persönliche Einschätzung für sich:

- Erstens interessiert den Kunden oder Geschäftspartner nicht das, was für Sie gut ist, sondern einzig die für ihn optimale Lösung.

- Zweitens können Sie ihn durch solche Äußerungen unbewußt verärgern, weil er insgeheim dazu tendiert, wovon Sie ihm abraten.

- Einzige Ausnahme: Der Kunde fragt explizit nach Ihrer Meinung. Doch auch dann heißt es, diplomatisch vorzugehen.

Ein bißchen enttäuschend ist es schon, wenn es trotz aller Mühe nicht klappt. Doch das dürfen Sie sich keineswegs anmerken lassen. Machen Sie sich klar, daß Sie zwar richtig gehandelt haben, aber eben nicht das Passende bieten konnten. Somit vermeiden Sie es auch, ein gescheitertes Geschäft als persönliche Niederlage zu sehen. Dazu kommt es nur, wenn Sie tatsächlich beleidigt oder reserviert reagieren – und damit den Geschäftspartner oder Kunden langfristig vergraulen.

TIP

Die persönliche Beziehung zum Kunden wird geknüpft, indem Sie sich nicht nur den Namen einprägen, sondern auch Einzelheiten wie besondere Wünsche oder Interessen. Es lohnt sich, kleine Notizen zu machen. So erreichen Sie, daß der andere sich wahrgenommen und respektiert fühlt.

PRIVATE PROBLEME – KRISENSTIMMUNG IM JOB?

Eine Trennung, ein schwerwiegender Krankheitsfall in der Familie, finanzielle Probleme – persönliche Krisen und Tiefschläge wirken sich fast immer auf den Job aus. Die Gedanken kreisen um die privaten Sorgen, es fällt schwer, sich zu konzentrieren, Motivation und Leistung lassen nach, die Gefahr, Fehler zu machen, wächst. Natürlich wird diese Phase vorübergehen. Doch gerade in der Einstiegsphase kann man es sich eigentlich nicht leisten, sich über längere Zeit in schwacher Form zu präsentieren – allein schon deshalb, weil niemand weiß, welches Potential wirklich in einem steckt. Ein Programm in zehn Schritten hilft, daß die private Krise nicht ins berufliche Tief führt.

Versuchen Sie, Ihre Situation pragmatisch zu sehen: Jetzt kommt es doppelt hart, dafür wird es später um so leichter.

Erster Schritt: Versinken Sie nicht in Selbstmitleid

Wenn zwei Ausnahmefälle – eine private Krise und die erste berufliche Bewährungsphase – zeitlich zusammentreffen, ist das natürlich denkbar ungünstig. Doch wenn man sich nun ständig wegen dieser unglücklichen Lage bedauert, schadet man sich zusätzlich. Akzeptieren Sie, was Sie momentan nicht ändern können.

Zweiter Schritt: Stellen Sie sich Ihrem Problem
Scheidung oder gar Tod lassen Sich nicht einfach »lösen«. Aber verdrängen Sie diese Tiefschläge nicht, sondern überlegen Sie, wie Sie die Krisen am besten verarbeiten können. Scheuen Sie sich nicht, die Hilfe eines Psychologen in Anspruch zu nehmen. Darüber hinaus gibt es natürlich Probleme, die Sie direkt anpacken müssen – wie eine finanziell angespannte Situation. Suchen Sie eine Schuldnerberatung auf, reden Sie mit Freunden über Lösungsmöglichkeiten.

Dritter Schritt: Die richtige Informationspolitik
Sie können nicht erwarten, daß Ihr neuer Chef und die Kollegen ahnen, warum Sie bedrückt sind und Ihre Leistungen nicht überzeugend wirken. Haben Sie etwa eine Trennung hinter sich, oder ist ein nahestehendes Familienmitglied gestorben, sollten Sie den Chef und die Kollegen, mit denen Sie am meisten zu tun haben, unbedingt darüber informieren. Belassen Sie es aber bei den Fakten, und bitten Sie um Verständnis, falls Sie die gestellten Erwartungen nicht ganz erfüllen können.

Vierter Schritt: Hilfe annehmen
In der Regel werden zumindest einige aus dem Team versuchen, Sie zu unterstützen – indem man Sie einlädt, in die Kantine mitzukommen, oder auch anbietet, bei einer schwierigen Aufgabe behilflich zu sein. Schlagen Sie solche Offerten nicht aus, auch wenn Sie lieber für sich allein wären. Wird das Verständnis von Kollegen allzu stark strapaziert, weil Sie sich launisch oder abweisend verhalten, wird die Geduld bald aufgebraucht sein.

Fünfter Schritt: Tränen und Details gehören ins Privatleben
Auch wenn die Kollegen Sie dazu ermuntern, ausführlicher über Ihr Problem zu sprechen, sollten Sie Privatleben und Beruf zu trennen wissen. Kurzfristig mag es erleichternd wirken, sich den gesamten Schmerz von der Seele zu reden, den Tränen freien Lauf zu lassen. Doch das ist aus zweifacher Hinsicht gefährlich: Zum einen können Sie dadurch sehr schnell zum Klatschopfer werden oder das Image des hypersensiblen Sorgenkindes erhalten. Zum anderen: Werden private Probleme während der Arbeitszeit diskutiert, wird der Chef nicht mehr lange ein Auge zudrücken.

Sprechen Sie sich nicht im Job, sondern nach Feierabend bei Freunden oder Familienmitgliedern aus.

Sechster Schritt: Bleiben Sie im Job am Ball
Ein Problem ist kein Freibrief für undiszipliniertes oder unzuverlässiges Verhalten. Versuchen Sie, Ihre Arbeit so gut wie möglich zu machen. Oft gelingt es gerade dadurch, den Kummer vorübergehend in den Hintergrund zu drängen.

Siebter Schritt: Verzeihen Sie sich Fehler
Tatsächlich unterlaufen einem in einer Krisensituation leichter Fehler. Dramatisieren Sie einen solchen Ausrutscher nicht, machen Sie sich nicht zusätzlich klein. Stehen Sie offen dazu. Wenn Sie versuchen, den Fehler zu vertuschen, verspielen Sie sich sämtliches Verständnis.

Achter Schritt: Tanken Sie Kraft
Gestalten Sie Feierabende und Wochenenden so angenehm wie möglich. Auch dazu ist oft nur etwas Überwindung nötig. Falls es heute nicht gelingt, unternehmen Sie morgen einen neuen Anlauf. Verabreden Sie sich für Kino, Sport oder einen Konzertbesuch, verwöhnen Sie sich, beispielsweise mit einem Saunabesuch oder indem Sie sich eine nette Kleinigkeit leisten. Vermeiden Sie konsequent sämtliche »Tröster« wie Alkohol oder Tabletten, die zusätzlich Energie rauben.

Neunter Schritt: Verschaffen Sie sich neue Erfolgserlebnisse
Sobald Sie sich vor Schmerz nicht mehr wie gelähmt fühlen, sollten Sie gezielt nach positiven Erlebnissen Ausschau halten – der Job ist dafür bestens geeignet. Sich vorübergehend besonders intensiv in die Arbeit hineinzuknien, bringt oft die gewünschte Ablenkung und gleichzeitig Anerkennung und Erfolg. Seien Sie stolz auf jede gute Leistung. So polieren Sie Ihre angeknackste Psyche aus eigenem Antrieb wieder auf.

Helfen Sie Ihrerseits Kollegen, auch wenn Sie dafür einige Überstunden in Kauf nehmen müssen.

Zehnter Schritt: Revanchieren Sie sich
Wenn Sie das Ende des Tunnels erreicht haben, ist es an der Zeit, sich bei all jenen zu bedanken, die den Weg dorthin erleichtert haben. Signalisieren Sie Ihrem Chef, daß Sie nun wieder voll in Form sind, und danken Sie ihm bei der Gelegenheit, wenn er Verständnis gezeigt hat. Bieten Sie der Kollegin, die Ihnen geholfen hat, nun Ihrerseits Ihre Unterstützung an.

NEU IM TEAM

Teamarbeit ist längst zum Schlagwort unserer Zeit geworden. Viele Firmen setzen nicht mehr nur auf ein kollegiales Nebeneinander, sondern auf das Miteinander. Aus gutem Grund: Wissenschaftliche Untersuchungen zeigen, daß ein Team (englisch: Mannschaft) wesentlich mehr leisten kann als dieselbe Anzahl von Mitarbeitern, die allein im stillen Kämmerlein vor sich hinbrüten. Werden die einzelnen Kräfte gebündelt, so die Erkenntnisse, können Aufgaben sinnvoller angepackt, Probleme eher gelöst, die Leistung gesteigert werden. Deshalb wird heute vielfach an den Teamgeist jedes einzelnen appelliert, bereits in den Stellenbeschreibungen immer mehr Wert auf »teamfähige« Mitarbeiter gelegt.

Ob Sie sich in der neuen Firma wohl fühlen, hängt stark von Ihrem Verhältnis zu den Kollegen, zum Team ab.

FRAUEN UND TEAMWORK

Frauen kommt dieser Trend insofern zugute, da sie über mehr soziale Eigenschaften verfügen. Vermitteln, ausgleichen, sich auf andere einstellen – das haben wir schließlich von der Pike auf gelernt. Andererseits laufen Frauen aber eher Gefahr als Männer, allzu stark im Team aufzugehen und zu oft zugunsten des Gesamtergebnisses zurückzustecken.

Schön, wenn der Draht zu den Kollegen von Anfang an gut ist. Allerdings kommt es häufig vor, daß insbesondere beim Einstieg Probleme auftauchen.

Auf dem Außenseiterposten

Sicher: Als Neue werden Sie fast immer etwas Zeit brauchen, um sich in das Team zu integrieren. Schwierig wird es allerdings, wenn Sie sich nicht nur als Neue fühlen, sondern als Außenseiterin oder gar als ungeliebter Eindringling. Drei Ursachen kommen in Frage:

- Sie haben falsche Erwartungen. Diese Möglichkeit sollten Sie in jedem Fall bedenken. Falls Sie das Gefühl haben, die Kollegen wären nicht aufgeschlossen, freundlich oder hilfsbereit genug: Unterstellen Sie nicht gleich böse Absicht. Vielleicht fällt momentan oder generell in der Abteilung sehr viel Arbeit an, und jeder hat alle Hände voll zu tun. Dann kann es durchaus vorkommen, daß anfangs kaum Zeit und Energie für die Neue übrigbleibt. Oder das Klima zwischen den Kollegen ist insgesamt eher kühl. Man siezt sich, geht zwar höflich, aber betont sachlich miteinander um. Als Neue fühlt man sich in diesem Klima zwar leicht verlassen, aber dennoch sollte man sich nicht irritieren lassen. Denn wenn Sie genügend Geduld aufbringen, werden Sie mit der Zeit sicherlich einen guten Kontakt zu einzelnen Kollegen herstellen können.

Im Berufsleben trifft man immer wieder auf Kollegen, die man nicht gerade sympathisch findet – und umgekehrt. Diese Situation ist gewöhnungsbedürftig, aber normal.

- Das Team ist extrem aufeinander eingespielt. Insbesondere wenn die Kollegen schon lange zusammenarbeiten, fachlich und menschlich gut miteinander auskommen, kann das sehr befremdend wirken. Die anderen verstehen sich blind, die Positionen sind verteilt.

- Das Team lehnt die Neue ab. Eigentlich sollte es selbstverständlich sein, daß eine neue Kollegin vorurteilsfrei und freundlich aufgenommen wird. Aber das ist leider nicht immer der Fall. Die Ursachen für die Abneigung können ganz unterschiedlich sein: Wenn beispielsweise Ihre Vorgängerin sehr beliebt war, kann das dazu führen, daß Sie überkritisch betrachtet werden. Oder Sie wurden vom Vorgesetzten als besonders vielversprechender Einkauf gefeiert – das ruft im Team häufig Angst und Mißtrauen gegen den (vermeintlichen) Chefliebling oder die Überfliegerin hervor. Zu einem ablehnenden Verhalten kann es auch kommen, wenn Sie mit Abstand die jüngste im Team sind und als Konkurrenz gefürchtet oder auch nicht ernst genommen werden.

Nehmen Sie Ablehnung nicht persönlich!

Machen Sie sich klar, daß jede(r) andere mit den gleichen Schwierigkeiten zu kämpfen hätte. Das heißt natürlich nicht, daß Sie nicht alles versuchen sollten, die äußeren Barrieren rasch zu überwinden.

Einen festen Platz im Team erobern

Um sich in ein Team einzugliedern, sind Anpassungsfähigkeit, Geduld und Selbstbewußtsein gleichermaßen wichtig. Je größer die anfänglichen Widerstände oder Hindernisse, um so wichtiger werden diese drei Komponenten. Hier einige Strategien, die Ihnen helfen:

Stärken Sie sich selbst Um das nötige Selbstbewußtsein zu erlangen, sollten Sie sich bewußt Ihre Erfolge vor Augen halten – nicht zuletzt die Tatsache, daß Sie für diese Stelle ausgewählt wurden. Das macht es Ihnen leichter, Kritik oder auch abweisendes Verhalten durch die Kollegen nicht persönlich zu nehmen. Natürlich sollte sich Ihr Selbstbewußtsein nicht in einem Hoppla-jetzt-komm'-ich-Verhalten äußern.

Auch beim kollegialen Miteinander gilt: Selbstbewußtsein zeigen.

Gehen Sie auf die Kollegen zu Warten Sie nicht darauf, daß man auf Sie zukommt. Das beginnt am ersten Arbeitstag, indem Sie sich freundlich und höflich jedem vorstellen.

Ein freundliches Entree

Versuchen Sie, sich möglichst viele Namen zu merken. Jeder schätzt es, persönlich angesprochen zu werden. Falls man Sie nicht bittet, in die Kantine mitzukommen – bitten Sie darum, mitkommen zu dürfen.

Machen Sie kein Geheimnis aus sich Erzählen Sie ein bißchen über Ihren Werdegang, über Interessen, Hobbys. Dadurch können Ängste und Vorbehalte abgebaut werden. Und: Signalisieren Sie, daß Sie die Unterstützung der neuen Kollegen brauchen, um sich zurechtzufinden. Fingerspitzengefühl ist allerdings schon angesagt: Eine allzu forsche Annäherung kann auch aufdringlich wirken.

Schlüpfen Sie in die Beobachterrolle Um sich anpassen zu können, muß man wissen, woran. Versuchen Sie, die Teamstrukturen und Regeln zu erfassen. Wer spricht bevorzugt mit wem? Wer ist für welche Aufgaben zuständig? Wer lobt und kritisiert und genießt vermutlich eine Sonderstellung? Wie ist der Umgangston?

MACHEN SIE SICH NÜTZLICH Wenn Sie genau beobachten, fällt Ihnen auch am ehesten auf, wo Sie helfen können. Auch mit Kleinigkeiten – wie Kopien anfertigen für eine überlastete Kollegin, Telefonanrufe entgegennehmen usw. – kann man sich schnell beliebt machen. Natürlich sollten Sie sich nicht ausnutzen und nur mit Hilfsarbeiten abspeisen lassen. Aber sobald man die Neue nicht mehr als Zusatzbelastung, sondern als Entlastung erkennt, werden in der Regel auch eingeschworene Gemeinschaften ein Einsehen haben und den Neuzugang allmählich integrieren.

BITTEN SIE UM RAT UND UNTERSTÜTZUNG Geben Sie sich am Anfang nicht zu selbstsicher, sondern zeigen Sie, daß Sie die Kompetenz und den Erfahrungsvorsprung der Kollegen anerkennen, indem Sie immer mal wieder Fragen stellen. Beweisen Sie sich als aufmerksame Zuhörerin und setzen Sie den Rat – soweit möglich – in die Tat um.

LASSEN SIE FETTNÄPFCHEN LINKS LIEGEN Auch wenn Sie manche Abläufe im Team umständlich finden, fachlich einiges besser wissen, jede Menge Vorschläge und Ideen parat haben – behalten Sie das alles in den ersten Wochen für sich. Auch konstruktive Kritik und gute Ratschläge werden rasch als Besserwisserei ausgelegt, wenn Sie eine gewisse »Anlaufphase« nicht respektieren. Wenn Sie fachlich und menschlich akzeptiert werden, können Sie Ihr Wissen und Können immer noch früh genug einsetzen. Absolut tabu: Verhaltensweisen, die an Ihrer Loyalität zweifeln lassen.

In den meisten Fällen reicht es, diplomatisch vorzugehen, um einen Fuß ins Team zu bekommen. Stoßen Sie aber auch nach einer gewissen Anlaufphase unverändert auf Mauern, sollten Sie aktiv werden. Versuchen Sie zuerst, mit den Kollegen zu sprechen, schildern Sie die Situation aus Ihrer Sicht – fair, freundlich, nicht anklagend, aber deutlich. Oft ist den Kollegen gar nicht bewußt, wie ablehnend ihr Verhalten wirkt. Findet dieses Gespräch nicht die gewünschte Resonanz, müssen Sie sich an den Vorgesetzten wenden, der dann dem Team gegenüber ein Machtwort sprechen muß. Bevor es dazu kommt, sollten Sie allerdings sämtliche diplomatischen Wege ausprobieren.

Jedes Team hat auch eine Hierarchiestruktur. Zunächst ist Diplomatie angesagt. Hilft sie nicht weiter, müssen Sie offensiv werden.

Die Neue wird mit Aufgaben überschüttet

Für einen guten Einstand im Team ist es günstig, sich hilfsbereit zu zeigen. Indem man, wie bereits erwähnt, einem überlasteten Kollegen auch mal Arbeit abnimmt, sich freiwillig anbietet, mitanzupacken, wenn gerade Streß herrscht, oder mit kleinen Gesten – z. B. Kaffee kochen für das gesamte Team – seinen guten Willen unterstreicht. Auch wenn ein Kollege darum bittet (»Könnten Sie das für mich erledigen?«), sollten Sie schnell und ohne große Worte einspringen. Vorsicht ist allerdings geboten, wenn sich diese Bitten häufen oder die Aufgaben, die man Ihnen aufhalst, kaum mehr zu bewältigen sind. Dabei handelt es sich meist nicht um besonders interessante oder anspruchsvolle Tätigkeiten.

Achtung Fleissfalle!

Manche Kollegen betrachten jeden Neuzugang als Chance, sich selbst unangenehmer Arbeiten zu entledigen. Gleichzeitig erwartet vermutlich auch Ihr Chef die Erledigung seiner Anweisungen – und das in angemessener Zeit.

Die Notbremse ziehen

Weisen Sie ungerechtfertigte Anliegen und Bitten von Kollegen zur rechten Zeit zurück.

Unter Umständen versuchen Kollegen, sich klammheimlich den Aufgabenbereich zu erschleichen, für den Sie eigentlich eingestellt wurden – beispielsweise weil Sie eine bessere Ausbildung vorweisen können. Wenn Sie jetzt nicht rechtzeitig reagieren, bleiben Sie nicht nur auf dem weniger interessanten Aufgabenbereich des Kollegen sitzen, sondern Sie werden es sich auch mit dem Chef verderben. Denn im nachhinein heißt es dann, Sie wären den Erwartungen nicht gerecht geworden.

Der erste Schritt deshalb: Überlegen Sie sich, ob man Ihnen »nur« zu viele und besonders undankbare Aufgaben aufhalst oder ob Sie sogar hauptsächlich Tätigkeiten verrichten, für die Sie gar nicht eingestellt wurden. Lassen Sie sich das Vorstellungsgespräch und die Worte Ihres Vorgesetzten zu Ihrem Aufgabenbereich noch einmal durch den Kopf gehen, lesen Sie sich (falls vorhanden) die Arbeitsplatzbeschreibung nochmals sorgfältig durch. In jedem Fall sollten Sie sofort die Notbremse ziehen, wenn Sie ganz andere Tätigkeiten verrichten.

Lernen, nein zu sagen

Es ist kein Zufall, daß es selten Männer sind, die mit Aufgaben bis über beide Ohren eingedeckt sind und bei denen die meisten undankbaren Tätigkeiten »hängenbleiben«. Frauen fällt es oft schwer, Aufgaben abzulehnen. Sie wollen niemanden vor den Kopf stoßen, haben Angst, Sympathien zu verlieren. Nicht zuletzt versuchen sie über das Gefühl, gebraucht zu werden und unentbehrlich zu sein, die mangelnde Selbstachtung zu kompensieren. Doch das ist der falsche Weg. Denn über kurz oder lang merken sie durchaus, daß sie sich ausnutzen lassen, und das Selbstbewußtsein leidet noch stärker.

Sagen Sie öfter nein. Sie haben dann mehr Zeit, sich auf Wesentliches zu konzentrieren, und können sich besser entwickeln.

Wer sich nicht länger ausnutzen lassen will, muß lernen, nein zu sagen: zu Kollegen und auch manchmal zum Chef oder einem Geschäftspartner.

Das Nein hat seinen Preis

Sätze wie »Ich weiß gar nicht, was ich ohne Sie machen soll« werden Sie in Zukunft seltener oder gar nicht hören. Aber das ist zu verkraften: Solche Floskeln sind ohnehin nur Trostpflaster, die man Ihnen gnädig reicht, um Sie weiterhin ausnutzen zu können. Sie müssen auch damit rechnen, daß die Betreffenden enttäuscht reagieren, vielleicht sogar verärgert. Das liegt daran, daß die anderen erst lernen müssen, daß Sie sich nicht mehr ausnutzen lassen wollen. Doch sobald der erste Schock abgeklungen ist, werden sich die Kollegen auch wieder beruhigen.

Wer zum richtigen Zeitpunkt nein sagt, kann Zusagen auch termingerecht einlösen und wird als zuverlässige Kraft eingestuft, die ihr Arbeitspensum einschätzen kann:

- Beginnen Sie heute noch mit dem Nein-Training.

- Kommt ein Kollege, der Sie ständig für sich einspannt, mit einer »kleinen Zusatzaufgabe« zu Ihnen, dann überlegen Sie, ob diese zu Ihrem Aufgabengebiet gehört und ob Sie sie erledigen können, ohne andere, wichtigere Aufgaben zu vernachlässigen.

Bedenkzeit schadet nicht

Wenn Sie nicht auf Anhieb wissen, ob Sie ja oder nein sagen sollten, bitten Sie um Bedenkzeit: »Lassen Sie mir einige Minuten Zeit, dann kann ich Ihnen sagen, ob ich diese Zusatzarbeit erledigen kann.« Auch wenn sie danach die Aufgabe übernehmen, haben Sie durch diese Bedenkzeit ein kleines Signal gesetzt.

- Wenn Sie die Arbeit zurückweisen, müssen Sie das Wort »nein« auch in den Mund nehmen. Formulierungen wie »Eigentlich habe ich gar keine Zeit dafür« oder »Diese Aufgabe gehört gar nicht zu meinem Bereich« sind zu schwach und werden oft schon als Zustimmung interpretiert.

- Versöhnen Sie den Kollegen. Wenn Sie Ihr Nein bestimmt und selbstbewußt vorgebracht haben, dürfen und sollten Sie durchaus Verständnis für den anderen zeigen, etwa: »Nein. Ich verstehe zwar, daß Sie Unterstützung bräuchten, aber ich habe leider selbst zuviel zu tun.« Auf diese Art wird niemand gekränkt oder vor den Kopf gestoßen. Der Kollege wird sicherlich nicht begeistert sein, aber er wird Ihnen das Nein auch nicht übelnehmen.

Persönlicher Ehrgeiz und Teamgeist müssen sich nicht ausschließen. Sie dürfen sich lediglich nicht in die Rolle der Zuarbeiterin drängen lassen.

Kleiner Tauschhandel

Falls Sie einem Kollegen ohnehin bereits mehrere »kleine Zusatzarbeiten« zugesichert haben, können Sie ihm auch dahingehend entgegenkommen, daß Sie ihm ein kleines Tauschgeschäft vorschlagen, nach dem Motto: »Wenn ich das für Sie erledige, kann ich allerdings nicht auch noch jene Aufgabe erledigen, um die Sie mich gestern gebeten haben.«

- Läßt der Kollege nicht locker, sollten Sie Ihr Nein mit der entsprechenden Begründung einfach immer wiederholen, fast wie eine Schallplatte, die an einer bestimmten Stelle hängengeblieben ist. Ihr Tonfall sollte dabei immer gleichbleibend freundlich und bestimmt sein. Spätestens nach dem dritten oder vierten Versuch wird er aufgeben.

SPANNUNGEN IM TEAM

Herrscht in einem Team dicke Luft, merken das auch Anfänger sehr schnell: am Umgangston, an abschätzenden Blicken, geschlossenen Türen, an Bemerkungen. Die Atmosphäre ist so angespannt und ungut, daß man als Neue am liebsten auf dem Absatz kehrtmachen würde, zumal man nicht einmal einschätzen kann, ob es sich um eine vorübergehende Klimastörung oder ein Dauertief handelt.

Bei Spannungen im Team sollten Sie sich am Anfang zu keiner der Fraktionen gesellen. Abwarten ist die beste Strategie.

So wenig tröstlich das klingen mag: Das Beste, was Sie zumindest in der Anfangsphase machen können, ist, sich so zurückhaltend und vorsichtig wie möglich zu verhalten. Konzentrieren Sie sich voll auf Ihre Tätigkeit, begegnen Sie jedem einzelnen Kollegen gleichermaßen freundlich – und warten Sie erst einmal ab.

Neutral bleiben

Ziemlich schnell werden Sie zumindest sehen können, wo genau die Spannungen liegen. Schottet sich jeder Kollege vom anderen ab, will keiner etwas mit den anderen zu tun haben? Oder, was häufiger ist, haben sich Cliquen herausgebildet, die sich feindlich gegenüberstehen? Länger dauert es hingegen, um die Ursachen für das gestörte Klima – Konkurrenzdruck, Neid, Eifersucht, starker Druck von oben, ungelöste Probleme usw. – einschätzen zu können.

Manche Kollegen werden vermutlich besonders freundlich auf Sie zugehen – das kann ehrlich gemeint sein, aber auch als Versuch, Sie auf eine Seite zu ziehen. Zwischen die Fronten zu geraten ist nicht ungefährlich, insbesondere als Anfängerin ziehen Sie dabei schnell den kürzeren. Der sicherste Standpunkt ist ein neutraler: Falls ein Kollege über einen anderen hetzt, lassen Sie kein unüberlegtes Wort fallen. Stellen Sie klar, daß Sie sich kein Urteil erlauben können und wollen, daß Sie an einem kollegialen Verhältnis zu allen interessiert sind.

Das Helfersyndrom vermeiden

Da Frauen sehr feine Antennen für zwischenmenschliche Beziehungen haben, leiden Sie unter einem schlechten Klima besonders und fühlen sich versucht, vermittelnd einzuschreiten. Doch was gut gemeint ist, kann bei den Kollegen als Anmaßung verstanden werden.

Auch Ihr Chef wird Ihre ehrenamtliche Tätigkeit unter Umständen skeptisch verfolgen – er erwartet von Ihnen, daß sich Ihr Ehrgeiz hauptsächlich auf Ihre Arbeit konzentriert. Das sollten Sie auch beherzigen. Tanken Sie Energie im Privatleben, versuchen Sie – auch wenn es schwerfällt –, sich vom allgemeinen Frust nicht anstecken zu lassen und Ihre positive Ausstrahlung zu bewahren. Erst wenn Sie Ihre Arbeit voll im Griff haben, vom Großteil der Kollegen geschätzt werden und Ihnen die Ursachen für das schlechte Klima wirklich klar sind, können Sie versuchen, behutsam und diplomatisch die Spannungen im Team zu lösen. Zu diesem Zeitpunkt können Sie auch einschätzen, welche Kollegen wirklich vertrauenswürdig sind. Gemeinsam findet sich am ehesten eine Lösung.

Klatsch, Tratsch, Gerüchte

Ganz ohne läuft es wohl in keinem Team. Und in Maßen betrieben, ist Klatsch auch nichts fürchterlich Verwerfliches. Solange nur hinter vorgehaltener Hand verbreitet wird, daß der Chef wieder einmal seinen Hochzeitstag vergessen hat oder der Kollege zum fünftenmal in Folge Urlaub am Wörthersee macht, ist Klatsch nichts anderes als eine – wenn auch oberflächliche – Art zu kommunizieren.

Als Berufsanfängerin werden Sie in der Startphase kaum mit solchen Insiderinfos konfrontiert werden. Die Kollegen kennen Sie einfach noch nicht gut genug, und mit Fremden klatscht man nicht. Aber diese erste Hemmschwelle ist in der Regel nach wenigen Wochen durchbrochen – und dann bekommen Sie neben unverfänglichem Klatsch, der das Kennenlernen erleichtern kann, höchstwahrscheinlich auch Tratschereien und Gerüchte zu hören, die alles andere als harmlos sind.

Klatsch reicht von harmlos bis bösartig. Übelste Variante sind Gerüchte, die Diskriminierungen darstellen.

Hier hört der Spass auf

Problematisch wird es, wenn ein Kollege oder Chef hinter vorgehaltener Hand lächerlich gemacht oder negative Dinge über ihn verbreitet werden – seien sie sachlicher oder persönlicher Natur. Schließlich hat der Betroffene keine Chance, sich zu wehren, weil er in der Regel höchstens ahnt, daß schlecht über ihn geredet wird.

Dichtung und Wahrheit

Die wenigsten Gerüchte entsprechen der Wahrheit. Zum Teil liegt das daran, daß solche Infos fast immer über zehn Ecken weitererzählt wurden – und jeder dabei bewußt oder unabsichtlich ein Detail wegläßt oder hinzufügt. Darüber hinaus gibt es etliche Gerüchte über Kollegen, Vorgesetzte oder auch die Firma, die schlichtweg erfunden werden. So wird einer erfolgreichen Kollegin ein Verhältnis mit dem Chef angedichtet, um ihr zu schaden. Oder man erzählt, der Stuhl des Vorgesetzten würde bedenklich wackeln – vielleicht, weil man selbst auf den Posten scharf ist oder auch nur aus reiner Wichtigtuerei.

T I P

Sie sollten jeden Tratsch, der Ihnen zugetragen wird, mit äußerster Skepsis aufnehmen und sich davor hüten, vorschnell ein Klatschopfer zu verurteilen. Verhalten Sie sich am besten neutral.

Doch Gerüchte zu überhören und den Kollegen zu verstehen zu geben, daß sie Ihren Klatsch gefälligst für sich behalten sollen, wäre nur auf den ersten Blick die richtige Einstellung. Zum einen fühlen sich Kollegen durch solch ein Verhalten brüskiert, mit dem Erfolg, daß Sie sich Sympathien verscherzen und rasch selbst zum Klatschopfer werden.

Gerüchte auswerten

Gerüchte können auch eine wichtige Informationsquelle sein, wenn man sie analysiert.

Die Gerüchteküche stellt eine inoffizielle Informationsquelle und Orientierungshilfe dar: Wer spricht wie über wen? Wenn Sie diese Informationen aufnehmen und auswerten, können Sie sich ein besseres Bild über das Beziehungs- und Machtgefüge im Betrieb machen und durchschauen Klüngeleien und Rivalitäten besser. Dadurch können Sie sich besser schützen und vermeiden, daß Sie durch unbedachte Bemerkungen zwischen die Fronten geraten. Interessant ist auch die Frage: Über wen wird kaum oder – auch das gibt es – respektvoll geklatscht. Aus dieser Beobachtung lassen sich Rückschlüsse auf besonders angesehene Personen im Unternehmen ziehen. Diese grauen Eminenzen zu kennen und ihre Aufmerksamkeit auf sich zu ziehen, ist enorm wichtig, wenn Sie in der Firma Erfolg haben wollen.

Gerüchte als Frühwarnsystem

Bekommen Sie beispielsweise immer wieder Informationen über geplante Änderungen oder Umstrukturierungen in der Firma zu hören, sollten Sie zumindest in Betracht ziehen, daß an diesem Gerücht etwas »dran« sein könnte.

Wenn Sie sich vor Gerüchten nicht völlig verschließen, sondern ihnen distanziert gegenüberstehen, können Sie mit der Zeit auch die jeweiligen Gerüchteköche und -verbreiter einschätzen und sich dementsprechend verhalten. Geht es einer Kollegin meist darum, sich wichtig oder andere schlecht zu machen, sollten Sie sich möglichst fern halten. Je weniger Sie mit bösartigen Klatschtanten und -onkeln in Berührung kommen, um so besser. Dennoch läßt es sich natürlich nicht vermeiden, daß man ab und zu solche Gemeinheiten zu hören bekommt. Dann ist es sicher einfacher, sich völlig herauszuhalten, und als Anfängerin müssen Sie das sogar. Wenn Sie allerdings ein festes Standing haben, sollten Sie besonders bösartigen Klatsch über Kollegen nicht achselzuckend hinnehmen, sondern den Gerüchteköchen den Brei verderben: Indem Sie dem Klatschmaul offen mitteilen, was Sie von solchen Gehässigkeiten halten, und auch das Opfer informieren, wer was erzählt. Damit ist nicht nur dem Betreffenden geholfen, Sie können auch dazu beitragen, daß das Betriebsklima nicht von Intrigen und Gemauschel verpestet wird.

Wenn Sie sich sicher fühlen: Gehen Sie gegen diskriminierende Gerüchte vor.

TIP

Ein absolutes Tabu: selbst bösartigen Klatsch weiterzuerzählen. Zum einen schadet man anderen dadurch. Zum anderen: Das Image einer Klatschtante erhält man ziemlich schnell.

Wenn über die Neue geklatscht wird

Besonders knifflig ist die Situation, wenn Sie das Gefühl haben oder von Kollegen den Hinweis erhalten, daß über Sie geklatscht wird. Geht es um Ihr Privatleben, versuchen Sie, das ganze am besten zu vergessen. Solcher Tratsch ist schlichtweg unter Niveau, und auch wenn Ihr Chef davon erfährt, wird ihn das Gerede vermutlich nicht interessieren.

Gerüchte sind meist maßlos übertrieben, und Klatschtanten und Gerüchteköchen sollte man den Brei verderben.

Etwas komplizierter ist es, wenn über Ihre Arbeitsleistung oder Zuverlässigkeit hergezogen wird. Oft ist es nicht möglich, den Urheber dieser imageschädigenden Kampagne herauszufinden und zur Rechenschaft zu ziehen. Manchmal ist das auch gar nicht sinnvoll, weil dann noch mehr Wind darum gemacht wird. Besser ist eine Doppelstrategie: Indem man solche Attacken nach außen hin völlig ignoriert, also kein Statement abgibt, gleichzeitig aber durch sein Verhalten untermauert, daß an diesem Gerücht nichts dran ist. Heißt es beispielsweise, Sie seien ständig unpünktlich, genügt es nicht nur pünktlich zu sein, sondern das auch zu unterstreichen. Kommen Sie mit einer Information für den Chef gleich zu Arbeitsbeginn zu ihm – auch wenn es eine Stunde später auch noch reichen würde. Lassen Sie Bemerkungen wie »Heute, kurz vor acht, hat übrigens der Kunde X angerufen« einfließen. Mit solchen kleinen Tricks entziehen Sie dem Gerücht systematisch den Nährboden.

Sinnvoll: Widerlegen Sie Klatsch über Ihre eigene Person durch ein entsprechendes Verhalten.

Typologie: Von »lieben« Kollegen und anderen

Auch wenn das Team – von außen betrachtet – aus gleichgestellten Mitarbeitern besteht, werden Sie sehr schnell merken, daß das nicht ganz stimmt. In jeder Gruppe bilden sich Strukturen und Hierarchien. Darüber hinaus haben Kollegen selbstverständlich auch ihre Eigenheiten, liebenswerte, aber auch weniger angenehme. Die folgenden sechs Typen sind in fast jeder Firma zu finden – so oder ähnlich. Gewußt wie, kommt man besser mit ihnen klar.

Das Arbeitstier

Arbeitswütige Kollegen haben meistens nicht gelernt, nein zu sagen.

Häufig handelt es sich hierbei um eine Frau, die tief in der Fleißfalle sitzt und kein Privatleben hat. Sie arbeitet am liebsten ohne Unterlaß. Sie kommt morgens als erste und geht als letzte, ißt lieber im Büro, als ihre Zeit in der Kantine zu vergeuden. Egal, ob der Chef Freiwillige für Überstunden am Feierabend oder am Wochenende sucht – mit ihr kann er immer rechnen.

● Der richtige Umgang mit dem Arbeitstier: Wenn Sie fachliche Fragen haben, können Sie ohne Bedenken zu ihr kommen. Vermutlich wird sie jammern, weil sie eigentlich keine Zeit für Erklärungen hat – aber insgeheim erhält sie dadurch die sehnlich erwünschte Bestätigung: »Ohne mich läuft hier nichts.« Wenn Sie als Neuling allerdings nach kleinen Aufträgen suchen, werden sie bei ihr kein Glück haben: Zwar biegt sich ihr Schreibtisch unter der Fülle von Arbeiten, die sie sich zusätzlich unter den Nagel gerissen hat, doch sie wird sich kaum von etwas trennen können. Unter Umständen haben Sie es auch mit einer Workaholikerin zu tun, die süchtig nach Arbeit ist. Therapieren können Sie sie nicht – dafür braucht sie professionelle Hilfe. Aber man kann mit ihr gut auskommen, wenn man sie respektiert. Nur anstecken lassen sollten Sie sich keineswegs. Mit echtem Engagement hat dieser Arbeitswahn nichts mehr gemein.

Der Opportunist

Um jeden Preis an der eigenen Meinung festzuhalten – solche Sturheit kann ihm (oder ihr) bestimmt nicht vorgeworfen werden. Im Gegenteil:

Er zeigt sich extrem flexibel, wenn es darum geht, einen Standpunkt nochmals zu »reflektieren« und ihn gegebenenfalls zu ändern. Auffällig ist dabei, daß sich seine Meinung letztlich prinzipiell mit der Ansicht derer deckt, die das Sagen haben: der des Vorgesetzten oder Wortführers im Team. In der Rolle des Cheflieblings, der sich andienert und mit jedem Problemchen zu ihm läuft, fühlt der Opportunist sich am wohlsten.

● Der richtige Umgang mit dem Opportunisten: Vertrauen ist gut, Vorsicht besser. Behalten Sie in seiner Gegenwart Ihre Meinung für sich. Auch wenn er heute auf Ihrer Seite steht, kann er bereits morgen die Fronten gewechselt haben. Besprechen Sie vor allem nichts mit ihm, was der Chef nicht unbedingt erfahren sollte. Leider sind vor ihm auch gute Ideen nicht sicher: Um dem Chef zu gefallen, schmückt er sich gern mit fremden Federn. Sich über ihn zu ärgern lohnt sich nicht. Im Grunde steckt hinter jedem Opportunisten eine starke Unsicherheit. Meist sind es Menschen, die als Kinder nicht widersprechen durften und wenig Anerkennung bekamen. Da sie nicht gelernt haben, eine eigene Meinung zu entwickeln, orientieren sie sich an Autoritätspersonen und spielen lieb Kind. Manche Chefs lassen sich das ganz gern gefallen. Doch dies reicht meist nicht, um Karriere zu machen.

Opportunisten fehlt es für eine Karriere an Persönlichkeit.

Die Frohnatur

Ein ständig gutgelaunter Kollege ist im Prinzip eine Bereicherung für das Team. Konkurrenz ist von ihm nicht zu befürchten, die Arbeit läuft für ihn ohnehin nur nebenher, und um Karriere zu machen, fehlt ihm die Zeit: Seine Hauptfunktion besteht – in seinen Augen – darin, Betriebsausflüge zu organisieren, Geburtstagsüberraschungen für die Kollegen auszuhecken, Scherze und Anekdoten zum besten zu geben. Wird es dem Chef mal zuviel – der Sonnyboy (oder auch das Sonnygirl) steckt das Donnerwetter weg und reißt bereits fünf Minuten später Witze darüber.

● Der richtige Umgang mit der Frohnatur: Als Anfängerin sind Sie vermutlich dankbar über ein solches Gute-Laune-Kraftwerk im Team. Verständlich: Frohnaturen können einem helfen, sich einzugewöhnen und auch kleine Krisen nicht allzu tragisch zu nehmen. Allerdings sollten Sie dennoch darauf achten, frühzeitig wichtige Grenzen zu ziehen.

Insbesondere, wenn Sie eng mit diesem Kollegen zusammenarbeiten, sollten Sie ihm klar machen, daß Sie in erster Linie Ihre Arbeit machen wollen. Beschränken Sie Plaudereien auf die geselligen Teile des Berufsalltags – Kantine, Betriebsfeste usw.

TIP

Helfen Sie dem Sonnyboy nicht jedesmal aus der Patsche, wenn er vor lauter Entertainment wieder einmal das Nötigste nicht auf die Reihe bringt. Sonst arbeiten Sie bald für zwei.

Der Nörgler

Das Team, der Chef, die Firma – irgendwie paßt in seinen Augen gar nichts. Er nörgelt an allem und jedem, sieht überall Fehler, außer bei sich. Optimismus? Hält er für eine Krankheit. Er sieht prinzipiell schwarz. Sätze wie »Mit diesen Produkten können wir gleich einpacken« oder »Diese Rechnung geht nie und nimmer auf« gehören zu seinem Standardrepertoire. Wenn er selbst am Ruder wäre, dann … Aber natürlich sind alle zu beschränkt, um seine Fähigkeiten anzuerkennen.

Nörgler sind oft gleichzeitig Besserwisser. Am sinnvollsten: reden lassen.

● Der richtige Umgang mit dem Nörgler: Lassen Sie ihn reden, meckern, nörgeln, nur – nehmen Sie sich kein Wort davon zu Herzen. Auch die Mühe, ihn von den positiven Seiten einer Sache zu überzeugen, können Sie sich sparen. Er findet immer ein Haar in der Suppe und wird darüber hinaus auch noch ärgerlich, weil er sich als Besserwisser nicht gern widersprechen läßt.

Den Nörgler mundtot machen

Falls Ihnen der Kragen zu platzen droht, weil er zum hundertstenmal über die dummen Kollegen oder die »Idioten in der Chefetage« jammert, dürfen Sie allerdings auch mal Luft ablassen. Am besten fragen Sie ihn ganz arglos und erstaunt, wieso er seit drei, fünf oder auch zehn Jahren bei dieser Firma bleibt, wo doch alles so schrecklich ist. Vermutlich wird er dann nörgeln, Sie hätten ohnehin keine Ahnung von der Branche. Aber zumindest wird er dann für einige Zeit den Mund halten.

Der Karrieretyp

Meist ist er ein absoluter Einzelkämpfer, selbstbewußt bis arrogant. Mit Teamgeist ist er nicht gerade gesegnet, dafür aber mit spitzen Ellenbogen. Er arbeitet fast soviel wie das Arbeitstier – allerdings nimmt er nicht wahllos Aufgaben an, sondern besteht auf Herausforderung. Er will ebenso wie der Opportunist die Anerkennung vom Chef, ist aber clever genug, um zu wissen, daß Anbiederung auf dem Weg nach oben nicht viel bringt. Er setzt deshalb eher auf Persönlichkeit, selbstbewußte Auftritte und zur Schau gestelltes Engagement. Die Teamarbeit findet er eher lästig, aber wenn es denn sein muß, übernimmt er natürlich die verantwortungsvollen Jobs.

Karrieretypen sind keine Teamplayer, sondern Einzelkämpfer.

● Der richtige Umgang mit dem Karrieretyp: Die ersten Wochen bis Monate haben Sie sicherlich Ihre Ruhe vor ihm. Er nimmt Sie nicht ernst. Wieso sollte er sich mit Ihnen, mit der Neuen, Unerfahrenen auch abgeben? Sie stellen für Ihn noch keinerlei Bedrohung dar. Falls Sie dann aber häufiger spitze oder kritische Bemerkungen aus seinem Munde hören, ist das eigentlich ein gutes Zeichten: Er wittert in Ihnen Konkurrenz, und da er für potentielle Rivalen ein Näschen hat, machen Sie Ihre Sache vermutlich gut. Entscheidend ist, daß Sie sich von seinen Sprüchen und seinen Auftritten nicht einschüchtern lassen. Ihm muß klar werden, daß Sie an unnötigen Machtkämpfen kein Interesse haben, sich aber auch nicht die Butter vom Brot nehmen lassen.

Vorsicht vor Karrieretypen und ihren Einzelkämpfertaktiken!

Treten Sie in Konkurrenz!

Unter Umständen versucht der Karrieretyp, Sie als seine Zuarbeiterin auszunutzen: Damit will er Sie in den Griff bekommen und als Konkurrenz ausschalten. Gleichzeitig will er von Ihrer Arbeit und Ihren Ideen profitieren. Je früher Sie ihm klarmachen, daß Teamarbeit auf Wechselseitigkeit beruht, um so besser. Will er das nicht verstehen, sollten Sie sich vermutlich gleich an den Gedanken gewöhnen, daß Sie früher oder später tatsächlich in Konkurrenz zu ihm treten müssen. Offen und fair, versteht sich.

Die Klatschtante

Den Kollegentypus der Klatschtante gibt es natürlich auch in männlicher Ausführung.

Sie erkennen sie unschwer, weil Ihnen die Klatschtante bereits im Flüsterton Intimitäten und Interna anvertraut, wenn sie noch nicht mal Ihren Namen weiß. Es vergeht kein Tag, an dem sie nicht vielsagend die Tür schließt und mit gedämpfem Ton News weitergibt, die selbstverständlich als top-secret eingeschätzt werden müssen. Sie rühmt sich bester Quellen, obwohl jeder weiß, daß ihr keiner freiwillig etwas anvertrauen würde. Deshalb muß sie ihre Phantasie teilweise arg strapazieren. Aus den banalsten Beobachtungen zieht sie die abenteuerlichsten Schlüsse – nicht aus Boshaftigkeit, sondern weil sie einfach reden muß.

● Der richtige Umgang mit der Klatschtante: Da ihr die meisten Kollegen gar nicht mehr zuhören, liebt die Klatschtante Neulinge besonders. Zum einen, um ihre Gerüchte verbreiten zu können, gleichzeitig hofft sie natürlich, irgend etwas Interessantes von Ihnen zu erfahren. Klar, daß Sie sich jedes Wort zweimal überlegen sollten. Je langweiliger die Kost, die Sie ihr anbieten, und je desinteressierter Sie wirken, um so eher wird sie aufgeben.

TIP

Versucht die Klatschtante dennoch, wieder einmal die Tür hinter Ihnen beiden zu schließen, bitten Sie einfach demonstrativ eine Kollegin dazu – mit der Bemerkung: »Was wir besprechen, darf schließlich jeder hören, nicht wahr Frau X?«

EXTRA: SEXUELLE BELÄSTIGUNG – WENN SICH KOLLEGEN ODER VORGESETZTE ERDREISTEN

Jede vierte berufstätige Frau, so eine Infas-Studie, wurde am Arbeitsplatz bereits sexuell belästigt. Die Betroffenen sind anzüglichen Bemerkungen, Pokneifen und Busengrapschen ausgesetzt; sie werden gezwungen, pornographische Bilder anzusehen, finden Vibratoren in ihrer Schreibtischschublade oder werden massiv bedroht: »Wenn Sie nicht mit mir schlafen, können Sie sich gleich die Papiere holen.« Geradezu lächerlich, aber auch hochgradig frauenverachtend muten vor diesem Hintergrund die meist von männlicher Seite vorgebrachten Beschwichtigungsversuche an, sexuelle Belästigung sei oft Ausdruck eines mißglückten Flirtversuchs und somit ein harmloses Kavaliersdelikt.

Sexuelle Belästigung von Frauen ist kein Kavaliersdelikt, sondern ein massiver Angriff auf die Persönlichkeit.

Frauenverachtende Übergriffe

Die Grenze zwischen einem Flirt, der von beiden Seiten erwünscht ist, und sexistischen Attacken könnte deutlicher nicht sein. Sexuelle Belästigung ist vor allem eine Demonstration männlicher Macht. Frauen werden gedemütigt, diskriminiert, verletzt und als minderwertig behandelt, weil sich der Belästiger überlegen fühlt. Deshalb ist es auch keineswegs überraschend, welche Frauen besonders gefährdet sind. Nach einer bundesweiten und branchenübergreifenden Studie, die von der Sozialforschungsstelle Dortmund im Auftrag des Bundesministeriums für Jugend, Familie, Frauen und Gesundheit 1991 durchgeführt wurde, trifft es folgende Frauengruppen überdurchschnittlich oft:

- Belästigt werden vor allem Frauen unter 30 Jahren in noch nicht gefestigten Positionen, also z. B. Berufsanfängerinnen.

- Frauen auf mittleren Hierarchiestufen, die sich beispielsweise gegen männliche Mitstreiter zu behaupten suchen, sind ebenfalls Opfer.

- Auch Frauen, die in Männerdomänen tätig sind, sind gefährdeter als andere.

Ebenso wenig überrascht das Profil des typischen Täters, das aufgrund der Studie erstellt wurde:

- Er ist zwischen 40 und 50 Jahre alt, also meist deutlich älter als sein Opfer.

- Er hat – seinem Alter gemäß – bereits eine gefestigte oder gehobene Position – und in der Regel auch Familie.

- Meist sind die Täter Kollegen, oft auch Vorgesetzte des Opfers, aber auch Kunden, Klienten und Ausbilder erdreisten sich.

Die besten Strategien, sich zur Wehr zu setzen

Es gibt nur eine sinnvolle Gegenwehr: direkt und offen.

Sexuelle Belästigung löst nicht bei allen Frauen die gleichen Gefühle aus. Empörung und Wut – das sind gesunde Reaktionen, die auch helfen, sich zu wehren und die Verletzung zu bewältigen. Die meisten empfinden verständlicherweise Ekel. Leider fühlen sich aber auch viele Frauen nach einer sexistischen Attacke vor allem ohnmächtig, hilflos und sogar schuldbewußt, weil sie Angst haben, sich falsch gewehrt oder den Täter auf irgendeine Weise provoziert zu haben. Das oft ohnehin nicht starke Selbstbewußtsein erhält einen zusätzlichen Dämpfer. Doch genau damit erreicht der Belästiger sein Ziel. Allein das ist Grund genug, sich über diese Hilflosigkeits- und Schuldgefühle hinwegzusetzen.

T I P

Befinden Sie sich in dieser Situation, sollten Sie sich immer wieder klarmachen, daß die Schuld ganz allein beim Täter liegt und Sie keinen auch noch so geringen Anteil haben. Bei einem Einbruch ist schließlich auch nur der Dieb schuld und nicht etwa der Besitzer des Hauses.

Das Gefühl, minderwertig und unterlegen zu sein, führt auch immer wieder dazu, daß Frauen viel zu zahm und passiv reagieren. Etwa jede zweite – so die Bundesstudie – versucht, die diskriminierenden Annäherungsversuche zu ignorieren oder den Belästiger zu meiden. 40 Prozent versuchen, scherzhaft mit der Situation umzugehen. Doch diese passiven Abwehr- und Vermeidungsstrategien sind falsch – in zweierlei Hinsicht. Das eigene Gefühl der Hilflosigkeit und Ohnmacht verstärkt sich, und gleichzeitig führt dieser Weg selten zum Erfolg. Zwei Drittel der Täter machten danach unverdrossen weiter. Wesentlich erfolgreicher sind aktive Maßnahmen:

- Deutlich nein sagen. Bereits bei den ersten Anzeichen muß dem Belästiger unmißverständlich klargemacht werden, daß sein Verhalten nicht erwünscht ist. Fordern Sie ihn auf, sämtliche Bemerkungen und Übergriffe dieser Art zu unterlassen.

INFO

Fast zwei Drittel der befragten Frauen, die Klartext geredet hatten, wurden danach in Ruhe gelassen.

- Falls Sie glauben, in der Belästigungssituation nicht selbstsicher und deutlich genug aufgetreten zu sein, schreiben Sie dem Belästiger einen Brief. Schildern Sie sachlich den Vorfall, die Wut, den Abscheu usw., die Sie dafür empfinden. Fordern Sie den Betreffenden auf, dieses Verhalten zu unterlassen, und kündigen Sie Konsequenzen an, falls sich der Vorfall wiederholt.

- Wenn der Belästiger Ihnen auch körperlich nahekommt, ist eine Ohrfeige oder vehementes Zurückstoßen oftmals die richtige Antwort.

INFO

63 Prozent der Frauen, die den Belästiger körperlich abwehrten, beurteilten diese Maßnahme als erfolgreich.

Bei über 50 Prozent erfolgreich: die Androhung, zum Chef, zum Betriebsrat, zum Anwalt zu gehen oder die Sache in der ganzen Abteilung publik zu machen.

- Machen Sie dem Belästiger klar, welche Konsequenzen sein Verhalten für ihn haben kann. Druck auszuüben, lohnt sich auch, wenn es um den Vorgesetzten geht – etwa, indem Sie ankündigen, seine Ehefrau oder den nächsthöheren Vorgesetzten zu informieren. Eine abschreckende Wirkung können Sie auch erzielen, wenn Sie auf den Schreibtisch des Übeltäters Gerichtsurteile legen, aus denen hervorgeht, mit welchen Strafen er rechnen muß.

- Suchen Sie sich Verbündete. Oft sind Sie nicht die einzige Frau im Betrieb, die von ein und demselben Mann belästigt wird. Gemeinsam läßt sich wesentlich mehr erreichen, nicht zuletzt, wenn die Attacken nicht aufhören.

Der Weg vor Gericht

Viele Frauen scheuen davor zurück, dem Belästiger den Prozeß zu machen. Leider nicht zu Unrecht, wie die Praxis zeigt. Immer noch sehr oft wird die Glaubwürdigkeit des Opfers angezweifelt, die Täter, wenn überhaupt, nur milde bestraft, von der Peinlichkeit der Befragungen ganz abgesehen. Gute Chancen, daß der Belästiger tatsächlich zur Verantwortung gezogen wird, bestehen vor allem, wenn Sie mit anderen Betroffenen gemeinsam vorgehen oder auch glaubwürdige Beweise liefern können, durch Zeugenaussagen beispielsweise.

Gesetzliche Flankierungsmassnahmen

Das 1994 in Kraft getretene Beschäftigtenschutzgesetz soll Frauen dabei helfen, sich erfolgreich gegen Herabwürdigung und Übergriffe zu wehren. Der Arbeitgeber muß bei jeder Beschwerde handeln, indem er den Fall prüft und die Belästigung mit »geeigneten Maßnahmen« (wie Abmahnung, Versetzung oder Kündigung des Übeltäters) unterbindet.

Den Anfängen wehren!

Wer frühzeitig und selbstbewußt die Belästigung abwehrt, kann sich den unangenehmen offiziellen oder gar gerichtlichen Weg oft ersparen. Das heißt auch, daß Sie bereits anzügliche Bemerkungen unterbinden sollten, denn häufig beginnen schwere Übergriffe relativ harmlos. Selbstverständlich ist es schwieriger, dem eigenen Vorgesetzten die Grenzen aufzuzeigen – vor allem, wenn er androht, für Ihre Kündigung zu sorgen. In der Regel wird er sich vor einem solchen Schritt aber hüten, dafür steht für ihn zuviel auf dem Spiel. Doch auch falls er so weit geht, sollte Sie das nicht davon abhalten, sich aktiv zu wehren.

Wer jahrelang vom Vorgesetzten belästigt wird, kann das Gefühl, minderwertig zu sein, nicht mehr abschütteln. Und einen neuen Job finden Sie leichter als ein neues Selbstbewußtsein.

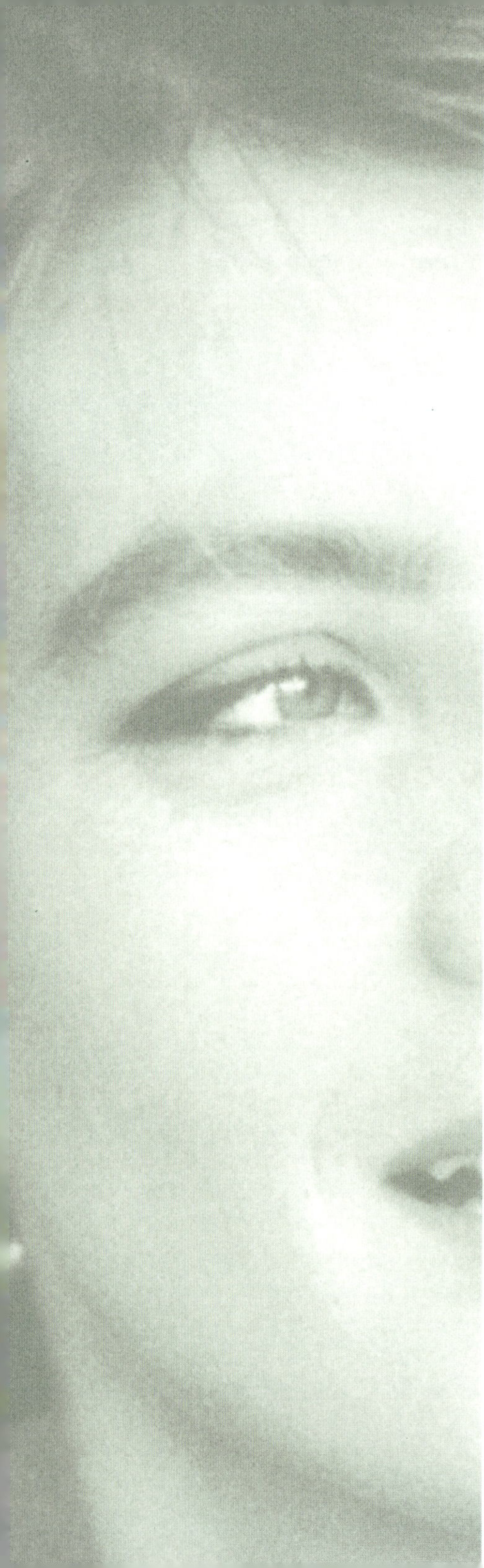

AUFSTIEG IM

Die wenigsten Frauen – und auch Männer – »fallen« rein zufällig und beinahe unabsichtlich die Karrieretreppe hoch. In der Regel steht der eigene Wunsch und Wille zum Weiterkommen beim beruflichen Aufstieg Pate. Deshalb gibt es in diesem Kapitel zunächst zwei Tests, die klären, ob Sie wirklich Karriere machen wollen und wie Ihre Chancen zu beurteilen sind. Danach geht es weiter mit vielen Tips, wie Sie sich am besten verhalten, um die inneren und äußeren Barrieren zu überwinden. Den Abschluß bildet ein »Extra« zur »Imageverbesserung«.

BERUF

TESTEN SIE IHRE AUFSTIEGSCHANCEN

Jede Frau sollte sich in regelmäßigen Abständen bewußt die Frage stellen: Will ich den beruflichen Aufstieg überhaupt?
Diese Frage ist tatsächlich entscheidend, denn von der richtigen Antwort hängt auch die Zufriedenheit im Job und sogar im Leben ab. Manche Frauen hadern jahrelang, unter Umständen jahrzehntelang damit, keinen nennenswerten beruflichen Aufstieg vorweisen zu können. Wer genauer hinsieht, entdeckt dann aber, daß sie die Chancen, die sie hatten, nicht genutzt haben, daß sie keine besondere Lust hatten, mehr Verantwortung zu übernehmen, daß ihnen letztlich etwas anderes immer wichtiger war – das Privatleben, persönliche Interessen, ein hohes Maß an Freizeit. Hätten sich diese Frauen frühzeitig der Frage gestellt, ob sie tatsächlich Karriere machen wollen, hätte ihnen die Antwort »Nein, eigentlich bin ich gar nicht der Typ dazu« einige Zweifel und Selbstvorwürfe erspart.

Frauen schaden sich damit, wenn sie sich mit dem begnügen, was ihnen angeboten wurde, statt danach zu streben, was ihnen eigentlich vorschwebt.

Umgekehrt gibt es auch etliche Frauen, die anderen (und nicht zuletzt sich selbst) vormachen wollen, zufrieden mit dem zu sein, was sie erreicht haben – und es letztlich doch nicht sind.

Gründe dafür und dagegen

Die Frage »Will ich aufsteigen?« läßt sich nicht richtig oder falsch beantworten. Ob »ja«, »nein« oder »Momentan nein, aber später vielleicht«: Jede Antwort ist richtig, wenn sie sorgfältig überlegt und ehrlich gegeben wird. Es gibt gute Gründe, keinen Aufstieg zu wollen – eine Frau, die sich in ihrem Job vollkommen wohl fühlt, die Spaß an ihrem Aufgabengebiet hat, die sich vielleicht auch dazu entschließt, ihrem Privatleben eindeutig Vorrang vor dem Job einzuräumen, hat ihr Berufsziel erreicht. Im Moment – vielleicht auch ihr ganzes Berufsleben lang – kann sie zufrieden und glücklich mit dem Status quo sein. Wenn Sie aber das Gefühl haben, über kurz oder lang ein anspruchsvolleres Aufgabengebiet und/oder mehr Verantwortung übernehmen zu wollen, sollten Sie zu diesem Wunsch stehen und versuchen, ihn in die Realität umzusetzen.

TEST 1: REIF FÜR DEN AUFSTIEG?

	Ja	Nein
1. Meiner jetzigen Aufgabe bin ich voll gewachsen, Zweifel und Unsicherheiten tauchen kaum mehr auf.	☐	☐
2. Ich kann in jeder Beziehung mit den Kollegen mithalten, manchmal bin ich auch schneller, sicherer oder kreativer.	☐	☐
3. Mein jetziger Tätigkeitsbereich ist für mich fast schon zur Routine geworden.	☐	☐
4. Die Hierarchien in meiner Firma sind mir völlig klar, und auch die Spielregeln kenne ich ganz gut.	☐	☐
5. Die Weiterbildungsangebote innerhalb meiner Firma nehme ich soweit wie möglich in Anspruch.	☐	☐
6. Eine neue Herausforderung würde mir Spaß machen, in letzter Zeit denke ich häufiger darüber nach.	☐	☐
7. Ich kann mir gut vorstellen, mehr Verantwortung zu übernehmen.	☐	☐
8. Ich würde gerne noch mehr Eigeninitiative entwickeln – doch in meiner jetzigen Position habe ich diese Möglichkeiten bereits voll ausgeschöpft.	☐	☐
9. Ich habe immer wieder Ideen und Vorschläge, die über mein jetziges Aufgabengebiet hinausgehen.	☐	☐
10. Für die Position, die ich gerne erreichen würde, kann ich die nötigen Qualifikationen vorweisen bzw. ohne große Probleme erwerben.	☐	☐
11. Es macht mir nichts aus, vorübergehend auch mal mehr als acht Stunden zu arbeiten.	☐	☐
12. Ein Kind ist für die nächsten Jahre nicht eingeplant, derzeit geht mir mein Job einfach vor.	☐	☐

Testauflösung

Jede positive Antwort zählt einen Punkt. Aus der Gesamtanzahl der Punkte können Sie schließen, inwieweit Sie derzeit reif für den Aufstieg sind.

- ***Zehn bis zwölf Punkte:*** Sie sollten nicht mehr länger vom Aufstieg träumen, sondern aktiv werden. Sie fühlen sich Ihrer Position gewachsen, sind vielleicht sogar schon darüber hinausgewachsen, haben Lust auf neue Herausforderungen, und auch privat scheint Ihrem Wunsch nichts entgegenzustehen. Überprüfen Sie anhand des zweiten Tests Ihre Chancen.

- ***Sechs bis neun Punkte:*** Sie sind zwar bereits auf einem guten Weg – doch noch trennen Sie ein, zwei entscheidende Voraussetzungen von der nächsten Stufe. Vermutlich haben Sie zwar Ihre jetzige Position ziemlich gut im Griff, doch die Vorstellung, eine anspruchsvollere Tätigkeit in Angriff zu nehmen, bereitet Ihnen noch reichlich Unbehagen. Versuchen Sie einerseits, die wenigen Schwachstellen, die Sie bei Ihrer jetzigen Aufgabe noch aufweisen, gezielt in Angriff zu nehmen. Gleichzeitig sollten Sie sich Ihre Stärken vor Augen führen und ausbauen.

- ***Weniger als sechs Punkte:*** Um für den Aufstieg gerüstet zu sein, fehlt es Ihnen derzeit noch an entscheidenden Faktoren. Von den folgenden Punkten treffen mindestes zwei, wahrscheinlich mehr auf Sie zu:

ZUWENIG ERFAHRUNG Unter Umständen machen Sie Ihren Job einfach noch nicht lange genug, um ihn voll im Griff zu haben. Die Faustregel lautet: Drei Jahre etwa dauert es, um eine Position ganz auszufüllen und reif für die nächste zu sein.

Eventuell brauchen Sie auch noch eine Zusatzqualifikation.

ZU VIELE SCHWACHSTELLEN Beobachten Sie sich in der nächsten Zeit aufmerksam: Wo genau liegen Ihre Defizite? Versuchen Sie, diese Punkte gezielt in Angriff zu nehmen, indem Sie von Kollegen lernen, sich schwierigen Situationen stellen, sich auf Ihre »Problemzonen« konzentrieren. Setzen Sie sich zum Ziel, diese Defizite innerhalb eines gewissen Zeitraums (z. B. innerhalb des nächsten Jahres) zu beseitigen.

ZUWENIG SELBSTVERTRAUEN Sie fühlen sich Ihrem Job nicht ganz gewachsen, machen lieber nur das, was Sie bereits können, riskieren wenig aus Angst, Fehler zu machen – ein Teufelskreis. Schwachstellen lassen sich nur ausmerzen, indem man sie anpackt – das geht meist nicht ohne Fehler. Gestehen Sie sich das Recht zu, auch etwas falsch zu machen, und führen Sie sich immer wieder das vor Augen, was Sie bereits beherrschen.

Um mehr Selbstvertrauen zu gewinnen, helfen auch spezielle Seminare.

ZUWENIG ENGAGEMENT Wer immer nur genau das tut, was verlangt wird, kann sich kaum weiterentwickeln. Fragen Sie nicht wegen jeder Kleinigkeit, versuchen Sie, das Problem zuerst im Geiste selbst zu lösen und Eigeninitiative zu entwickeln. Überlegen Sie, ob sich Weiterbildung für Sie lohnen könnte. Oft steigt die Motivation durch neue Impulse.

KOLLISION MIT PERSÖNLICHEN INTERESSEN Wer sich einer neuen Aufgabe stellt, sollte sich auch darauf konzentrieren können. Karriere und zeitaufwendige private Interessen oder auch ein Kind schließen sich nicht aus. Doch eine große private und eine berufliche Veränderung sollten möglichst nicht zeitgleich beginnen. Für die Familienplanung heißt das: Mindestens ein, besser zwei Jahre sollten Sie für eine neue Aufgabe einplanen, bevor Sie an Nachwuchs denken.

TEST 2: WIE GUT SIND IHRE AUFSTIEGSCHANCEN?

	Ja	Nein
1. Mein Chef fragt mich immer wieder um meine Meinung und bespricht wichtige Dinge mit mir.	☐	☐
2. Firmeninterne Angelegenheiten erfahre ich meist aus erster Hand.	☐	☐
3. Mein Vorgesetzter sieht es gerne, wenn ich an Weiterbildungsmaßnahmen teilnehme.	☐	☐
4. Meine Vorschläge und Ideen werden vom Chef gehört, ernst genommen und oft auch verwirklicht.	☐	☐

TEST 2: WIE GUT SIND IHRE AUFSTIEGSCHANCEN?

	Ja	Nein
5. Mein Chef hat selbst bereits anklingen lassen, daß ich gute Chancen habe, im Betrieb noch weiterzukommen.	☐	☐
6. Mein Vorgesetzter übergibt schwierige Aufgaben gerne an mich – er weiß, daß er sich auf mich verlassen kann.	☐	☐
7. Von den Kollegen werde ich akzeptiert, ich bin voll im Team integriert.	☐	☐
8. Knifflige Angelegenheiten besprechen die Kollegen gern mit mir. Man schätzt meine Fähigkeiten.	☐	☐
9. Bei Besprechungen im Team kann ich mich gut durchsetzen, meine Vorschläge werden oft angenommen.	☐	☐
10. Ich mache vor Chef und Team keinen Hehl daraus, daß ich gerne Verantwortung übernehme.	☐	☐
11. Bei anspruchsvollen Tätigkeiten sage ich selbst, daß ich sie gerne übernehmen würde.	☐	☐
12. Ich habe vor meinem Chef bereits anklingen lassen, daß ich mir in absehbarer Zeit vorstellen könnte, eine höhere Position einzunehmen.	☐	☐
13. In meiner Firma achtet man darauf, höhere Positionen vorrangig an Mitarbeiter innerhalb des Hauses zu vergeben.	☐	☐
14. Einsatz und gute Arbeit werden in meiner Firma auch belohnt – über das Gehalt, mehr Einfluß und/oder Beförderung.	☐	☐
15. Die Möglichkeiten für Weiter- und Fortbildung können sich in meiner Firma durchaus sehen lassen.	☐	☐

Testauflösung

Jede positive Antwort zählt einen Punkt. Aus der Gesamtanzahl der Punkte können Sie schließen, wie gut Ihre derzeitigen Aufstiegschancen sind.

- ***12 bis 15 Punkte:*** Gratulation, Ihre Aufstiegschancen sind tatsächlich exzellent. Ihr Chef schätzt Sie offensichtlich, will Sie gerne fördern, im Team erweisen Sie sich als durchsetzungsfähige, angesehene Kollegin, und auch das Karriereklima in ihrer Firma scheint sehr gut zu sein. Die nächste bessere Position, die in der Firma zu besetzen ist, könnte bereits Ihre sein. Warten Sie aber nicht ab, sondern melden Sie Ansprüche an.

- ***Acht bis elf Punkte:*** Ihre Chancen weiterzukommen sind nicht schlecht. Allerdings gibt es offensichtlich einen oder auch zwei Knackpunkte, die Ihnen zu schaffen machen. Eventuell treten Sie gar zu leise und bescheiden auf – wer nach oben will, muß das auch signalisieren. Falls Sie das ausschließen können: Lesen Sie sich die unten stehenden Problempunkte durch, dann dürfte Ihnen klar werden, wo genau Ihre Karrierebremse liegt.

- ***Weniger als acht Punkte:*** Ihre Aufstiegschancen sind derzeit leider noch äußerst dürftig. Es wird höchste Zeit herauszufinden, wodurch Ihre Karriere gebremst wird. Überprüfen Sie, bei welchen Fragen Sie mit »nein« geantwortet haben:

MINUSPUNKTE BEI DEN FRAGEN 1 BIS 6 Wer hier einige Neins zu verzeichnen hat, sollte sich darüber klarwerden, daß es mit dem Draht zum Vorgesetzten nicht zum besten steht. Offensichtlich schätzt er Sie zuwenig oder übersieht Sie häufig. Versuchen Sie, seine Aufmerksamkeit gezielter zu wecken. Falls Sie dennoch keinen Erfolg haben: Bitten Sie ihn um eine Beurteilung Ihrer Fähigkeiten. Auf diese Weise können Sie herausfinden, welche Schwachstellen er sieht.

Durch gute Vorschläge, Engagement und Eigeninitiative weckt man Aufmerksamkeit.

MINUSPUNKTE BEI DEN FRAGEN 7 BIS 9 Ihre Stellung im Team ist nicht optimal. Es kann durchaus sein, daß man Sie zwar nett findet, aber fachlich nicht schätzt oder genügend ernst nimmt. Unter Umständen brauchen Sie ein bestimmteres Auftreten und mehr Durchsetzungsvermögen. Eine andere Möglichkeit: Sie haben sich die Sympathien der Kollegen durch Alleingänge oder unkollegiales Verhalten verspielt. Dann sollten Sie schnellstens versuchen, das Vertrauen der Kollegen wieder zurückzugewinnen.

MINUSPUNKTE BEI DEN FRAGEN 10 BIS 12 Mit Zurückhaltung kommt man beruflich nur schwer weiter. Springen Sie bei nächster Gelegenheit über Ihren Schatten: Wenn Sie eine Aufgabe reizt, teilen Sie es Ihrem Chef und/oder den Kollegen mit. Falls es im Team einen Bereich zu organisieren gibt: Heben Sie die Hand. Wenn Ihr Chef Sie lobt: Bedanken Sie sich für das Kompliment und nutzen Sie die Gelegenheit, ihm mitzuteilen, daß Sie sich gerne auch weiteren Herausforderungen stellen möchten.

MINUSPUNKTE BEI DEN FRAGEN 13 BIS 15 In dieser Firma nach oben zu kommen, ist offensichtlich nicht einfach. Bevor Sie die Hoffnung aufgeben, sollten Sie allerdings sämtliche Möglichkeiten ausreizen: Teilen Sie Ihrem Vorgesetzten mit, daß Sie sich in absehbarer Zeit verändern wollen, und lassen Sie sich dabei nicht mit Floskeln oder falschen Komplimenten (»Sie machen Ihre Sache so gut, daß ich Sie gar nicht weglassen will.«) abspeisen. Bewerben Sie sich für Positionen, die innerhalb der Firma zu besetzen sind. Falls ein Bewerber von außen oder auch ein Kollege vorgezogen wird: Bitten Sie um ein Gespräch und fragen Sie nach den Gründen für diese Entscheidung. Haben Sie auch nach diesen Anläufen das Gefühl, auf der Stelle zu treten, gibt es nur eine Möglichkeit: den Aufstieg über einen Firmenwechsel.

Informieren Sie sich bei der Personalstelle über Fort- und Weiterbildungsangebote.

Den Aufstieg meistern

Wer beruflich erfolgreiche Frauen mit weniger erfolgreichen vergleicht, wird häufig überrascht sein, wie wenig sich diese beiden Gruppen in bezug auf Qualifikation, Fähigkeit und Leistung unterscheiden. Mit Glück und Zufall hat das nur wenig zu tun. Im Gegenteil: Erfolgreiche Frauen überlassen dem Zufall weniger als ihre erfolgloseren Schwestern. Sie rücken sich und ihre Fähigkeiten ins rechte Licht, wissen sich gut zu präsentieren und selbst zu motivieren, verharren nicht in der passiven War-

Um den beruflichen Zielen näherzukommen, ist es unerläßlich, psychologische Fähigkeiten zu entwickeln.

teschleife, sondern planen und handeln. Sie haben neben fachlichen auch psychologische Fähigkeiten entwickelt, mit denen sie sich den Weg nach oben ebnen, während weniger erfolgreiche Frauen in die weiblichen Psychofallen tappen und dadurch den Aufstieg verpassen.

Wege zum Erfolg

Die folgenden Seiten zeigen auf, wie typische Situationen und Probleme, die aus den inneren Barrieren resultieren, gemeistert werden können. Wie bereits aus dem zweiten Test hervorging, können dem beruflichen Weiterkommen aber nicht nur innere Barrieren, sondern auch äußere Blockaden entgegenstehen. Natürlich spielt dabei Glück eine Rolle. Wer beispielsweise in einem Betrieb beschäftigt ist, in dem Frauenförderung ganz großgeschrieben wird, hat natürlich bessere Chancen als eine Angestellte, in deren Firma nur wenige Beförderungsmöglichkeiten angeboten werden. Doch auch wenn Sie auf den ersten Blick wenig Einfluß auf solche ungünstigen äußeren Bedingungen haben: Es kommt erheblich darauf an, wie Sie diesen schwierigen Situationen begegnen und welche Konsequenzen Sie daraus ziehen.

Auf dem Weg nach oben müssen Frauen Profil zeigen, nach vorn denken und ihre Fähigkeiten deutlich zum Ausdruck bringen.

Wenn innere Barrieren den Aufstieg hemmen – die Kunst, sich zu profilieren

Zwischen einer Berufsanfängerin und einer potentiellen Aufsteigerin liegen oft nur wenige Jahre. Dennoch unterscheiden sie sich (oder sollten es zumindest) in vielen Punkten deutlich. Nicht nur auf fachlicher Ebene. Verhaltensweisen, die einer Newcomerin gut zu Gesicht stehen, können der ambitionierten, erfahrenen Kollegin schaden. Beim Einstieg ist ein gewisses Maß an Zurückhaltung durchaus angemessen, um sich erst einmal an die Aufgaben, den Chef, die Kollegen heranzutasten und allmählich ein sicheres Standing zu erlangen. Bevor die Anfängerin allzu selbstsicher auftritt und Ansprüche stellt, muß sie sich erst einmal einordnen, grundlegende Fähigkeiten erwerben und die Strukturen und Spielregeln in Team, Abteilung und Firma verstehen lernen.
Wer an den Aufstieg denkt, hat dieses Stadium längst hinter sich. In dieser Phase geht es darum, auf sich aufmerksam zu machen, die eigenen Fähigkeiten deutlich zum Ausdruck zu bringen, Profil zu entwickeln und zu zeigen, nach vorn zu denken. Dabei haben Frauen häufiger als Männer Probleme.

Gute Ideen – aber kaum Resonanz?

Ein hervorragender Weg, um sich zu profilieren, sind gute Ideen. Das Problem vieler Frauen besteht darin, daß sie zwar interessante Gedanken und Vorschläge parat haben, sie aber falsch und unter Wert präsentieren. Das liegt daran, daß sich in dieser Situation gleich eine ganze Reihe von Psychofallen öffnen können. Zum einen die Bescheidenheitsfalle: Allein die Vorstellung, eine Idee zu präsentieren, bereitet manchen Frauen Unbehagen. Schließlich wollen sie keinen großen Wirbel um ihre Person machen, sondern so zurückhaltend auftreten, wie es ihnen beigebracht wurde. Gleichzeitig droht auch die Kritikfalle: Unter Umständen kann es sein, daß die Idee nicht gut ankommt und auf Ablehnung stößt. Im ärgerlichsten Fall schnappen sogar die Nummer-Sicher-Falle (»Wenn ich nichts sage, kann ich wenigstens nicht anecken.«) und die Passivitätsfalle (»Wenn der Chef von mir eine gute Idee hören will, wird er an mich herantreten.«) zu.

Die geballten inneren Barrieren führen dazu, daß gute Ideen schlimmstenfalls gar nicht oder zumindest viel zu schwach präsentiert werden.

Aus Angst, in den Vordergrund treten zu müssen, unterbreiten manche Frauen ihre Vorschläge sogar nur einer netten, mutigeren Kollegin – die dafür die Lorbeeren einheimsen darf. Oder sie streuen die Idee ganz beiläufig ein – und sind dann enttäuscht, daß niemand Notiz nimmt. Oder sie artikulieren sich so unsicher und ungeschickt, daß jeder bereits nach dem zweiten Satz weghört.

Um sich mit guten Ideen wirklich profilieren zu können, müssen die inneren Barrieren überwunden werden. Am besten gelingt das, wenn wir uns der Situation stellen – und sie erfolgreich bewältigen. Dazu gehört, sämtliche Risikofaktoren so klein wie möglich zu halten. Die wichtigsten Strategien – von der Vorbereitung bis zur Durchführung:

DIE IDEE PRÜFEN Gehen Sie Ihren Vorschlag in Gedanken Punkt für Punkt durch. Überlegen Sie sich, welche Fragen und Kritikpunkte Ihre Idee hervorrufen könnte und welche Argumente Sie dagegen anbringen können.

LÜCKEN SCHLIESSEN Wenn Informationen, Zahlen und Fakten nützlich sein könnten, um Ihrem Vorschlag mehr Gewicht zu verleihen: Verschaffen Sie sich dieses Wissen.

DIE IDEE STRUKTURIEREN Es mag Ihnen etwas aufwendig vorkommen, auch einen kurzen Beitrag logisch aufzubauen. Aber für den Anfang ist es eine sehr hilfreiche Stütze, wenn Sie Ihre Gedanken vorher in eine logische Reihenfolge bringen und sich zu jedem Punkt ein Stichwort notieren. Auch die Argumente, die Sie auf kritische Äußerungen anführen wollen, sollten Sie mit ein, zwei Worten schriftlich fixieren. So kommen Sie nicht so leicht ins Stottern, und die Gefahr eines Blackouts sinkt erheblich.

TROCKENTRAINING Anhand des Stichwortzettels sollten Sie die Gesprächssituation üben – und zwar laut. Dieser Schritt vom reinen Denken zum Sprechen ist wichtig: Sie werden sicherer beim Formulieren, können eventuelle Schwachstellen noch abbauen und müssen sich in der tatsächlichen Situation kaum mehr auf die sprachlich richtige Form konzentrieren.

Optimal ist es, wenn sich Ihr Partner oder eine Freundin als Trainingspartner zur Verfügung stellen.

FÜR DIE IDEE WERBEN Wollen Sie Ihren Vorschlag in einer Teambesprechung unterbreiten, können Sie vorab für Rückendeckung sorgen. Statt eine nette Kollegin vorzuschicken, die Ihre Idee weitergibt, sollten Sie sie lieber als Verbündete betrachten, der sie den Vorschlag vorab unterbreiten. Findet sie Ihre Idee gut, kann sie Sie während der Besprechung unterstützen. Entdeckt sie Schwachstellen, können Sie die Idee gegebenenfalls nochmals überarbeiten.

DEN RICHTIGEN ADRESSATEN WÄHLEN Soll die Idee im Team besprochen werden? Oder ist es günstiger, den Chef unter vier Augen zu sprechen? In jedem Fall ist es wichtig, den richtigen Zeitpunkt zu bestimmen und die Idee dann vorzutragen, wenn der oder die entscheidenden Ansprechpartner sich wirklich damit befassen können.

Herrscht gerade Hektik, Streß oder schlechte Stimmung, kommt oft auch eine gute Idee schlechter oder gar nicht an.

AUF WIRKUNG SPRECHEN Insbesondere Frauen sprechen oft zu leise, zu schnell und zuwenig pointiert, weil sie möglichst wenig auffallen und die Geduld der Zuhörer nicht länger als nötig »strapazieren« wollen. Das ist verständlich, aber falsch, weil damit der Eindruck entsteht, die Sprecherin hätte nichts Wichtiges zu sagen. Oft wird der Beitrag auch schlichtweg »überhört«.

LAUT UND LANGSAM

Auch wenn es am Anfag schwerfällt: Bemühen Sie sich, in angemessener Lautstärke und eher langsam zu sprechen sowie kleine Pausen einzuhalten, damit die Zuhörer das Gesagte auch tatsächlich aufnehmen können. Gleichzeitig empfiehlt es sich natürlich, weder um den heißen Brei herumzureden noch sich in Schachtelsätzen zu verheddern. Kurz, prägnant und auf das Wesentliche konzentriert, kommt die Message am besten an.

EINSPRÜCHE SOUVERÄN ENTGEGENNEHMEN Lassen Sie sich von Kritik nicht ins Bockshorn jagen. Signalisieren Sie, daß Sie den Einwand verstanden haben, und bringen Sie dann ein Gegenargument: sachlich, freundlich, ohne Rechtfertigungen oder Entschuldigungen.

»Mag sein ...«

Falls sich ein Aspekt zu einem Streitpunkt zuzuspitzen droht, greifen Sie zu den bewährten Mag-sein-Formulierungen. Damit können Sie Ihren Standpunkt behaupten und den Kritiker gleichzeitig besänftigen:

- »Aus Ihrer Perspektive mag mein Vorschlag zuwenig durchdacht sein, aber meine Erfahrungen sprechen eindeutig dafür, daß ...«
- »Aufgrund Ihrer Informationen kommen Sie vielleicht zu einem anderen Schluß. Doch die Zahlen/Unterlagen, die mir vorliegen, lassen keinen Zweifel zu, daß ...«

Je mehr Gelegenheiten Sie nutzen, auch kleine Ideen nach allen Regeln der Kunst vorzubringen, um so mehr Erfolgserlebnisse und Erfahrung können Sie sammeln. Gleichzeitig steigt damit natürlich Ihr Selbstbewußtsein, und Sie können es auch mal riskieren, eine ungewöhnliche oder umstrittene Idee zur Diskussion zu stellen oder Ihre Vorschläge einem größeren Plenum und einflußreichen Leuten zu unterbreiten.

Man wird häufig übersehen oder übergangen

Viele Frauen klagen darüber, trotz guter Leistungen im Job einfach nicht richtig zum Zug zu kommen. Bei Besprechungen werden sie oft übersehen, bei der Vergabe anspruchsvoller Tätigkeiten geht der Chef auf andere zu, wichtige Informationen laufen an einem vorbei. Besonders frustrierend ist es natürlich, bei einer Beförderung übergangen zu werden. Enttäuschung und Wut sitzen nach einem solchen Schlag tief, das Selbstbewußtsein ist verletzt, man fühlt sich zweit- oder gar drittklassig. Doch deshalb Zweifel an der eigenen Leistung zu bekommen, ist unangebracht. Denn wenn Sie im Job übersehen oder übergangen werden, liegt das meist nicht an mangelnden Fähigkeiten. Sie haben lediglich versäumt, auf sich und Ihre Qualitäten aufmerksam zu machen und wichtige Beziehungen aufzubauen.

Gute Leistungen dürften nicht nur erbracht werden – Sie müssen sie auch entsprechend präsentieren.

Da Fleiß und Zuverlässigkeit vorausgesetzt werden und auch überdurchschnittliche Leistungen längst nicht immer auffallen, müssen Sie zusätzlich die Werbetrommel in eigener Sache rühren und sich ein solides Beziehungsnetz schaffen. Raffinierte Eigen-PR hat nichts mit Prahlerei zu tun, der Aufbau erfolgreicher Kontakte nichts mit Anbiederung. Allerdings müssen Sie bereit sein, falsche Bescheidenheit aufzugeben und passives Abwarten anderen zu überlassen. Die folgenden Strategien helfen, sich ins rechte Licht zu rücken:

Das Image ist wichtig: Man muß Sie vor allem auf der Chefetage kennen.

- Die richtigen Kontakte aufbauen: Insbesondere in großen Unternehmen ist es sehr wichtig, sich an einflußreicher Stelle einzuprägen. Damit man sich im entscheidenden Moment an Sie erinnert, sollten Sie versuchen, mit Führungskräften und einflußreichen Mitarbeitern Ihrer Firma ins Gespräch zu kommen. Auf Betriebsfeiern, in der Kantine oder auch im Aufzug – nutzen Sie Gelegenheiten für einen Small talk mit dem Vorgesetzten oder auch höheren Chefs. Diese kleinen »Mutproben« helfen auch dabei, die Scheu vor Autoritätspersonen zu überwinden. Übernehmen Sie sooft wie möglich Aufgaben, bei denen Sie auch mit Ihren Vorgesetzten zu tun haben. Bauen Sie Kontakte auf zu erfolgreichen Kollegen, eventuell aus anderen Abteilungen – das Image der anderen strahlt auch auf Sie ab. (Deshalb müssen Sie die wenig erfolgreiche, aber sehr nette Kollegin nicht links liegenlassen.)

Im Blickfeld

Achten Sie auch bei Besprechungen darauf, daß Sie im Blickwinkel der Vorgesetzten sitzen und sich nicht im hintersten Eck verkriechen. Das mag Sie anfangs etwas Überwindung kosten, aber es zahlt sich aus: Ihr Gesicht und Ihr Name können sich allmählich bei den entscheidenden Leuten einprägen.

- Den Kontakt vertiefen: Suchen Sie sich nun ein, zwei Bezugspersonen heraus, auf die Sie gezielt bauen, von denen Sie gefördert werden wollen. Als Mentoren eignen sich insbesondere Vorgesetzte, die wichtige Ziele ihrer Karriere bereits erreicht haben, also nicht mehr selbst ständig am Aufstieg basteln. Doch wie kann diese besondere Aufmerksamkeit, die nötig ist, geweckt werden?

Mit Mentoren geht's voran

• Ein erster Schritt: Fragen Sie Ihren Wunschmentor um Rat – bei einem wirklich kniffligen Problem, nicht bei einer Lappalie. Streuen Sie dabei Bemerkungen ein, die signalisieren, wie hoch Sie die Kompetenz und Erfahrung Ihres Ansprechpartners schätzen.

• Gibt er Ihnen gerne und bereitwillig Auskunft, können Sie den nächsten Schritt unternehmen: Kommen Sie mit einer eigenen Idee zu ihm, bitten Sie um die Beurteilung dieses Vorschlags.

• Der nächste Schritt allerdings muß von Ihrem potentiellen Mentor kommen. Er entscheidet, ob und wie er Sie fördern wird. Blockt er ab, wirkt er desinteressiert oder gar genervt? Dann sollten Sie in nächster Zeit besser nicht auf ihn zukommen, sondern die Distanz wahren. Dabei natürlich freundlich und aufmerksam bleiben, etwa bei einem zufälligen Zusammenkommen in der Firma.

• Grünes Licht hingegen haben Sie, wenn er Sie beispielsweise auffordert, ihn über das angesprochene Problem auf dem laufenden zu halten oder ihn über weitere Ideen auch in Zukunft zu informieren.

• Halten Sie den Kontakt mit Fingerspitzengefühl aufrecht, indem Sie regelmäßig mit Ihrem Mentor in Verbindung treten, ohne ihn in Beschlag zu nehmen. Nach einer angemessenen Zeit sollten Sie auch durchblicken lassen, daß Sie in der Firma gerne mehr Verantwortung übernehmen würden.

● Engagement: Um falschen Schlüssen vorzubeugen: Die besten Beziehungen bringen nichts, wenn die eigene Leistung nicht entsprechend ist. Engagement ist deshalb selbstverständlich. Damit es auch deutlich wird, können Sie ein bißchen nachhelfen. Unterstreichen Sie Ihre Präsenz, indem Sie bei wichtigen Gelegenheiten früh erscheinen und lieber einige Minuten zu spät gehen – auch wenn das bedeutet, daß Sie Ihren Feierabend an diesem Tag einschränken müssen. Bieten Sie sich bei schwierigen Aufgaben freiwillig an, selbst wenn Sie etwas Bauchschmerzen vor der Herausforderung haben.

Schlagen Sie Verbesserungen und Veränderungen vor – auch wenn dadurch auf Sie persönlich mehr Arbeit zukommt.

● Auf Erfolge verweisen ist eine wichtige Regel: Klappern gehört zum Handwerk. Lassen Sie Erfolge und besondere Leistungen nicht nur für sich selbst sprechen – bringen Sie sie bei passender Gelegenheit nochmals aufs Tablett. Das kann völlig unaufdringlich klingen, wenn Sie geschickt vorgehen.

Tue Gutes und rede darüber

• Ein Beispiel: Ihr Vorgesetzter will von Ihnen wissen, wie Sie bei einem bestimmten Projekt vorgehen wollen. Schlagen Sie ihm einen Weg vor und ergänzen Sie lediglich: »Das Projekt X habe ich damals ähnlich angepackt – und das hat doch sehr gut geklappt.«

• Oder wenn es um einen schwierigen Kunden geht: Versichern Sie dem Vorgesetzten, daß Sie Ihr möglichstes tun wollen, und fügen Sie dann ganz beiläufig an: »Natürlich kann ich Ihnen nichts versprechen, aber mit dem Kunden Y kam ich eigentlich auch sehr gut klar – und der war anfangs ebenfalls recht skeptisch.«

● Aufstiegsqualitäten beweisen: Um nach oben zu kommen, genügt es nicht, die jetzige Arbeit gut zu machen. Sie müssen durchklingen lassen, daß Sie jene Fähigkeiten aufweisen, die Sie für Ihre Wunschposition benötigen. Nehmen Sie sich einen Abend Zeit, notieren Sie sich auf einem Blatt Papier, welche Qualitäten für die nächste Stufe erforderlich sind. Schreiben Sie auch auf, welche Fähigkeiten Sie bereits besitzen und wie Sie diese im Berufsalltag am besten demonstrieren können. Überlegen Sie dann, wie Sie noch fehlende Voraussetzungen erwerben können – etwa durch fachliche Fortbildung, Rhetorikseminare usw.

Behalten Sie neuerworbenes Wissen nicht für sich, sondern machen Sie den Chef auf Ihre Entwicklung aufmerksam.

● Ansprüche anmelden: Vor allem Frauen haben Probleme damit, eindeutig und laut »Hier!« zu rufen, wenn eine besondere Aufgabe oder ein besserer Posten zu vergeben ist. Doch das ist unumgänglich: Lassen Sie sich einen Termin beim Chef geben, und teilen Sie ihm mit, daß Sie eine bestimmte Aufgabe übernehmen wollen. Vertreten Sie Ihr Interesse selbstbewußt. Übertriebene Bescheidenheit oder gar Selbstzweifel, ob Sie der Aufgabe gewachsen sind, müssen Sie dabei für sich behalten. Diese Art von Ehrlichkeit kann den Chef nicht beeindrucken – im Gegenteil. Sie müssen ihn schließlich davon überzeugen, daß Sie die erste Wahl sind. Ganz wichtig auch: Stehen Sie auch nach außen hin zu Ihrem Wunsch – Ihren Mentor sollten Sie in jedem Fall einweihen.

Kein falsches Spiel

Auch Ihren Kollegen sollten Sie mitteilen, daß Sie Karrierewünsche haben. Wer immer so tut, als wolle er gar nicht aufsteigen, wird meist schnell durchschaut und weckt nur Mißtrauen.

Übergangen – was nun?

Im ersten Moment ist es natürlich ein Schock. Laufen Sie nicht gleich aufgebracht zum Chef, wenn ein anderer das Rennen gemacht hat. Warten Sie einige Tage ab, bis Sie die schlimmste Enttäuschung überwunden und sich selbst wieder voll im Griff haben. Lassen Sie sich dann einen Termin geben: Fragen Sie unumwunden, warum man sich nicht für Sie entschieden hat, und bitten Sie um eine offene Beurteilung Ihrer Fähigkeiten. Unterstreichen Sie deutlich, daß Sie eine verantwortungsvollere Aufgabe übernehmen wollen. Je nachdem, wie das Gespräch verläuft, können Sie sich ein Bild über Ihre zukünftigen Aufstiegschancen machen.

Nur wenn Sie hartnäckig bleiben, können Sie Ihre Chancen realistisch einschätzen und sich dementsprechend richtig verhalten.

Eventuell gibt es noch ein, zwei Fähigkeiten, die Ihr Chef oder der Personalleiter bei Ihnen vermißt und die Sie gezielt aufbauen können. Geben Sie sich keinesfalls mit schwammigen Formulierungen zufrieden. Man sagt Ihnen beispielsweise: »Wir werden bei Gelegenheit darüber nachdenken, welche Aufgabe für Sie in Frage kommen könnte.« In solch einem Fall sollten Sie sofort nachhaken: »Dann komme ich am besten in einem Monat wieder auf Sie zu ...«

Übergangen – ein Beispiel, das Mut macht

Wie wichtig ein solch grundlegendes Gespräch ist, zeigt eines von vielen möglichen Beispielen: Eine junge Journalistin arbeitete seit drei Jahren ausschließlich, aber frei für eine Zeitung, immer mit dem Wunsch auf eine Festanstellung. Jedesmal, wenn eine Redakteursstelle zu vergeben war, zog sie den kürzeren und wurde von Ihrem Chef mit unterschiedlichen Argumenten auf das nächste Mal vertröstet. Auch beim viertenmal sprach der entsprechende Ressortleiter davon, bei der nächsten freien Stelle bestimmt an sie zu denken. Sie nahm all ihren Mut zusammen und sagte: »Kann ich dieses Versprechen jetzt als feste Zusage für die nächste freie Stelle in Ihrem Ressort werten?« Erst jetzt mußte der Chef Farbe bekennen. Nach wenigen Minuten war klar, daß er die Frau zwar als freie Mitarbeiterin behalten wollte, aber nie ernsthaft an eine Festanstellung gedacht hatte. Im ersten Moment war die Journalistin tief gekränkt und schockiert, begann dann aber, sich intensiv bei anderen Zeitungen zu bewerben. Nach einem knappen halben Jahr wechselte sie – mit einem Redakteursvertrag und, wie sich bald herausstellte, mit guten Aufstiegschancen. Im nachhinein bedauert sie nur, daß sie nicht früher den Mut gefunden hatte, Ihre Ansprüche hartnäckiger zu stellen.

Unter Druck wie blockiert

Wer aufsteigen will, muß lernen, die Angst zu überwinden.

Um sich profilieren zu können, sollte man sich von seiner besten Seite zeigen, insbesondere natürlich bei besonders wichtigen Gelegenheiten. Doch genau dann, wenn es darauf ankommt – vor einem schwierigen Gespräch oder einer anspruchsvollen Aufgabe –, drohen vielen die Nerven durchzugehen. Die Ursache dafür liegt in der Angst zu versagen. Bei manchen Frauen kann dieses bedrohliche Gefühl so groß werden, daß sie unter Druck regelrecht blockiert sind, mit der traurigen Konsequenz, daß sie nie richtig zeigen können, was in ihnen steckt. Ein Programm in drei Schritten hilft Ihnen, dagegen anzugehen:

ERSTER SCHRITT: DIE ANGST ANALYSIEREN Dazu sollten wir die Angst nicht als Feindin, sondern als Verbündete sehen, die uns schützen und warnen will. Hinterfragen Sie die unangenehmen Gefühle:

- Was genau macht mir an dieser Situation angst?

- Woher kommt sie – erinnert sie uns an Versagensmomente aus anderen, längst vergangenen Zeiten (z. B. Schule), oder hat sie tatsächlich etwas mit der jetzigen konkreten Situation zu tun?

- Wovor will die Angst warnen? Eventuell weist sie auf Schwachstellen hin, die man bislang zuwenig in Angriff genommen hat.

Die Angstanalyse hilft, sich auf Schwachstellen zu konzentrieren und diese gezielt abzubauen.

Wer die eigene Angst durchschaut, kann unterscheiden, welche Sorgen irrational und somit unbegründet sind. Die Furcht vor Versagen etwa, die auf Erlebnissen in Kindheit oder Jugend basiert, können wir dadurch am besten reduzieren, wenn wir uns klarmachen, daß wir als Erwachsene ganz andere Fähigkeiten haben, um mit diesen »Bedrohungen« umzugehen. Gleichzeitig zeigt uns die Angstanalyse auch, welche Befürchtungen berechtigt sind und uns zum Handeln animieren sollten.

ZWEITER SCHRITT: DIE ANGST RELATIVIEREN Neben der Worst-case-Strategie, bei der wir uns den schlimmsten Fall ausmalen, sollte man versuchen, der furchteinflößenden Situation möglichst viele gute Seiten abzugewinnen. Notieren Sie sich, welchen Gewinn Sie zu erwarten haben, wenn Sie die unangenehme Angelegenheit durchhalten, etwa:

- Sie sammeln Erfahrungen, von denen Sie profitieren können.

- Sie können beweisen, daß Sie sich schwierigen Situationen stellen.

- Auch wenn Sie Fehler machen, können Sie diese Schwachstellen in Zukunft vermeiden.

- Sie gewinnen ein klein wenig Routine dazu.

- Schließlich: Je häufiger wir eine »Angstsituation« aushalten, um so weniger fremd und bedrohlich ist sie.

Gleichzeitig sollten Sie überlegen, was Ihnen entgeht, wenn Sie vor der Situation fliehen. Sie werden beispielsweise nie wissen, ob Sie die Hindernisse hätten meistern können oder nicht; beim nächstenmal wird die Angst noch größer sein.

DRITTER SCHRITT: POSITIV EINSTIMMEN Halten Sie sich alle Erfolge von früher vor Augen – und das ist durchaus wörtlich gemeint.

● Legen Sie sämtliche Beweise für bislang bestandene Prüfungen und Herausforderungen vor sich auf den Tisch – z. B. Schulzeugnisse, Sporturkunden, Führerschein, Arbeitsvertrag usw.

● Erinnern Sie sich daran, wie aufgeregt Sie vor diesen Tests waren – und wie erleichert und stolz danach. Sie haben bislang einiges geschafft. Wieso sollten Sie jetzt scheitern? Und wenn Sie scheitern: Es wäre nur eine Niederlage, auf die sicher wieder ein Erfolg folgt.

● Verbannen Sie Negativsätze wie »Das schaff' ich nie« oder »Sicher blamiere ich mich bis auf die Knochen« aus Ihrem Gedächtnis. Denn diese Sätze werden tatsächlich zu einer Self-fulfilling Prophecy. Jedesmal wenn ein solcher Gedanke aufzutauchen droht, ersetzen Sie ihn durch einen positiven: »Ich schaffe das!« – »Ich werde die Aufgabe gut und erfolgreich meistern.«

Unterstützend sind Techniken wie autogenes Training, die entspannend und angstlösend wirken und gleichzeitig das Selbstbewußtsein stärken.

»Irgendwie werde ich schon weiterkommen«

Der Großteil der Frauen macht sich über die berufliche Zukunft nicht viele Gedanken – leider.

KARRIEREPLANUNG?

Auf die Frage, ob und wie sie ihre Karriere planen, antworten viele Frauen ähnlich – nämlich merkwürdig schwammig:

- »Ob Karriere oder Privatleben – ich denke, man sollte das Leben nicht genau vorausplanen. Schließlich kommt es meist anders, als man es sich vorstellt.«

- »Ich weiß nicht, wie lange ich an meiner jetzigen Position noch Spaß habe. Wenn ich etwas anderes machen, mehr Verantwortung übernehmen will, ist es immer noch früh genug, darüber nachzudenken, wie ich am besten vorgehe.«

- »Natürlich will ich beruflich etwas erreichen. Wenn ich immer am Ball bleibe, werde ich schon weiterkommen. Irgend etwas ergibt sich sicher.«

Die Gründe klingen zunächst einleuchtend. Wieso sollte man etwas planen, was man ohnehin nur zum Teil beeinflussen kann? Warum sollte man sich Ziele stecken, die unter Umständen gar nicht erreichbar sind und dann nur Enttäuschung bringen? Ist es nicht ohnehin besser, sich sämtliche Möglichkeiten offenzuhalten, Chancen zu nutzen, die sich bieten, und Privat- wie Berufsleben der momentanen Lebensphase anzupassen?

Die Barrieren im Kopf

Solche Motive sind durchaus plausibel und haben – auf den ersten Blick – nichts mit weiblichen Barrieren gemeinsam. Doch wer etwas tiefer schürft, erkennt hinter der scheinbaren Souveränität doch die Hindernisse, die viele Frauen abhalten, Karriere zu planen. Das mangelnde Selbstbewußtsein, die passive Wartehaltung schlagen sich auch in diesem Bereich deutlich nieder: Viele Frauen setzen sich unbewußt deshalb keine ehrgeizigen Ziele, weil sie Angst haben, daran zu scheitern, weil sie befürchten, zu selbstbewußt und fordernd zu wirken. Sie lassen sich »alle Möglichkeiten offen« – oft weniger aus Eigeninteresse, sondern weil sie dazu erzogen wurden, ihre Bedürfnisse an die Wünsche und Forderungen anderer anzupassen: an die ihrer Partner, ihrer Familie. Das berufliche Weiterkommen nicht allein dem Zufall – und damit den anderen – zu überlassen ist ein wichtiger Schritt, um die weiblichen Psychofallen zu überwinden. Und mehr noch: Die Karriere zu planen ist eng verbunden mit der Entscheidung, das eigene Leben selbstbewußt in die Hand zu nehmen. Natürlich können sich Pläne ändern, sie können auch umgeworfen werden oder scheitern – dennoch ist es aus verschiedenen Gründen äußerst sinnvoll, ein Konzept zu entwerfen:

»Irgendwie« macht niemand Karriere. Beruflicher Erfolg will geplant sein.

- Nur wer ein Ziel kennt, kann es ohne große Umwege erreichen. Viele Vorhaben lassen sich sogar nur über eine sorgfältige Planung bewältigen. Niemand würde auf den Gedanken kommen, ohne Karte oder Kompaß in ein fremdes Land zu reisen – in der vagen Hoffnung, das erwünschte Ziel »irgendwie« zu erreichen.

- Hinter jedem großen Erfolg steckt eine Vision, heißt es. Auch wenn Sie »nur« durchaus überschaubare Vorstellungen haben, zahlt sich das in jedem Fall aus. Denn ohne Ziel leidet die Motivation auf Dauer enorm. Wenn der richtige »Drive« in der Arbeit fehlt, viele Aufgaben nur noch lustlos erledigt werden, das nahende Wochenende zur Hauptantriebsfeder wird, ist das häufig auch ein Alarmzeichen dafür, daß es versäumt wurde, rechtzeitig Perspektiven auszuloten.

Wer Zukunftsvorstellungen hat, kann auch kleine Durststrecken besser überwinden.

- Wer den Aufstieg plant, kann viele Schwierigkeiten im voraus absehen und rechtzeitig ausräumen: Die Karriere kann nicht so leicht stagnieren, der »tote Punkt« vermieden bzw. schneller überwunden werden.

- Wer das berufliche Weiterkommen geistig vor Augen hat, kann Chancen, die sich bieten, erkennen und Sackgassen besser vermeiden.

- Ein beruflicher Plan schließt Flexibilität (auch im Privatleben) nicht aus. Im Gegenteil: Ob Heirat, Kinder, Versetzung des Partners einerseits, unterschiedliche Perspektiven im Job andererseits – je mehr Sie beruflich wie privat erreichen wollen, je turbulenter es zugeht, um so wichtiger ist es, sich ausführlich mit den eigenen Zielen zu beschäftigen.

Der persönliche Karriereplan – erster Teil

Karriere beginnt im Kopf. Zuerst nur in Ihrem eigenen. Um die Basis für Ihren Plan zu schaffen, reservieren Sie einige Stunden abends oder am Wochenende, in denen Sie völlig ungestört sind. Denn ein kleiner Trip in die Zukunft soll zum Startschuß Ihrer Karriere werden.

Eine Phantasiereise

Schließen Sie die Augen und stellen Sie sich vor, wie Sie in etwa fünf Jahren leben möchten. Jeder Gedanke ist erlaubt, lassen Sie Ihrer Phantasie freien Lauf. Welche Tätigkeit üben Sie aus? Wie sieht Ihr Tagesablauf aus? Was haben sie inzwischen erreicht? Welchen Einfluß haben Sie? Was verdienen Sie? Arbeiten Sie noch immer in der gleichen Firma? Haben Sie das Unternehmen gewechselt oder sich vielleicht selbständig gemacht? Neben den beruflichen Wunschträumen sollten Sie natürlich auch private Ideen visualisieren: Haben Sie Kinder? Einen Partner? Wie und wo wohnen Sie?

Falls Sie vorher bereits genaue Vorstellungen von Ihrer Zukunft hatten, wird es Ihnen leichtfallen, auf Anhieb Ihren persönlichen Wunschfilm in Szene zu setzen. Waren Ihre Vorstellungen bislang eher unausgegoren, sollten Sie verschiedene Rollen ausprobieren, bis Sie sich für Ihre Vision entscheiden. Notieren Sie dann, was Ihnen dabei am wichtigsten ist. Notieren Sie drei, maximal fünf Ziele, die Sie innerhalb der nächsten fünf Jahre erreichen möchten. Ob Sie sich Kinder, Einfluß, eine abwechslungsreiche Tätigkeit oder auch berufliche Selbständigkeit, finanzielle Sicherheit, hohe Anerkennung wünschen oder völlig andere Vorstellungen haben, spielt keine Rolle – entscheidend ist, daß Sie sich über Ihre Wünsche und Prioritäten klarwerden.

Gönnen Sie sich in Ihrem Karriereplan auch Visionen, werden Sie sich über Wünsche klar.

Der Karriereplan – zweiter Teil

Er besteht darin, klare, möglichst konkrete Ziele festzusetzen. Um ein solches Konzept zu erstellen, werden Sie mehr als einen Abend brauchen. Vermutlich müssen Sie auch erst Informationen (z. B. über Zusatzqualifikationen, Anforderungen der nächsthöheren Position usw.) und Meinungen einholen. Aber setzen Sie sich ein zeitliches Limit, etwa vier Wochen, bis Sie damit fertig sein wollen.

Versuchen Sie, Ihren Karriereplan in möglichst viele Etappen aufzugliedern, also vorrangig kleine und mittlere Ziele anzustreben. Falls Sie nur ein großes Ziel festsetzen, bleibt der Weg dorthin meist viel zu vage und unbestimmt, um ihn verfolgen zu können. Generell gilt:

- Formulieren Sie Ihre Ziele positiv. Also nicht: »Ich möchte nicht mehr so viele Fehler machen, wenn ich mich mit Kunden auf Englisch verständige.« Sondern: »Ich möchte mein Englisch soweit aufpolieren, daß ich mich fehlerfrei ausdrücken kann.«

- Setzen Sie bei jedem geplanten Schritt eine Zeitspanne an. Also nicht: »Ich will möglichst bald/bei nächster Gelegenheit mehr Gehalt.« Sondern: »In einem Jahr will ich mindestens 400 DM mehr verdienen.«

- Je konkreter ein Ziel, um so besser. Also nicht: »Ich möchte meinen Einfluß in der Firma ausweiten.« Sondern: »In einem Jahr möchte ich mindestens ein weiteres interessantes Aufgabengebiet betreuen.«

Die Etappen sollten realistisch sein – utopische Ziele entmutigen ebenso sehr wie zu viele Schritte, für die eine zu kurze Zeit angesetzt wird. Es ist in jedem Fall besser, Sie stellen im nachhinein fest, ein Ziel schneller und einfacher erreicht zu haben – als umgekehrt. Diese Grundregeln sollten Sie im Hinterkopf behalten, wenn Sie Ihr persönliches Karrierekonzept erstellen.

Checkliste für Ihr Karrierekonzept

Notieren Sie zunächst eines Ihrer Ziele. Gehen Sie dann folgende Fragen durch:

- Welche Voraussetzungen bringe ich bereits mit (z. B. Schulabschluß, nötige Zusatzqualifikationen, bestimmte persönliche Eigenschaften)?
- Welche Voraussetzungen fehlen mir noch?
- Welche Aktivitäten muß ich unternehmen, um die fehlenden Voraussetzungen zu schaffen und Schwachstellen zu beseitigen (z. B. Fortbildungskurse, Zusatzqualifikationen; Seminare, um persönliche Schwachstellen wie Redeangst oder Unsicherheit abzubauen; ein Gespräch mit dem Chef, um meinen Willen zum Aufstieg deutlich zu machen)?
- Wer kann mir beim Erreichen des Zieles helfen (z. B. Freunde, Partner, Chef, Mentor, Frauennetzwerke)?
- Wie kann ich diese Hilfen noch verstärken?
- Welche Hindernisse sind zu erwarten (z. B. zu wenige Beförderungsmöglichkeiten in der Firma, Widerstand des Chefs, Kinderwunsch, Konflikte in der Partnerschaft)?
- Wie lassen sie sich überwinden bzw. entschärfen?
- Innerhalb welcher Zeit will ich das Ziel erreichen? (Bei mittel- und langfristigen Zielen empfiehlt es sich, zusätzlich einen Zeitpunkt festzulegen, an dem eine Zwischenbilanz gezogen wird, um gegebenenfalls das Ziel nochmals zu überdenken oder auch die Vorgehensweise zu revidieren.)

STOLPERSTEINE VON AUSSEN

Viele Frauen haben auf dem Weg nach oben nicht nur innere Barrieren zu überwinden, sie müssen sich auch mit äußeren Schwierigkeiten auseinandersetzen, die sie scheinbar nur wenig oder gar nicht beeinflussen können. Der Chef, das Team, die Firma, aber auch das persönliche Umfeld können die Karriere bremsen und sogar ernsthaft gefährden, wenn nicht rechtzeitig nach einer sinnvollen Lösung gesucht und über mögliche Konsequenzen nachgedacht wird.

Wenn der Vorgesetzte den Aufstieg bremst

Wenn es um die Beförderung einer Mitarbeiterin geht, wiegt das Wort des direkten Vorgesetzten in der Regel sehr viel. Er kennt die Leistungen und Stärken schließlich am besten. Setzt er sich nicht für eine Mitarbeiterin ein oder mauert er sogar gegen ihren Aufstieg, können unterschiedliche Gründe dahinterstecken. Unter Umständen sind die Ursachen ganz allein bei der jeweiligen Frau zu suchen: Sie hat sich noch nicht genügend bewährt, kein Profil entwickelt, keine Aufstiegsqualitäten bewiesen oder vielleicht auch nur noch nicht deutlich genug signalisiert, daß sie gerne mehr Verantwortung übernehmen würde. Was aber, wenn Sie diese Faktoren ausschließen können und dennoch nicht weiterkommen? Dann sollten Sie nicht länger nur abwarten und hoffen, sondern herausfinden, wo das tatsächliche Problem liegt, und aktiv werden.

PROBLEM NUMMER EINS: DER VORGESETZTE HÄLT SIE FÜR NICHT GUT GENUG Wenn andere ursprünglich gleichgestellte Kollegen allmählich vorankommen, Sie aber stagnieren, ist das ein deutliches Zeichen dafür, daß Ihr Vorgesetzter Ihnen die nächsthöhere Position nicht zutraut. Was Ihr Chef tatsächlich von Ihnen hält, finden Sie nur heraus, indem Sie in aller Offenheit ein Gespräch mit ihm führen. Sagen Sie ihm, daß Sie Ihre jetzige Tätigkeit voll im Griff haben und in absehbarer Zeit eine neue Herausforderung brauchen. Bitten Sie ihn um eine ehrliche Einschätzung Ihrer Qualitäten und Chancen. Vermutlich wird Ihr Chef nicht so unsensibel sein, Ihnen freiheraus zu sagen, daß er Sie für unfähig hält. Doch aus seiner Formulierung dürften Sie ohne große Mühe heraushören können, wie es um Ihre Chancen steht.

Haken Sie genau nach, warum Sie nicht befördert werden.

Betrachten Sie diese Nachricht, auch wenn sie schmerzhaft ist, als wertvollen Hinweis: Wenn Sie bislang bereits vollen Einsatz gebracht haben und Ihre Fähigkeiten gut weiterentwickelt haben, bringt es nichts, sich noch mehr anzustrengen, um den Vorgesetzten doch noch umzustimmen. Zum einen können Sie versuchen, über den nächsthöheren Vorgesetzten oder auch einen Mentor Ihren Wunsch in dieser Firma zu verwirklichen oder auch durch eine Versetzung Ihre Möglichkeiten zu verbessern. Die Alternative: Sie müssen sich nach außen orientieren und in einer anderen Firma nach einem besseren Sprungbrett suchen.

Wenn Sie aufsteigen wollen und der Chef blockiert, müssen Sie es ohne seine Unterstützung versuchen – oder die Firma wechseln.

Problem Nummer zwei: Es gibt keine passende Stelle für Sie
Deutliche Anzeichen: Wenn der Mitarbeiterstamm in einer Firma sehr festgefügt ist oder gar Stellen abgebaut werden, sind die Aufstiegsmöglichkeiten tatsächlich extrem eingeschränkt. Bevor Sie sich nach außen orientieren, sollten Sie aber in jedem Fall ein Gespräch mit dem Vorgesetzten oder der Firmenleitung führen. Eventuell ist gerade eine Umstrukturierung geplant, von der Sie profitieren könnten. Wenn man Sie halten will, wird man Ihnen das im Rahmen eines solchen Gesprächs mitteilen.

I N F O

Manche Arbeitgeber schlagen auch eine Gehaltserhöhung vor, die einer geschätzten Mitarbeiterin die Wartezeit auf eine bessere Stelle versüßen soll. In diesem Fall müssen Sie abwägen, wieviel Ihnen daran liegt, in dieser Firma zu bleiben, oder ob Sie versuchen wollen, bei einem anderen Arbeitgeber Ihre Wünsche zu verwirklichen.

Problem Nummer drei: Der Vorgesetzte tritt selbst auf der Stelle Die nächsthöhere Stufe in einem Unternehmen ist oft die des eigenen Vorgesetzten. Kommt er nicht voran, gilt das dann leider oft auch für seine Mitarbeiter. Auf den ersten Blick sind die Möglichkeiten stark begrenzt: Sie können um eine Versetzung bitten, versuchen (was sehr schwierig ist), eine Hierarchiestufe zu überspringen, oder sich eine andere Stelle suchen.

T I P

Sie können auch einen ungewöhnlichen Versuch starten: Helfen Sie Ihrem Chef beim Aufstieg, um selbst aufsteigen zu können. Damit können Sie insbesondere dann Erfolg haben, wenn sein Ehrgeiz nur »eingeschlafen« ist. Manchmal bedarf es nur einiger Impulse von außen, um schlummernde Ambitionen wieder zu wecken. Auch wenn Ihre Rechnung nicht aufgeht, profitieren Sie in jedem Fall von diesem Versuch. Denn die Fähigkeiten, die Sie in dieser Situation entwickeln, helfen Ihnen spätestens dann, wenn Sie selbst ein Team leiten und motivieren sollen.

Problem Nummer vier: Ihr Chef hält Sie für unverzichtbar

Als unentbehrliche Mitarbeiterin angesehen zu werden mag zwar schmeichelhaft sein, doch wenn der Chef um keinen Preis seine »beste Kraft« verlieren will und sie deshalb für keine Beförderung oder Versetzung vorschlägt, ist die Ehre doch mehr als zweifelhaft. Diese Situation ist vor allem für jene Frauen bedrohlich, die von Kindesbeinen an dazu angehalten wurden, ihre eigenen Interessen denen anderer unterzuordnen. Erschwerend kommt hinzu, daß bei solchen Konstellationen das Verhältnis zwischen Vorgesetztem und Mitarbeiterin meist menschlich wie fachlich hervorragend ist. In aller Regel lobt dieser Vorgesetzte seine Lieblingsmitarbeiterin häufig, überläßt ihr manche Entscheidung, er schätzt sie und vertraut ihr. Den Chef »im Stich zu lassen«, käme in den Augen dieser Frauen einem Verrat gleich.

Denken Sie bitte immer daran: Eine Geschäftsbeziehung ist keine Ehe, bei der sich beide Partner zu ewiger Treue verpflichten.

Wenn Sie sich in dieser Situation befinden, sollten Sie sich zuerst folgendes vor Augen führen: Von diesem Abhängigkeitsverhältnis profitiert letztlich nur Ihr Chef. Natürlich können und sollen Sie ihm dankbar sein, wenn er Sie stark gefördert hat. Aber machen Sie sich klar, daß dafür in erster Linie sein persönliches Interesse ausschlaggebend war. Das ist vollkommen normal, schließlich will jeder Vorgesetzte gute Mitarbeiter heranziehen. Wäre Ihrem Vorgesetzten tatsächlich soviel an Ihrem Wohl gelegen, würde er Ihren Aufstieg nicht hemmen. Wenn Sie weiterhin Ihre eigenen Interessen hinter die des Chefs stellen, hat das nichts mehr mit Loyalität zu tun, sondern vielmehr mit Dummheit.

Aus dieser Erkenntnis heraus können Sie nun entscheiden, wie Sie weiter vorgehen wollen:

- Eine Möglichkeit: Sie suchen sich eine Herausforderung außerhalb dieser Firma. Falls es Ihnen den Entschluß erleichtert: Ihr Chef würde sicherlich kein tolles Angebot von außen abschlagen, nur weil er unbedingt weiter mit Ihnen zusammenarbeiten will.

- Falls Ihnen dieser Schritt schwerfällt, weil Sie gerne in der Firma bleiben würden oder sich Ihrem Chef zu stark verpflichtet fühlen, bietet sich eine weitere Möglichkeit an: Sie müssen sich entbehrlich machen. Das bedeutet nicht, daß Sie von nun an ständig Fehler machen sollten, bis Ihr Vorgesetzter genug von Ihnen hat. Suchen Sie sich vielmehr im Team eine fähige Kollegin, die Sie gezielt als Nachfolgerin aufbauen. Sobald erste Erfolge vorzuweisen sind, machen Sie Ihrem Chef diese Lösung schmackhaft. Es ist wichtig, daß Sie dabei ganz bestimmt auftreten. Ihr Chef muß wissen, daß Sie Ihren Plan, beruflich weiterzukommen, in jedem Fall verwirklichen werden, notfalls in einer anderen Firma. Dadurch, daß Sie bereit sind, die Umstellung für ihn zu übernehmen und eine andere Mitarbeiterin einzuarbeiten, kommen Sie ihm weit genug entgegen. Wenn er fair ist, wird er sich Ihren Wünschen nicht länger entgegenstellen.

Blockiert Ihr Chef alle Lösungsmöglichkeiten, haben Sie wirklich keinen Grund mehr, auf ihn Rücksicht zu nehmen.

Die Abteilung ist eine Karrieresackgasse

Eigentlich sollten Aufstiegsmöglichkeiten in einer Firma bereits beim Vorstellungsgespräch angesprochen werden. Aber das ist oft nicht der Fall, und als vielleicht noch unerfahrene Bewerberin waren Sie vermutlich erst einmal froh, überhaupt einen Fuß in die Firma zu bekommen. Insbesondere in kleinen Unternehmen mit nur wenigen Mitarbeitern, aber auch in bestimmten Abteilungen kann es dann allerdings passieren, daß Sie feststellen müssen: Egal, wie gut ich meinen Job mache, welche Qualitäten für höhere Aufgaben in mir schlummern – hier komme ich nicht weiter, weil es keine Aufstiegschancen gibt.
Wenn Sie das Gefühl haben, in einer Sackgasse gelandet zu sein, sollten Sie sich vor zweierlei hüten: einerseits vor einem überstürzten Wechsel, der sehr schnell dazu führen kann, daß Sie karrieremäßig auf der Stelle

Vernachlässigen Sie auch in scheinbar aussichtslosen Situationen nicht Ihr Engagement.

treten oder gar einen Rückschritt in Kauf nehmen müssen. Andererseits sollten Sie keinesfalls nur noch resigniert Dienst nach Vorschrift tun – nach dem Motto: »Wenn ich mich anstrenge, nützt mir das ohnehin nichts.« Sie haben vielmehr die Wahl zwischen zwei positiven Strategien:

- Sie nützen die jetzige Position als Sprungbrett. Etwa drei Jahre, so die Faustregel, sollten Sie eine Position innehaben, bevor Sie wechseln. Wenn Sie bereits nach einem Jahr das Gefühl haben, Ihre Aufgabe voll im Griff zu haben, können Sie die restliche Zeit wunderbar nutzen, um sich weiterzuentwickeln.

Wartepositionen sinnvoll nutzen

Versuchen Sie, Abläufe zu verbessern, nehmen Sie jede Herausforderung an, die sich bietet, bauen Sie Ihre Stärken zusätzlich aus, trainieren Sie sich im Umgang mit Kunden und Kollegen. Darüber hinaus haben Sie, gerade weil Ihnen die jetzige Arbeit leicht von der Hand geht, genug Energie, um sich der Fort- und Weiterbildung zu widmen. Studieren Sie bereits jetzt regelmäßig Stellenangebote, um ein Gefühl dafür zu bekommen, welche zusätzlichen Qualifikationen Ihnen bei einer späteren, höheren Position nützen könnten und welche Schwachstellen bei Ihnen zu beseitigen sind.

Auch in einer scheinbaren Sackgasse können Sie Ihren Marktwert erheblich verbessern und sich ein hervorragendes Sprungbrett für einen Stellenwechsel verschaffen. Übrigens ist es keineswegs ausgeschlossen, daß Ihr bisheriger Arbeitgeber dann von Ihrer Entwicklung so überzeugt wird, daß er sich eine Aufstiegsmöglichkeit für Sie einfallen läßt, mit der Sie gar nicht gerechnet haben.

- Sie gehen auf Expansionskurs: Diese zweite Strategie verlangt eine wirklich gute Idee und überdurchschnittliches Engagement. Kurz gesagt: Sie müssen sich in diesem Fall selbst eine neue, bessere Position schaffen, indem Sie die Abteilung oder Firma dazu bringen zu wachsen. Auf diese Weise bekommen Sie ein neues Aufgabengebiet.

Die meisten Positionen sind gar nicht so aussichtslos, wie sie scheinen – Sie müssen nur aktiv werden.

Das Beispiel einer Touristikfachfrau verdeutlicht diesen Weg: Nach dem Studium fing die junge Frau bei einem Reiseveranstalter mit etwa zehn Mitarbeitern an. Etwa zwei Jahre später beherrschte sie ihr Aufgabengebiet 100prozentig und begann, intensiver über ihre weitere berufliche Entwicklung nachzudenken. Die einzige Position, die höher war als ihre, war die des Geschäftsleiters. Daß er sich in absehbarer Zeit verändern würde, war sehr unwahrscheinlich. Während sie schon allmählich die Fühler nach einer neuen Stelle ausstreckte, fiel ihr auf, daß sich immer mehr Kunden nach Incentive- und Aktivsportreisen erkundigten, die sie an die Konkurrenz verweisen mußte, da ihr Arbeitgeber auf diese Art von Reisen nicht spezialisiert war. In diesem Defizit erkannte sie ihre Chance. Sie informierte sich genauer, arbeitete Konzepte aus, sprach mit dem Besitzer und dem Geschäftsleiter über die Idee, auch diese Reisen ins Programm mitaufzunehmen. Nach etwa drei Monaten bekam sie grünes Licht, zwei Mitarbeiter – und einen neuen Vertrag, verbunden mit einer höheren Position und mehr Gehalt.

Wenn die Karriere einen deutlichen Schub bekommt, zahlt sich der Einsatz voll aus.

Psychokrieg im Team

Konkurrenz gehört zum Berufsalltag. Auch wenn viele Frauen Probleme damit haben, ändert dies nichts daran, daß es viele positive Gründe gibt, in einen Wettbewerb miteinander zu treten, und daß es äußerst sinnvoll ist, selbst ein gesundes Konkurrenzdenken zu entwickeln (siehe auch »Die Rivalitätsfalle«, Seite 22).

Ist die Atmosphäre im Team durch ungünstige Einflüsse schon stark belastet, bedarf es oft nur noch eines kleinen Konflikts, und die Kollegialität bleibt auf der Strecke.

Doch die positive Konkurrenz endet in dem Moment, in dem unfaire Methoden, Tricks und Intrigen ins Spiel kommen. Dann wird aus Rivalität sehr rasch Mobbing, wie der Psychokrieg im Beruf seit einigen Jahren genannt wird. Konkurrenzdruck ist nur eine von mehreren Ursachen, die zu Mobbing führen kann. Weitere typische Faktoren, die den Psychoterror begünstigen, sind schlechter Führungsstil, Streß und Überlastung, Monotonie und Unterforderung.

Mobbingmethoden

Die Strategien, mit denen die Mobber ihre Opfer ins Abseits drängen, sind ebenso unterschiedlich wie brutal: Die Kollegin wird isoliert, ihre Arbeit sabotiert, ihr werden Fehler untergejubelt, ihre Leistungen und Fähigkeiten abqualifiziert, ihre Privatsphäre und Persönlichkeit wird verletzt und durch den Schmutz gezogen.

Mobbing macht krank

Für die Betroffenen wird die Situation schnell zur elementaren Bedrohung: Psychische und psychosomatische Beschwerden lassen oft nicht lange auf sich warten, Selbstvertrauen und Leistungsfähigkeit sinken dramatisch ab, an Arbeitsfreude ist bald nicht mehr zu denken, geschweige denn an Aufstieg. Wird nach Monaten oder gar Jahren die Firmenleitung auf den Fall aufmerksam, verbessert sich für das Opfer in der Regel nichts. Im Gegenteil: Inzwischen fällt das Opfer meist tatsächlich unangenehm auf, weil es nicht mehr in der Lage ist, die gewohnte Leistung zu erbringen, häufiger fehlt, sich auch extrem introvertiert verhält. Nach den Ursachen für diese Veränderung fragt dann kaum mehr jemand – man denkt eher darüber nach, wie man den Betroffenen am besten loswerden kann.

Alarmsignale rechtzeitig wahrnehmen

Wenn die Stimmung im Team seit längerer Zeit nicht gut oder gar angespannt ist, bedeutet das nicht zwangsläufig, daß sich ein Mobbingprozeß anbahnt. In jedem Fall lohnt es sich aber, besonders aufmerksam zu verfolgen, ob sich das Verhalten eines oder mehrerer Kollegen Ihnen gegenüber verändert.

Haben Sie ein wachsames Auge für Stimmungsänderungen im Team.

Warnende Anzeichen

Einige typische Mobbingsignale, die Sie hellhörig machen sollten, sind:

- Man kritisiert Ihre Arbeit häufiger und übermäßig.
- Man lästert über Ihre Ausdrucksweise oder Kleidung.
- Man läßt Sie nicht mehr ausreden, verstummt, wenn Sie den Raum betreten, mischt sich in Ihre privaten Belange ein, tuschelt hinter Ihrem Rücken.
- Arbeitsunterlagen verschwinden oder werden verfälscht.
- Man schiebt Ihnen nur noch unangenehme Arbeiten zu oder enthält Ihnen wichtige Informationen vor.

Besonders heikel ist die Situation natürlich, wenn solche Angriffe von einem einflußreichen oder mehreren Kollegen, unter Umständen auch vom Vorgesetzten, kommen. In dieser Lage einen kühlen Kopf zu bewahren ist schwierig, aber wichtig. Nur dann können Sie sich richtig verhalten und den Prozeß stoppen.

Sich gegen Mobbing zur Wehr setzen

● Je früher Sie reagieren, um so besser: Abzuwarten und zu hoffen, die Lage würde sich von selbst wieder entspannen, führt meistens nur dazu, daß sich die Situation zuspitzt, die Attacken härter werden, nicht nur ein Kollege, sondern mehrere gegen Sie intrigieren.

- Sich auf den Konflikt konzentrieren: Mobbing hat immer eine Ursache. Finden Sie heraus, wo das Hauptproblem liegt: Streß in der Abteilung? Mißverständnisse in der Kommunikation? Schlechte Organisation? Konkurrenzdruck, der von oben verordnet wird? Durch ein Gespräch im Team können Wege gefunden werden, diesen Konflikt zu benennen, zu bearbeiten und zu bereinigen. Unter Umständen sollten Sie einen unbeteiligten Ansprechpartner (etwa aus dem Betriebsrat) als Vermittler einschalten.

Falls nur die Firmenleitung das Problem lösen kann: Legen Sie den Konflikt vor den Verantwortlichen dar, und unterbreiten Sie Lösungsansätze.

- Versöhnliche Gesten: Manche Mißverständnisse und Streßsituationen, die gefährlich eskalieren können, lassen sich im Vorfeld abbiegen, wenn Sie bereit sind, auch über Ihren Schatten zu springen. Signalisieren Sie verbal oder durch eine nette Geste, daß Sie nicht auf Konfrontationskurs sind, sondern sich mit dem anderen verständigen möchten.

Frauen, die gemobbt werden, müssen sich rechtzeitig zur Wehr setzen – die Folgen können sonst katastrophal sein.

- Klare Grenzen ziehen: Aus kleinen Gemeinheiten und Ungerechtigkeiten werden schnell große. Wenn Sie sich von einem Kollegen oder dem Vorgesetzten schlecht behandelt fühlen, sollten Sie das freundlich, sachlich und deutlich zum Ausdruck bringen. Falls das nicht genügt, müssen Sie beim nächstenmal eine Spur schärfer werden. Lassen Sie durchblicken, daß Sie Konsequenzen ins Auge fassen und auch vor einer offiziellen Beschwerde nicht zurückschrecken.

- Rückendeckung suchen: Warten Sie nicht auf Verbündete, unternehmen Sie selbst etwas. Weihen Sie vertrauenswürdige Kollegen, den Vorgesetzten, einen Förderer oder auch den Betriebsrat ein.

- Holen Sie sich Unterstützung von außerhalb der Firma: Freunde und die Familie sind in solch einer schwierigen Phase besonders wichtig, um Energie zu tanken, abzuschalten und sich zu entspannen. Unter Umständen können sie Ihnen auch wertvolle Ratschläge geben, wie Sie sich geschickt verhalten können. Außenstehende können die Situation oft objektiver beurteilen und vor übereilten Handlungen warnen. Darüber hinaus gibt es inzwischen in vielen Städten Beratungsstellen, Gesprächskreise und Selbsthilfegruppen, an die sich Mobbingopfer wenden können.

Wenn ein Kollege betroffen ist – wegsehen oder eingreifen?

Auch wenn Sie selbst nicht betroffen sind, sollten Sie einen Mobbingprozeß im Team nicht einfach ignorieren – schon allein der Zivilcourage wegen. Darüber hinaus vergiftet der Psychoterror das Klima so nachhaltig, daß letztlich alle darunter leiden. Nicht zuletzt kann die Stimmung auch gegen Sie umschlagen. Wenig ratsam und erfolgversprechend ist es, im Alleingang vorzugehen. Unter Umständen geraten sie dabei nur zwischen die Fronten, und damit ist niemandem geholfen. Sprechen Sie sich mit anderen Kollegen, die ebenfalls selbst nicht involviert sind, ab, und überlegen Sie gemeinsam, wie der Konflikt zu bereinigen ist: Sollte das gesamte Team zu einer Aussprache zusammengetrommelt werden? Muß der Vorgesetzte eingeschaltet werden? In der Besprechung sollte darauf geachtet werden, daß beide Seiten ihre Sicht der Dinge darstellen können.

Machen Sie den Mobbern klar, daß ihr Verhalten nicht länger stillschweigend geduldet wird.

WENN VORURTEILE GEGEN FRAUEN DEN AUFSTIEG HEMMEN

»Genügt es, eine Frau zu sein, um bei der Berufskarriere gebremst zu werden?«, wollte das Wirtschaftsmagazin »Capital« 1991 von Frauen in Führungspositionen wissen. Immerhin 30 Prozent der Befragten antworteten mit »ja«.

Frauen kriegen die Kinder – das wissen wir schon. Doch wir wissen auch: Dies ist nicht das eigentliche Hindernis für eine Karriere.

Die Einschätzung dieser Insiderinnen, die individuellen Erfahrungen vieler berufstätiger Frauen und nicht zuletzt die statistisch erfaßte Männerübermacht in gehobenen Positionen beweisen, daß wir von wirklicher Gleichberechtigung noch weit entfernt sind. Frauen, die nach oben kommen wollen, haben zum Teil nach wie vor mit handfesten Vorbehalten zu kämpfen. »Frauen können sich einfach nicht genug durchsetzen«, heißt es dann. Oder auch: »Sie bekommt doch ohnehin Kinder.« Manche Führungskräfte wiederum sehen ihre heile Männerwelt von der weiblichen Power bedroht und wollen die Frauen am liebsten dort sehen, wo sie jahrhundertelang ihren Platz hatten: am Herd.

FRAUENQUOTEN?

Um diese Ungerechtigkeiten auszuräumen, wurden in der Vergangenheit verschiedene Lösungen diskutiert. So sollen etwa Frauen bei gleicher Qualifikation Männern vorgezogen werden. Insbesondere von männlicher Seite wird diese Quotenregelung allerdings hart attackiert. Die erbitterte Diskussion hat zumindest zu Frauenbeauftragten und Frauenförderplänen geführt. Solche gezielten Aktionen beschränken sich bislang allerdings hauptsächlich auf Bereiche des öffentlichen Dienstes und wenige Großbetriebe. Obwohl von der EU bereits vor vielen Jahren angemahnt, fehlt eine diesbezügliche gesetzliche Grundlage in Deutschland nach wie vor. Frauen sind also weitgehend auf sich selbst gestellt.

Trotz Vorurteilen nach oben

Wenn in Ihrem Betrieb Vorurteile gegen Frauen herrschen, sollten Sie sich davon keinesfalls entmutigen lassen, den Aufstieg zu wollen. Machen Sie sich klar, welche Schwierigkeiten Sie zu überwinden haben, und gehen Sie taktisch vor.

- Handeln Sie offensiv: Das, was generell beim Aufstieg wichtig ist, gilt in dieser Situation besonders. Abzuwarten, bis man Ihnen selbst eine bessere Position vorschlägt, wäre ein gravierender Fehler. Gerade in Firmen, in denen Frauen benachteiligt werden, müssen Sie selbstbewußt Ansprüche anmelden.

Gehen Sie davon aus: Wenn Sie nicht aktiv werden, passiert gar nichts.

- Hängen Sie die Meßlatte nicht zu hoch: Wenn eine interessante Position in der Firma zu vergeben ist, sollten Sie natürlich den Eindruck haben, dieser Aufgabe im großen und ganzen auch gewachsen zu sein. Machen Sie allerdings nicht den Fehler, von sich selbst zu erwarten, Sie müßten für die neue Stelle 100prozentig geeignet sein. Manche Frauen bewerben sich erst gar nicht, wenn sie das Gefühl haben, nur 80 oder 90 Prozent der verlangten Fähigkeiten und Qualifikationen vorweisen zu können – und stellen dann überrascht fest, daß ein männlicher Kollege das Rennen gemacht hat, obwohl er lediglich 70 Prozent in die Waagschale werfen konnte.

- Entkräften Sie Vorurteile bewußt: Wenn in Ihrer Firma die Meinung vorherrscht, Frauen seien im allgemeinen zu emotional, zuwenig durchsetzungsfähig, zuwenig ehrgeizig, um bessere Positionen zu erreichen, hilft nur eines: Sie müssen beweisen, daß Sie keine »typische« Frau sind.

Typisch weiblich – typisch männlich

Keine »typische« Frau sein heißt nicht, daß Sie nur noch Hosen tragen und markige Sprüche von sich geben sollten. Doch vermeiden Sie tunlichst Verhaltensweisen, die als typisch weiblich abgetan werden können. Statt in der Kantine private Themen anzuschneiden (gilt als weiblich), sollten Sie sich besser aufs Fachsimpeln verlegen (gilt als männlich). Ist der Stellenabbau eines großen Konzerns gerade Tagesgespräch: Behalten Sie Ihre Sorge für die betroffenen Mitarbeiter für sich, diskutieren Sie lieber mit Ihrem Vorgesetzten die Managementfehler, die zur Krise geführt haben könnten. Versuchen Sie, sich in männliche Seilschaften einzugliedern, indem Sie beispielsweise mit den Kollegen nach Dienstschluß noch auf ein Bier gehen.

- Thema »Familienplanung«: Schaden Sie sich beim Vorstellungsgespräch nicht mit übertriebener Ehrlichkeit. Das betrifft zum einen mögliche Schwächen, die Sie für sich behalten sollten, aber auch ein ganz persönliches Thema: Kinder. Signalisieren Sie deutlich (auch wenn sich Ihre Pläne bald ändern können), daß Sie in absehbarer Zukunft keine Kinder wollen, sondern sich ganz auf Ihr berufliches Weiterkommen konzentrieren möchten. Vor allem wenn Sie verheiratet sind oder in einer festen Beziehung leben, müssen Sie davon ausgehen, daß man annimmt, Sie würden ohnehin bald schwanger – und damit für die Firma problematisch oder gar wertlos werden.

Lüge erlaubt

Sind Sie bereits schwanger, dürfen Sie in diesem Punkt sogar lügen. Allerdings ist es fraglich, ob das tatsächlich ratsam ist. Zum einen wird es Ihnen der Arbeitgeber sicher nachtragen, wenn er sich hintergangen fühlt, zum anderen verlangt jede neue Position ein hohes Maß an Engagement, und damit könnten Sie sich in diesem Fall leicht überfordern.

Cleveres Vorgehen kann viel dazu beitragen, daß Sie keine Nachteile gegenüber männlichen Kollegen in Kauf nehmen müssen. Allerdings bietet keine Strategie eine Garantie. Wenn Sie davon überzeugt sind, eine Position nur deshalb nicht erreicht zu haben, weil Sie dem »falschen Geschlecht« angehören, können Sie gegen diese Verletzung des Gleichheitsgrundsatzes gerichtlich vorgehen.

Instanzenweg

Die Entscheidung, einen Arbeitsgerichtsprozeß anzustreben, will sorgfältig überlegt sein. Nicht selten werden Frauen, die sich gerichtlich gegen solche Diskriminierungen wehren, auf geradezu lächerliche Weise abgespeist, etwa, indem man ihnen die Unkosten erstattet, die durch Bewerbungsschreiben entstanden sind – nicht umsonst spricht man ironisch vom »Portoparagraphen«. Auch wenn Sie sich eine Beförderung erstreiten, ist der Sieg über die Diskriminierung häufig mit Anfeindungen in der Firma verbunden.

Wenn sich eine Frau nicht davon abbringen läßt, gegen die Diskriminierung deutlich vorzugehen, setzt sie ein wichtiges Signal gegen die ungleiche Behandlung.

WENN DER PARTNER DIE KARRIERE BREMST

Erfolg im Beruf oder Glück im Privatleben? Die meisten Frauen sind heute selbstbewußt genug, um beides zu wollen. Ein Entschluß, der nicht nur richtig, sondern in jeder Beziehung von Vorteil ist: Wer im Job Spaß hat, ist auch nach Feierabend ausgeglichener, wer privat glücklich ist, hat mehr Energie für den Beruf. Doch was in der Theorie so einfach und einleuchtend klingt, birgt in der Praxis manchmal Probleme in sich: Der Balanceakt zwischen Beruf und Privatleben wird rasch zur nervenaufreibenden Zitterpartie – vor allem, wenn der Partner nicht mitzieht oder wenn der Partner sogar blockiert.

Auf den richtigen Mann kommt's an

Ein grundlegender Gedanke vorweg: Nicht jeder Mann kommt als Partner einer erfolgreichen Frau in Frage. Es ist kein Zufall, daß viele Karrierefrauen Männer an ihrer Seite haben, die beruflich ebenfalls stark engagiert sind und beispielsweise wissen, daß vorübergehende private Durststrecken (hervorgerufen durch Überstunden, Streß, Probleme im Job) manchmal nicht zu vermeiden und nicht gleich ein Beweis für mangelnde Liebe sind. Natürlich kann die Beziehung auch dann hervorragend funktionieren, wenn der Mann beruflich zwar nicht so ambitioniert und erfolgreich, aber selbstbewußt und tolerant genug ist, seine Partnerin auf ihrem Weg zu unterstützen. Will eine Frau im Beruf weiterkommen, sollte sie dies deshalb ihrem Partner gegenüber von Anfang an klarmachen. Denn diese Beziehung kann nicht dem klassischen Rollenmodell entsprechen. Gleichberechtigung muß für ihn mehr als nur eine hohle Phrase bedeuten. Er muß ebenso wie seine Partnerin bereit sein, Kompromisse zu schließen, auch mal Abstriche zu machen, den Haushalt als gemeinsame Sache zu sehen usw. Manche Männer haben zwar anfangs Schwierigkeiten, sich auf eine tatsächlich gleichberechtigte Beziehung einzulassen, überwinden dann aber doch die anerzogenen Rollenklischees sehr gut. Andere hingegen versuchen erst gar nicht ernsthaft, sich auf die Wünsche der Partnerin einzustellen, oder sind einfach nicht dazu in der Lage. In diesem Fall hat die Frau nur zwei Möglichkeiten: Entweder sie trennt sich von ihren Ambitionen – oder von ihrem Partner.

Stellen Sie gegenüber Ihrem Partner von Anfang an klar, daß Ihnen Ihr Beruf viel bedeutet.

Typische Konflikte und wie sie entschärft werden können

Er fühlt sich vernachlässigt »Ständig machst du Überstunden.« »Dein Job ist dir wichtiger als ich.« »Immer denkst du nur an die Firma.« Hinter solchen Vorwürfen können unterschiedliche Ursachen stecken. Die naheliegendste: Sie arbeiten zur Zeit tatsächlich mehr und länger als früher, weil Sie gerade eine entscheidende Aufstiegsetappe durchlaufen. Wenn dadurch gemeinsame Abende und Wochenenden zwangsläufig zu kurz kommen, sollten Sie Ihrem Partner genau erklären, auf welches Ziel Sie hinarbeiten und warum es Ihnen so wichtig ist. Weiß er, worum es geht, kann er am ehesten Verständnis finden. Gleichzeitig kann er auch mehr Geduld aufbringen, wenn er weiß: Die partnerschaftliche Durststrecke ist zeitlich begrenzt. Teilen Sie ihm deshalb mit, wie lange Ihr überdurchschnittliches Engagement noch andauern wird.

Stress ist kein Freibrief

Auch wenn sie eine Powerphase im Job haben, ist das kein Grund, den Partner häufig warten zu lassen oder gar zu versetzen. Seien Sie deshalb zuverlässig bei Verabredungen und vermeiden Sie es beispielsweise, in letzter Minute einen gemeinsamen Theaterbesuch abzusagen. Teilen Sie Ihrem Partner möglichst schon morgens mit, wenn es abends wieder länger dauern wird, damit er die Zeit sinnvoll für sich nutzen kann. Sonst wird die Beziehung über Gebühr belastet und Ihr Partner mit seiner Geduld bald am Ende sein.

Ein weitere Möglichkeit, die nicht mit dem tatsächlichen Arbeitspensum zusammenhängen muß: Ihr Partner fühlt sich deshalb vernachlässigt, weil Sie auch zu Hause nicht mehr abschalten können, alle Ihre Gedanken um den Job kreisen. Das führt rasch dazu, daß man auf den Partner nicht mehr richtig eingeht und wenig Lust auf gemeinsame Aktivitäten hat. Zum einen sollte Ihr Partner dann natürlich erfahren, was Sie so stark beschäftigt oder belastet. Aber gleichzeitig sollten Sie auch versuchen, bei sich etwas zu ändern: Reden Sie nicht ständig über berufliche Themen, konzentrie-

Nur wer abschalten kann und andere Impulse an sich heranläßt, kann auf Dauer ausgeglichen sein und den Energietank wieder füllen.

Ihr Partner muß Verständnis für Ihre Karrierepläne aufbringen – doch auch Sie dürfen ihn in Streßphasen nicht über Gebühr belasten.

ren Sie sich auch auf seine Gedanken und Wünsche, raffen Sie sich zu gemeinsamen Unternehmungen auf, zu zweit oder auch mit Freunden – nicht nur Ihrer Partnerschaft, sondern auch sich selbst zuliebe.

NEUE POSITION, NEUE STADT Sie bekommen ein tolles Angebot, der einzige Haken: Sie müssen dafür einen Umzug in Kauf nehmen. Oft reagieren Männer (im umgekehrten Fall natürlich auch Frauen) im ersten Augenblick sehr ablehnend auf diese Botschaft. Sie wollen den gewohnten Partnerschaftsalltag nicht missen, haben Angst, die Beziehung würde die Belastung nicht verkraften, und oft taucht auch der Gedanke auf: Für ihre Karriere setzt sie alles aufs Spiel, sogar unsere Liebe. Machen Sie ihm klar, wieviel Ihnen an der Beziehung liegt, daß diese Chance für Sie aber sehr wichtig ist. Überlegen Sie auch, wie die Beziehung trotz Distanz möglichst intensiv bleiben kann: durch tägliche Anrufe, Briefe und natürlich durch das Zusammensein am Wochenende und im Urlaub.

Werfen Sie Ihrem Partner seine Abwehrhaltung nicht vor, sondern lassen Sie ihm erst einmal Zeit, sich an den Gedanken einer Ortsveränderung zu gewöhnen.

POSITIVE WOCHENENDBEZIEHUNGEN

Viele Paare verkraften auch jahrelange Wochenendbeziehungen sehr gut, wenn beide bereit sind, Kompromisse zu schließen und viel Geld in Bahn- und Flugtickets zu stecken. Letztlich kommt es weniger darauf an, wieviel Zeit ein Paar miteinander verbringt, sondern wie es diese gemeinsamen Stunden nutzt: »Quality time« nennen die Amerikaner diese bewußt genutzte Zeit, die für Distanzbeziehungen besonders wichtig ist.

Sehr günstig ist es auch, die neue Stadt vor Ihrem Umzug gemeinsam mit Ihrem Partner zu besuchen. Je konkreter und farbiger Sie die Zukunftspläne gestalten, je besser er Ihre neue Welt kennt, um so eher wird sich Ihr Partner mit dem Gedanken anfreunden können. Bleibt er dennoch stur und stellt Sie vor die Entscheidung »Ich oder der neue Job«, sollten Sie sich genau überlegen, ob Sie diesem letztlich sehr egoistischen Wunsch nachgeben.

SIE HAT MEHR ERFOLG ALS ER Während sich Ihre berufliche Laufbahn sehr gut entwickelt, Ihnen mehr Prestige und/oder auch Geld einbringt, stagniert seine Karriere seit längerem. Viele Männer haben Probleme damit, beruflich weniger Anerkennung zu erhalten als die Partnerin. Wenn sein Selbstwertgefühl darunter leidet, ist das wohlgemerkt in erster Linie sein Problem, mit dem Sie so selbstverständlich wie nur möglich umgehen sollten. Allerdings können Sie ihm dabei helfen, mit der Situation klarzukommen. Hängen Sie Ihren Erfolg im Freundes- und Bekanntenkreis nicht an die große Glocke. Das schürt nur seine Zweifel und seinen Ärger. Auch privat sollte das Thema »Job« nicht zum Dauerbrenner werden – vermeiden Sie es in jedem Fall, bei Streitigkeiten Andeutungen zu machen, die ihm das Gefühl geben, unterlegen zu sein. Seien Sie auch vorsichtig mit Ratschlägen, wie er seinen Job besser und erfolgreicher in den Griff bekommen könnte. Weitaus besser ist es, ihn immer wieder (natürlich dezent) auf seine Stärken und Talente hinzuweisen: Dadurch stärken Sie sein Ego und geben ihm beruflich wie persönlich Auftrieb. Das Wichtigste aber: Zeigen Sie ihm, wie sehr Sie ihn als Partner schätzen und brauchen.

Ihr Partner darf sein Selbstwertgefühl auf vielfältige Weise aufpolieren – nur nicht auf Ihre Kosten.

EXTRA: SO VERBESSERN SIE IHR IMAGE

Die Wirkung, die wir im Beruf auf andere haben, ist ein Erfolgsfaktor, der nicht hoch genug einzuschätzen ist. Für Frauen ist das richtige Image noch wichtiger als für Männer, denn leider werden Frauen ohnehin Klischees zugeschrieben, die im Job alles andere als förderlich sind. So heißt es immer noch häufig, Frauen seien »zu schwach«, »zuwenig ehrgeizig«, »zu gefühlsbetont«; im gleichen Atemzug wird ihnen oft Verbissenheit, Berechnung oder mangelnde Fairneß vorgeworfen. Daß diese Vorurteile meist nicht nur ungerechtfertigt sind, sondern in sich höchst widersprüchlich, mag viele frustrieren und kränken. Doch damit kommen wir keinen Schritt weiter, zumal die meisten Frauen selbst nicht von solchen tradierten Klischeevorstellungen frei sind und darüber hinaus auch noch einiges dazu beitragen, die Vorurteile zu verstärken. Weitaus mehr bringt uns hingegen die Erkenntnis, daß wir selbst den Eindruck bestimmen, den wir auf andere machen, und gezielt an unserer Wirkung nach außen arbeiten sollten.

Unser Image geben wir uns selbst

Das richtige, das passende Image ist natürlich immer auch von der Branche und der Position abhängig. Im Bankgeschäft wird ein anderes Auftreten verlangt als in der Werbung, eine Managerin wird sich anders darstellen als eine noch unerfahrene Mitarbeiterin. Unabhängig von solchen Unterschieden verbinden die meisten Frauen (und auch Männer) mit einem positiven Image ähnliche Eigenschaften: Wenn es uns gelingt, auf andere intelligent, aufgeschlossen, selbstbewußt und professionell zu wirken, dürften wir unser Ziel erreicht haben.

Positives Image besteht (für Frauen und für Männer) aus folgenden Faktoren: Intelligenz, Selbstbewußtsein, Aufgeschlossenheit und Professionalität.

Um ein gutes Image aufzubauen und zu pflegen, müssen Sie Ihre jetzige Wirkung auf andere einschätzen können, um sie gegebenenfalls zu ändern. Um das herauszufinden, sollten Sie sich selbst im Job genau beobachten und die Reaktionen anderer auf Ihr Verhalten und Ihre Persönlichkeit verfolgen. Gleichzeitig können auch andere helfen, Ihr jetziges Image zu definieren. Fragen Sie Freunde, Ihren Partner oder auch eine gute Kollegin, wie sie Ihre Wirkung empfinden. Negative Images sollten Sie schnell und zielgerichtet korrigieren.

Imagefalle Nummer eins: Sie gelten als zu emotional
Frauen wird häufig vorgeworfen, zu gefühlsbetont zu sein, sich zuwenig vom Verstand leiten zu lassen und alles »viel zu persönlich« zu nehmen. Haben Sie den Eindruck, daß Ihnen dieses Image anhaftet, sollten Sie versuchen, Ihre Gefühle mehr zu kontrollieren und Ihre sachliche Seite besser zum Ausdruck zu bringen.

Die Gegenstrategie

- Behalten Sie emotionale Probleme während der Arbeitszeit für sich. Sprechen Sie vor Kollegen und vor dem Vorgesetzten nicht über Depressionen und Stimmungsschwankungen. Geht es um akute Krisen, wie Scheidung oder einen Todesfall in der Familie, sollten Sie das Team zwar kurz darüber informieren, aber keine Details und tiefen Gefühle offenbaren. Sie werden sonst sehr schnell für wenig belastbar und instabil gehalten.

- Lassen Sie sich nicht bemuttern: Stellen Sie klar, daß Sie sich sehr gut um sich selbst kümmern können.

- Versuchen Sie stets, die Fassung zu bewahren und sachlich zu bleiben – auch wenn Sie sich ungerecht behandelt, angegriffen oder verletzt fühlen. Starke Gefühlsausbrüche, wie Tränen oder überschäumende Wut, führen dazu, daß man Sie nicht ernst nimmt und höchstens Mitleid mit Ihnen hat. Im Berufsleben ist es – anders als im Privatleben – kein Zeichen von Stärke, Gefühle immer offen zu zeigen, sondern eine Schwäche. Machen Sie sich deshalb in der jeweiligen Situation klar, daß Sie kein hilfloses Kind sind, sondern erwachsen und stark genug, um Ihre Gefühle unter Kontrolle zu halten.

Das Outfit ist wichtig fürs Image.

- Betonen Sie Ihre sachliche Seite auch äußerlich stärker – durch ein schickes Kostüm oder einen Hosenanzug in klaren, eher kühlen Farben. Fließende Stoffe in sanften Pastellfarben oder mit Blumenmustern unterstreichen die Emotionalität zusätzlich. Natürlich sollten Sie sich in Ihrer Kleidung wohl fühlen, aber dennoch ist die Wirkung des Outfits auf uns selbst und andere nicht zu unterschätzen.

STIMMTRAINING

Wenn wir emotionalisiert sind oder auch nur aufgeregt, wird die Stimme höher. Eine höhere Stimmlage klingt unangenehmer als eine eher tiefere. Sie kann »schrill« wirken; sie signalisiert Aggressivität oder Erregung. Unsere »entspannte« Stimmlage ist um einiges tiefer, als wir glauben. Sie liegt im unteren Drittel unseres Stimmumfangs und heißt Indifferenzlage. Diese Indifferenzlage wird beim Sprechen um die sogenannte Sprechquint erweitert; wir sprechen normalerweise etwa fünf Töne höher. Die »entspannte« Indifferenzlage können Sie folgendermaßen üben:

- Setzen Sie sich aufrecht hin.

- Atmen Sie tief ein, und summen Sie mit geschlossenen Lippen beim Ausatmen ein »Mmmmm«. (Sie merken jetzt, daß Sie tiefer summen, als Sie normalerweise sprechen. Das ist die Indifferenzlage, die »entspannte« Stimmlage.)

- Dieses Summen ist auch eine kleine Entspannungsübung für zwischendurch. Dann »kippt« Ihnen Ihre Stimme nicht so leicht.

Imagefalle Nummer zwei: Sie werden nicht ernst genommen

Typische Alarmsignale: Man mag Sie, aber Sie werden selten bei beruflichen Problemen gefragt. Unter Umständen haben Sie sogar den Ruf der »netten Kleinen« und werden von Kollegen oder vom Chef auch so behandelt.

Melden Sie sich zu Wort, wenn man Sie übergeht.

Die Gegenstrategie

- Halten Sie nach Problemen Ausschau – und packen Sie sie an. Auch wenn Sie eine Herausforderung zuerst ein wenig einschüchtert: Lassen Sie es sich nicht anmerken.

- Wenn Sie zur Lösung eines Problems etwas beitragen können oder eine Idee haben: Melden Sie sich zu Wort, auch wenn Sie nicht gefragt werden.

- Fragen Sie nur, wenn es nicht anders geht. Entwickeln Sie Eigeninitiative, indem Sie sich nötige Informationen selbständig besorgen.

- Bitten Sie nicht wie eine Schülerin um Erlaubnis (»Soll ich jetzt den Kunden, Herrn X, anrufen?« – »Darf ich jetzt Mittagspause machen?«), sondern formulieren Sie so, daß es wie eine Feststellung klingt (»Falls Sie keine weiteren Anliegen haben, werde ich jetzt Herrn X anrufen/meine Mittagspause machen«).

- Auch wenn Ihnen gewagte Farben und Klamotten, der neueste Teenylook oder der letzte Modeschrei gut stehen und gefallen – kleiden Sie sich während der Arbeitszeit eher seriös.

Auf die Stimme kommt's an

Achten Sie wiederum auf die Lage Ihrer Stimme: Wer leise, hoch und hastig spricht, wird Untersuchungen zufolge weder als glaubwürdig angesehen noch ernst genommen.

Imagefalle Nummer drei: Sie gelten als unsicher

Ob Sie auf andere unsicher und zögernd wirken, merken Sie allein schon an Ihrer Wortwahl: Verwenden Sie häufig Unsicherheitsvokabeln wie »vielleicht«, »eigentlich« oder »ich glaube«, wird man Ihnen wenig Entscheidungsfreude und eigene Meinung zutrauen.

Die Gegenstrategie

- Vertreten Sie auch bei Kleinigkeiten einen Standpunkt und lassen Sie sich nicht ohne weiteres »eines Besseren belehren«. Halten Sie das konsequent durch. Nur ab und zu selbstbewußt aufzutreten bringt wenig.

Lernen Sie die Wirksamkeit selbständiger Entscheidungen.

- Gewöhnen Sie es sich an, kleine Entscheidungen selbst zu treffen. Bei größeren sollten Sie durchklingen lassen, daß Sie sehr wohl eine Meinung haben, welcher Weg der beste ist. Formulieren Sie Ihre Fragen möglichst als Vorschlag oder ganz selbstbewußt als Aussage.

- Wenn Sie Fehler machen: Spielen Sie nicht die Hilflose und Verstörte, sondern bekennen Sie sich dazu und gehen Sie mit Elan daran, die Sache wieder in Ordnung zu bringen.

- Widersprechen Sie, wenn Sie sich im Recht sehen, und sagen sie nein, wenn man Ihnen zuviel zumutet. Freundlich, sachlich, aber bestimmt.

Imagefalle Nummer vier: Sie gelten als maskulin

Als harte und kämpferische Frau eingestuft zu werden, kann durchaus als Kompliment aufgefaßt werden: Man hat vor Ihnen Respekt, und höchstwahrscheinlich schwingt auch etwas Neid mit, wenn Sie von anderen als Mannweib bezeichnet werden. Allerdings kann es auch sein, daß Sie aus Angst, als zu weich zu gelten, Ihre männlichen Anteile allzu stark herausgekehrt haben. Dann ist eine sanfte Imagekorrektur durchaus empfehlenswert.

Gefühle sind etwas Positives. Ab und zu sollten wir sie zeigen – nur nicht zu oft, sonst landen wir bei Imagefalle Nummer eins.

Die Gegenstrategie

- Zeigen Sie ab und zu Ihre Gefühle: Sagen Sie, wenn Sie erleichtert sind, daß das schwierige Problem gelöst wurde, zeigen Sie, daß Sie sich freuen, wenn das Team einen dicken Auftrag an Land gezogen hat: Sonst wirken Sie eher wie eine Arbeitsmaschine.

- Achten Sie auf Ihren Tonfall: Harsche Kritik, unumwundene Meinungsäußerungen, oberlehrerhaftes Gehabe können äußerst verletzend klingen. Versuchen Sie, andere freundlich auf Fehler hinzuweisen.

- Vermeiden Sie aggressives und feindseliges Verhalten. Unterbrechen Sie andere nicht. Bei Meinungsverschiedenheiten sollen Sie Ihren Standpunkt behalten, doch den anderen auch den ihren lassen.

- Kleine Komplimente schaffen eine bessere Atmosphäre. Egal, ob Sie die Frisur einer Kollegin loben oder deren ausgezeichnetes Personengedächtnis: Sie machen damit klar, daß Sie Kollegen und Mitarbeiter sehr wohl wahrnehmen.

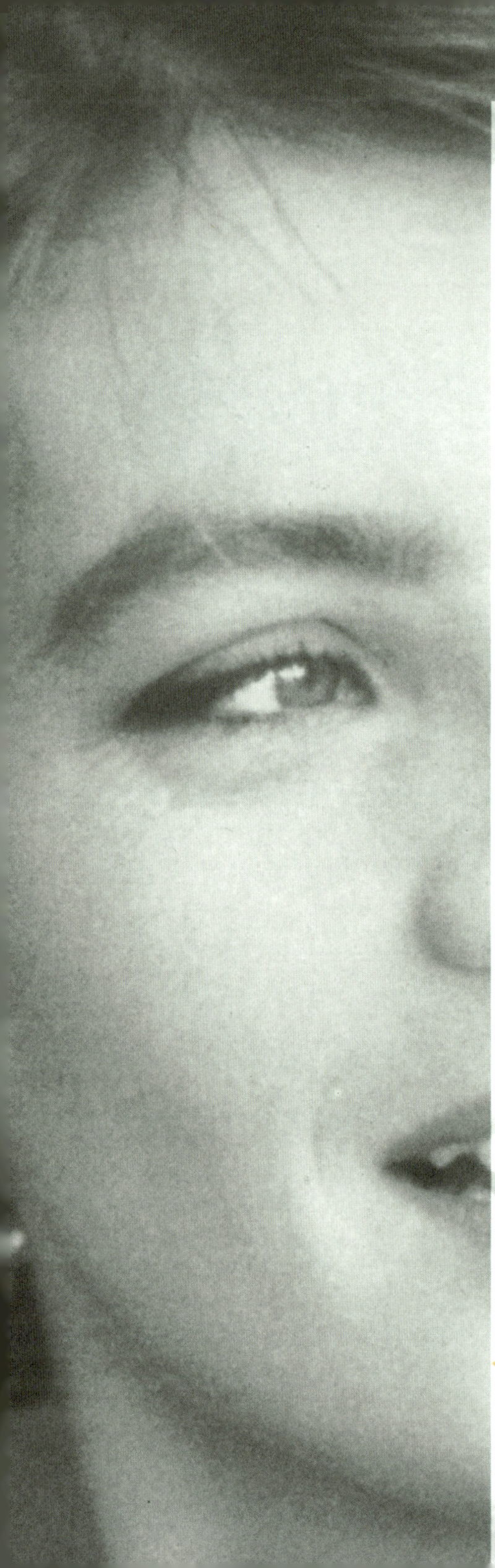

UMSTIEG UND

Im nächsten Kapitel geht es um zwei Dinge: um die berufliche Veränderung (ob freiwillig oder unfreiwillig, wie z. B. nach einer Kündigung) und um den Wiederbeginn nach einer Pause (beispielsweise nach einem Erziehungsurlaub). Beides erscheint oft im ersten Moment als schwierig. Doch auch hier gilt: Lassen Sie sich nicht von inneren Barrieren blockieren. Jede schwierige Phase ist auch eine Chance, die es zu nutzen gilt. Die zwei Extrapunkte dieses Kapitels behandeln die Themen »Sich selbständig machen« und »Berufstätige Mutter«.

WIEDEREINSTIEG

KRISE IM JOB – ZEIT, SICH NEU ZU ORIENTIEREN

Das Berufsleben verläuft selten gradlinig nach oben. Kleine Durststrecken und Rückschläge muß fast jeder in Kauf nehmen. Die wohl deutlichste und zumindest kurzfristig bedrohlichste wird durch eine Kündigung ausgelöst. Doch nicht selten baut sich ein berufliches Tief auch in einem selbst auf – die genauen Ursachen lassen sich anfangs oft gar nicht exakt benennen. Klar ist nur: So will man eigentlich nicht weitermachen.

Manchmal lassen sich Krisen im Job nicht vermeiden.

Wie jede Krise birgt auch eine schwierige Phase im Beruf beides: Gefahren und Chancen. Was letztlich überwiegt, sollten Sie nicht dem Zufall überlassen.

Völlige Unzufriedenheit im Job

Eine ernstzunehmende Krise kommt meist nicht über Nacht, sondern bahnt sich an. Typische Alarmsignale:

- An den meisten Tagen gehen Sie lustlos in die Firma und sehnen Feierabend und Wochenende herbei.
- Der Großteil Ihrer Aufgaben langweilt oder nervt Sie.
- Sie erledigen nur noch das Nötigste, Ihr Engagement ist ziemlich dürftig geworden.
- Bei dem Gedanken, noch jahrzehntelang die gleiche Arbeit machen zu müssen, wird Ihnen angst und bange.
- Sie sprechen ungern über Ihre Arbeit, und wenn, fällt Ihnen nur Negatives ein.
- Sie beneiden oft Freunde und Bekannte um deren – wie Sie glauben – bessere, interessantere, befriedigendere Berufe.

Vielleicht ein Kind?

Ihr Job macht keinen Spaß mehr. Sie denken öfter darüber nach, ob Sie nicht bald ein Kind bekommen sollten? Um Mißverständnisse zu vermeiden: Der Kinderwunsch hat oft nichts mit der Situation im Beruf zu tun. Aber er kann eben auch durch die Sehnsucht nach einer sinnvolleren Alternative zum Beruf geweckt werden. Umgekehrt kommt es natürlich auch vor, daß einem der Job gerade deshalb keinen richtigen Spaß mehr macht, weil man sich insgeheim ein Baby wünscht – ein Wunsch, den man bisher unterdrückt hat.

Stellen Sie solche oder ähnliche Alarmsignale bereits seit längerer Zeit bei sich fest, sollten Sie sie ernst nehmen. Offensichtlich sind Sie mit Ihrer jetzigen beruflichen Lage nicht sehr zufrieden, oder – positiv formuliert – Sie sind neugierig auf Neues, verspüren die Lust auf Veränderung.

Langfristig leidet unter der Arbeitsunlust die gesamte Lebensqualität.

Frauen neigen allzu oft dazu, momentane Gegebenheiten als unveränderbar hinzunehmen. Sie fügen sich in ihr »Schicksal«, verharren passiv in der ungeliebten Situation, anstatt alles zu unternehmen, sie zu verbessern. Die Folgen dieser Passivität lassen nicht lange auf sich warten: Mit der »inneren Kündigung« schaden sie ihrem Image, sie verlieren den letzten Rest an beruflicher Freude und Befriedigung.

Das Wochenprotokoll – eine gute Hilfe

- Notieren Sie in einer ganz normalen Arbeitswoche genau, wann Sie sich frustriert, gelangweilt oder unwohl fühlen.

- Konzentrieren Sie sich aber auch darauf, welche Aspekte des Berufsalltags Ihnen Spaß machen.

- Überlegen Sie, inwieweit die Unzufriedenheit mit äußeren Faktoren – Verhältnis zu Kollegen, zum Chef, sehr langer Fahrweg, schlechte Bezahlung usw. – zusammenhängen könnte.

Kleine Änderungen oder großer Neubeginn?

Nur wer weiß, warum er sich unzufrieden fühlt, kann die Situation ändern und je nach Ausgangslage kleine Korrekturen vornehmen oder die Weichen ganz neu stellen. In einigen Fällen genügen bereits kleine Schritte, um eine positive Veränderung zu erzielen, in anderen wiederum ist ein Job- oder auch Branchenwechsel die beste Möglichkeit. Manchmal besteht die optimale Lösung tatsächlich darin, einen neuen Beruf zu ergreifen. Spielen Sie ruhig jede Alternative durch, doch um Fehlentscheidungen zu vermeiden, sollten Sie in jedem Fall eine gründliche Bestandsaufnahme vornehmen: Warum haben Sie sich für diesen Beruf oder gerade für diese Stelle entschieden? Was war Ihnen wichtig? Welche Vorstellungen konnten Sie nicht verwirklichen? Aufgrund dieser Bestandsaufnahme können Sie entscheiden, welcher Weg für Sie der richtige ist:

Weg Nummer eins: Stellenwechsel Sind vor allem äußere Bedingungen – ein schlechtes Betriebsklima, keinerlei Aufstiegschancen, Vorbehalte gegen Frauen oder auch ein sehr langer Fahrweg – für die Unzufriedenheit im Job verantwortlich, reicht es zumeist, sich eine ähnliche Position in einer anderen Firma zu suchen, in der diese Minuspunkte entfallen. Gut, wenn damit gleich ein kleiner Aufstieg verbunden ist, sonst könnten Sie bald vor dem nächsten Problem stehen: Die Arbeit wird zur lähmenden Routine. Sind für den gewünschten Wechsel etwa Schwierigkeiten mit Kollegen verantwortlich, sollten Sie allerdings auch mit sich selbst ins Gericht gehen: Wenn die Zusammenarbeit nicht klappt, liegt das oft an beiden Seiten.

Prüfen Sie vor einem Stellenwechsel sorgfältig alle Faktoren.

Weg Nummer zwei: grössere Herausforderungen Wenn Sie nach genauer Prüfung zu dem Schluß kommen, daß Ihnen der Beruf und auch die Branche eigentlich gefallen, liegt der Verdacht nahe, daß Sie über Ihr momentanes Aufgabengebiet hinausgewachsen sind. Es wird höchste Zeit, sich (eventuell mit Hilfe einer Fortbildung) gezielt um den Aufstieg zu bemühen – innerhalb der Firma oder außerhalb. Eine Alternative, von der viele träumen, die aber nicht für jede günstig ist: der Sprung in die Selbständigkeit (siehe auch »Sich selbständig machen«, Seite 153).

WEG NUMMER DREI: DER SANFTE UMSTIEG Auch wenn Sie glauben, daß nicht Ihre jetzige Position falsch ist, sondern die berufliche Richtung, heißt das nicht unbedingt, daß Sie ganz von vorn anfangen müssen. Unter Umständen genügt eine überschaubare Kursänderung. Über einen Wechsel in eine andere Branche beispielsweise, die Ihren Neigungen mehr entspricht. Viel Veränderung mit wenig Aufwand erreicht man auch durch den Umstieg von einem Großunternehmen in eine kleine Firma, in der man vielfältiger eingesetzt wird. Oder umgekehrt: Sie gehen bewußt zu einem Konzern, weil Sie dort eine breite Palette von Förderungs- und Karrieremöglichkeiten vorfinden. Eine weitere Möglichkeit: Sie schaffen sich neue Schwerpunkte, indem Sie Fähigkeiten und Vorlieben durch gezielte Weiterbildung ausbauen. Auf diese Weise können Sie Ihr Aufgabengebiet ausweiten.

WEITERBILDUNG BRINGT WEITER

Ein Beispiel: Eine Sekretärin, die sich stark unterfordert fühlte, nutzte ihr Faible für Fremdsprachen und perfektionierte sie über Abend- und Wochenendkurse. Daraufhin erhielt sie in ihrer alten Firma einen Arbeitsplatz, wo internationale Kontakte zum Tagesgeschäft gehören. Ihr Aufgabengebiet ist heute wesentlich anspruchsvoller, und sie wird besser bezahlt.

WEG NUMMER VIER: DER VÖLLIGE NEUBEGINN Eine Lösung, die gut überlegt sein will. Einen neuen Beruf zu ergreifen bedeutet in der Regel, nochmals (fast) von vorn anzufangen. Während Sie eine Umschulung machen, einen Schulabschluß nachholen oder ein Studium absolvieren, sind Sie vorübergehend finanziell meist schlechter gestellt als bisher. Um so wichtiger ist es, sich möglichst umfassend über Einstiegsmöglichkeiten, Berufsalltag und die realen Zukunftsaussichten zu informieren. Sprechen Sie mit Bracheninsidern und Karriereberatern, informieren Sie sich beim Arbeitsamt, und versuchen Sie, erst einmal in den Beruf hineinzuschnuppern. Je genauer das Bild, das Sie sich von Ihrem Wunschberuf machen, um so größer die Chance, daß Sie sich nicht verkalkulieren.

Beruflich ganz auszusteigen und z. B. ein Studium zu beginnen bringt ein paar Nachteile mit sich: Das Geld ist meist knapp, und die soziale Anerkennung kann sich verschlechtern.

KÜNDIGUNG – WEGE AUS DEM PSYCHOTIEF

Aus heiterem Himmel trifft sie einen selten. In der Regel gehen einer Kündigung Warnzeichen voraus: Abmahnungen und unheilvolle Andeutungen etwa oder, wenn es sich um eine betriebsbedingte Kündigung handelt, Gerüchte von Stellenabbau und Rationalisierung. Doch trotz böser Vorahnungen löst die Gewißheit, den Arbeitsplatz verloren oder auch die Probezeit nicht bestanden zu haben, fast immer einen großen Schock aus. Wie soll es jetzt nur weitergehen?

Bewahren Sie einen kühlen Kopf

In jedem Fall sollten Sie die Nerven behalten. Einfach, um zu retten, was noch zu retten ist. Ist die Kündigung überhaupt begründet, die Form korrekt, wurde die Kündigungsfrist eingehalten, der Betriebsrat gehört?

I N F O

Eine Woche haben Sie Zeit, in einem Gespräch mit dem Betriebsrat und/oder einem Anwalt die rechtliche Seite zu klären und gegebenenfalls Einspruch zu erheben. Viele Arbeitnehmerinnen geben zu schnell auf und scheuen den Weg vor Gericht, dabei sind die Chancen groß, wenigstens finanziell besser abgesichert zu sein. 98 Prozent aller Fälle vor dem Arbeitsgericht enden mit einer Abfindung.

Doch auch wenn es an der Kündigung nichts zu rütteln gibt: Sprechen Sie noch einmal mit Ihrem Chef, vielleicht ist er bereit, Sie wenigstens solange weiterzubeschäftigen, bis Sie einen neuen Job gefunden haben. Auch wenn es in diesem Moment weh tut: Lassen Sie sich (wenn es nicht ohnehin auf der Hand liegt) erklären, wieso genau er Ihnen gekündigt hat.

Geben Sie bei einer Kündigung nicht vorschnell auf; Abfindungen oder Übergangsregelungen sind oft möglich.

Schritt für Schritt aus der Krise

Insbesondere wenn nicht eine betriebliche Flaute, sondern die eigene Leistung oder das Verhalten Anlaß für die Kündigung war, ist das ein harter Schlag. Doch wer jetzt den Mut verliert, sich von Existenzängsten niederdrücken läßt, schadet sich zusätzlich.

Auch wenn es für Sie im ersten Moment wie Hohn klingt: Werten Sie diese Krise nicht als persönliche Katastrophe oder als böswilligen Akt der Willkür, sondern als Chance. Die wichtigsten Schritte, um den Schlag zu verarbeiten:

Verdrängen hilft nicht: Die negativen Gefühle müssen heraus.

- Lassen Sie die negativen Gefühle heraus. Vermutlich brodeln in Ihnen jetzt höchst explosive, aber auch deprimierende Emotionen: Enttäuschung, Schmerz, Scham, Angst, Wut. Verdrängen Sie diese Gefühle nicht: Weinen Sie, wenn Ihnen danach ist. Wenn Sie glauben, versagt zu haben, und der Zukunft voller Angst entgegenblicken: Vertrauen Sie sich Freunden an, schreiben Sie Ihre Gedanken in ein Tagebuch. Spüren Sie, wie Wut auf Ihren Exchef hochkommt: Stellen Sie sich vor, er stünde vor Ihnen, und werfen Sie ihm all das an den Kopf, was Sie (vermutlich wohlweislich) für sich behalten haben. Erst wenn dieser Gefühlsstau abgebaut ist, können Sie wieder klar denken und die Situation objektiver betrachten.

Eine Kündigung ist ein Schlag ins Gesicht, der erst einmal verarbeitet werden muß. Und dennoch: Es ist auch eine Chance!

Nehmen Sie sich vor, die Weichen nicht nur neu, sondern auch besser zu stellen.

- Stellen Sie sich Ihren Fehlern. Mit Sicherheit ist dies der schwierigste Schritt, aber er ist unumgänglich. Versuchen Sie herauszufinden, welche persönlichen oder fachlichen Schwachstellen zur Kündigung geführt haben und wie Sie diese in Zukunft in den Griff bekommen können. Wenn Sie entlassen wurden, weil die Firma Stellen abbauen mußte: Machen Sie sich klar, daß es jeden treffen kann, und versinken Sie nicht in Selbstmitleid.

- Nehmen Sie die Herausforderung an. Beschönigen Sie die frühere Situation nicht: Natürlich fühlten Sie sich sicherer mit einem festen Arbeitsplatz im Rücken, doch offensichtlich lief einiges falsch. Auch wenn Sie diese Veränderung nicht wollten, kann der Nutzen, den Sie langfristig daraus ziehen, größer sein als der Schaden. Überdenken Sie Ihre Einstellungen, Fähigkeiten und Möglichkeiten.

Negative Gefühle auf Papier bannen

Der amerikanische Psychologe Jame W. Pennebaker kam bei seinen Studien mit Arbeitslosen zu einem interessanten Ergebnis. Der Wissenschaftler gab 63 beschäftigungslosen Computerfachleuten den Rat, sich täglich eine halbe Stunde Zeit zu nehmen, um alles aufzuschreiben, was ihnen im Zusammenhang mit dem kränkenden Erlebnis Kündigung durch den Kopf ging. Das erstaunliche Resultat:

- Acht Monate nach der Kündigung hatten 53 Prozent all derer wieder eine Stelle, die Pennebakers Rat gefolgt waren.

- Von den »Nicht-Schreibern« hatten hingegen nur 18 Prozent einen neuen Job.

- Beide Gruppen hatten sich gleichermaßen aktiv um einen neuen Job bemüht und hatten in etwa gleich viele Vorstellungsgespräche. Der Unterschied: Die »Schreiber« verhielten sich in den Gesprächen unverkrampfter und konnten einen positiven Eindruck hinterlassen. Sie hatten den Streß durch das Schreiben abgebaut und die lähmende Kraft der negativen Gefühle auf Papier gebracht und überwunden.

● Rechnen statt sich fürchten. Existenzängste bekommt man am besten dadurch in den Griff, daß man sie anpackt. Sicher werden Sie sich vorübergehend einschränken müssen. Kalkulieren Sie durch, was Sie sich noch leisten können, ob Sie beim Lebensstandard Abstriche machen müssen, solange Sie Arbeitslosengeld erhalten. Wenn Sie Ihr früheres Gehalt in voller Höhe verplant haben (z. B. für Ratenkäufe, Rückzahlung von Krediten), sollten Sie sich an eine Schuldnerberatung wenden.

● Strukturieren Sie Ihren Tag. Bis mittags schlafen, den Nachmittag vertrödeln, nachts auf die Piste oder bis zum Sendeschluß vor der Glotze? Geben Sie der Versuchung nicht nach, Sie schlaffen nur ab, werden gar depressiv. Strukturieren Sie Ihren Alltag genau und sinnvoll: durch regelmäßige Mahlzeiten, ein Fitneßprogramm, das Verfassen von Bewerbungsschreiben und, besonders wichtig, geistige Tätigkeit.

TIP

Es ist wissenschaftlich erwiesen, daß die grauen Zellen bereits nach wenigen Wochen Ermüdungserscheinungen aufweisen, wenn sie nicht gefordert werden. Melden Sie sich zu einem Fortbildungsseminar an, belegen Sie einen Computer- oder Fremdsprachenkurs. Damit schlagen Sie zwei Fliegen mit einer Klappe: Sie bleiben geistig aktiv und verbessern Ihre Ausgangssituation bei Bewerbungen.

Falls die Berufsaussichten in Ihrer Branche sehr düster sind: Lassen Sie sich noch heute einen Termin beim Arbeitsamt, einer Beratungsstelle oder einer Karriereberaterin geben, und informieren Sie sich über Umschulungsmöglichkeiten.

Erfolg in anderen Bereichen gibt Auftrieb.

● Powern Sie Ihr Selbstbewußtsein. Stärken Sie Kontakte zu Leuten, die Ihnen persönlich oder auch beruflich guttun. Sammeln Sie Erfolgserlebnisse in anderen Bereichen: Hobby, Freizeit, Sport.

● Lösen Sie Ihr Problem allein. Am Anfang tut es gut, sich bei Freunden oder dem Partner auszusprechen. Doch lassen Sie Ihr Problem nicht zum Dauerthema werden, dadurch ziehen Sie sich nur tiefer herunter.

EXTRA: SICH SELBSTÄNDIG MACHEN – SIND SIE REIF DAFÜR?

Für einige Frauen eine Überlegung wert: der Weg in die Selbständigkeit.

Unternehmungslustige Frauen sind gar keine Seltenheit mehr: Rund 800 000 sind ihre eigene Chefin; jede dritte Firma in Deutschland wird von einer Frau gegründet. Ob der Sprung in die Selbständigkeit zum Erfolg oder zum teuren Flop wird, ist von vielen Faktoren abhängig: dem fachlichen Know-how etwa, der Persönlichkeit, einem guten Konzept und den allgemeinen Chancen in dieser Branche.

CHECKLISTE SELBSTÄNDIGKEIT

Beantworten Sie sich in Ruhe folgende Fragen: Je mehr Sie mit einem Ja beantworten können, um so besser sind Ihre Chancen:

	Ja	Nein
● Möchten Sie sich in Ihrem bisherigen Beruf selbständig machen?	☐	☐
● Bringen Sie mindestens fünf Jahre Erfahrung – und das dementsprechende Fachwissen – in diesem Bereich mit?	☐	☐
● Haben Sie viele berufliche Kontakte zu potentiellen Kunden und/oder Geschäftspartnern, die Sie für Ihre Selbständigkeit nutzen könnten?	☐	☐
● Fällt es Ihnen leicht, mit Menschen in Kontakt zu treten und sie für sich einzunehmen?	☐	☐
● Können Sie auch langfristige Geschäftsbeziehungen aufbauen?	☐	☐
● Treten Sie auch bei offiziellen Terminen sicher und bestimmt auf?	☐	☐
● Würden Sie Ihr Selbstbewußtsein zumindest als gut einschätzen? Denken Ihre Freunde, Kollegen und Ihr Partner ähnlich?	☐	☐

CHECKLISTE SELBSTÄNDIGKEIT

	Ja	Nein
● Unterstützt Ihr Partner/Ihre Familie den Plan?	☐	☐
● Sind Sie ein disziplinierter Mensch?	☐	☐
● Empfinden Sie Rückschläge und Krisen eher als Ansporn denn als Entmutigung?	☐	☐
● Können Sie gut Verantwortung tragen?	☐	☐
● Können Sie sich selbst motivieren?	☐	☐
● Können Sie Mitarbeiter motivieren und führen?	☐	☐
● Nehmen Sie in Kauf, zumindest in der Anfangsphase weit mehr arbeiten zu müssen als in einem festen Arbeitsverhältnis?	☐	☐
● Können Sie mit Streß und Druck gut umgehen?	☐	☐
● Bleiben Sie stets hart am Ball, und haben Sie auch keine Probleme, notfalls »Klinken zu putzen«?	☐	☐
● Haben Sie sich über die Möglichkeiten in der Branche und den geplanten Standort für Ihre Firma ausgiebig informiert?	☐	☐
● Haben Sie ein schlüssiges Konzept erarbeitet?	☐	☐
● Haben Sie neben fachlichem Know-how auch kaufmännisches Verständnis?	☐	☐
● Haben Sie über das nötige Startkapital hinaus finanzielle Reserven?	☐	☐
● Können Sie sich vorstellen, Ihren Lebensstandard vorübergehend herunterzuschrauben?	☐	☐
● Sind Sie sich klar, daß Sie trotz bester Voraussetzungen ein Restrisiko nicht ausschließen können?	☐	☐
● Wäre es für Sie relativ einfach, wieder eine Anstellung zu bekommen?	☐	☐

Der neue Job – die wichtigsten Erfolgsfaktoren

Jede berufliche Veränderung weckt gemischte Gefühle: Einerseits freut man sich darüber, bald einen neuen Job, ein neues Aufgabengebiet in Angriff nehmen zu dürfen. Gleichzeitig löst der bevorstehende Wechsel aber auch Unsicherheit und Zweifel aus: Bin ich der Sache auch wirklich gewachsen? Was erwartet mich genau? Vermeiden läßt sich der Sprung ins kalte Wasser nicht. Wer sich allerdings darauf vorbereitet, kann manche Bauchlandung vermeiden.

Ungute Gefühle vor dem Neuanfang? Mit entsprechender Vorbereitung läßt sich vieles auffangen.

Erfolgsfaktor »positive Einstimmung«

Etwas Lampenfieber gehört dazu. Doch lassen Sie die Angst vor der neuen Herausforderung nicht übermächtig werden. Vergegenwärtigen Sie sich, daß Sie für diesen Job sicher gut genug sind – sonst hätte man sich nicht für Sie entschieden. Halten Sie sich die Vorteile vor Augen: Sie tauschen die gewohnte Routine gegen eine neue Chance, die Sie weiterbringen wird. Jetzt haben Sie die Möglichkeit, die Weichen (noch) erfolgreicher zu stellen. Bereiten Sie sich gut vor – dann werden Sie die Herausforderung meistern.

Erfolgsfaktor »Zeit«

Heute noch den gewohnten Job erledigen, morgen voller Elan in der neuen Firma anfangen? Bei solch abrupten Wechseln unterlaufen einem unnötige Fehler. Der Kopf braucht Zeit, um umzuschalten. Nehmen Sie vor dem Tag X noch einige Wochen Urlaub, um richtig zu relaxen und innerlich mit dem alten Job abzuschließen – aber auch, um sich gedanklich und inhaltlich auf die neue Aufgabe vorbereiten zu können. Falls dafür keine Zeit bleibt: Schaffen Sie sich am Wochenende oder auch mal abends zeitliche Freiräume.

Erfolgsfaktor »Information«

Welche Anforderungen werden gestellt? Wie sieht der neue Tätigkeitsbereich aus? Mit welchen Kollegen, Mitarbeitern und Geschäftspartnern werde ich zu tun haben? Wie ist die Firma strukturiert? Je genauer Sie wissen, was auf Sie zukommt, um so besser können Sie sich einstellen.

GUTE INFORMATIONSQUELLEN

Ziehen Sie Infos aus dem Vorstellungsgespräch und aus Broschüren über das Unternehmen. Unterhalten Sie sich mit Kollegen aus anderen Firmen, die ähnliche Positionen innehaben, und nicht zuletzt – mit Ihrem Vorgänger. Keiner weiß schließlich besser über Ihr zukünftiges Arbeitsgebiet Bescheid als er. Rufen Sie ihn an, ob er Lust hat, mit Ihnen essen zu gehen. Mit etwas Fingerspitzengefühl können Sie ihm nützliche Informationen entlocken. Allerdings nur, wenn er im guten aus der Firma scheidet – sonst schürt er höchstens Ihre Ängste oder versucht, Sie aufs falsche Gleis zu führen.

Erfolgsfaktor »Wissen«

Niemand füllt eine Position auf Anhieb aus. Von diesem perfektionistischen Anspruch sollten Sie sich in jedem Fall verabschieden. Aufgrund des Wissens, das Sie über Ihre neue Stelle gesammelt haben, können Sie gezielt abschätzen, ob Sie offensichtliche Schwachstellen haben, die Sie vor dem ersten Arbeitstag noch in Angriff nehmen können. Die Firma arbeitet mit einem EDV-System, das Sie nicht kennen? Ihnen fehlt fachliches Know-how in einem gewissen Bereich? Sie haben zuwenig Erfahrung mit Gesprächstaktiken? Für jeden Schwerpunkt gibt es in der Regel eine Fülle von guten Fachbüchern und -zeitschriften.

Tappen Sie nicht in die Perfektionismusfalle. Niemand weiß am Anfang gleich alles.

TIP

Informieren Sie sich durch spezielle Zeitschriften, Berufsverbände, Netzwerke, die IHK oder Volkshochschule, wie Sie Ihre persönliche Schwachstelle möglichst schnell in den Griff bekommen können.

Erfolgsfaktor »Einarbeitung«

Eigeninitiative zahlt sich aus. Das bedeutet aber nicht, daß Sie auf die Einarbeitung verzichten sollten. Manche Frauen versäumen es, dieses Anrecht durchzusetzen, um niemand zu belasten oder um möglichst perfekt zu wirken. Doch das kann sich rächen: Man braucht viel länger als nötig, um im neuen Job fit zu sein.

Erfolgsfaktor »Ideen«

Machen Sie sich grundlegende Gedanken darüber, wie Sie die neue Herausforderung in Angriff nehmen wollen: Notieren Sie jede Idee, die Ihnen dazu einfällt, erstellen Sie ein Konzept, werden Sie sich darüber klar, welche kurz- und langfristigen Ziele Sie ansteuern. Denken Sie daran: Nur wer sich Ziele setzt, kann sie erreichen. Außerdem: Ihr Chef erwartet sicherlich neue Impulse von Ihnen – und Sie fühlen sich sicherer, wenn Sie einige Vorschläge parat haben.

Erfolgsfaktor »Diplomatie«

Um in den ersten Wochen im Umgang mit den neuen Kollegen und dem Vorgesetzten keine Fehler zu machen, brauchen Sie Fingerspitzengefühl. Schließen Sie Kontakte – aber noch keine engen. Noch können Sie nicht einschätzen, wer welches Standing im Team hat, und unter Umständen geraten Sie an die größten Opportunisten, die keiner ernst nimmt, oder an den Nörgler vom Dienst, der alles schlechtmacht. Zeigen Sie Präsenz – aber gehen Sie noch nicht allzu deutlich in die Offensive. Erst wenn Sie das Geschehen zurückhaltend beobachtet haben, können Sie Ihre Trümpfe wirkungsvoll und erfolgreich ausspielen. Halten Sie Ausschau nach wichtigen Verbündeten oder einem Mentor – aber werden Sie noch nicht aktiv. Sonst könnten Sie beim Team oder auch beim Vorgesetzten allzu schnell in Mißkredit geraten.

Zeigen Sie in den ersten Wochen Zurückhaltung und Fingerspitzengefühl.

Wenn die Stelle nicht hält, was man sich versprochen hat

Durch einen Jobwechsel will man sich in der Regel verbessern – sei es durch ein interessantes Aufgabengebiet, mehr Kompetenzen und/oder die Möglichkeit, bestimmte Fähigkeiten besser einsetzen oder weiterentwickeln zu können. Was aber, wenn sich diese Hoffnungen nicht erfüllen? Etwa, weil sich die neue Arbeit kaum von der alten unterscheidet oder, schlimmer noch, eher einen Rückschritt darstellt? Oder weil Sie an dieser Stelle vor allem eine bestimmte Aufgabe gereizt hat – doch davon ist auf einmal nicht mehr die Rede? In dieser Situation müssen Sie erst einmal grundsätzlich entscheiden: Hatte ich falsche Vorstellungen – beispielsweise weil ich mich zuwenig informiert habe über die tatsächlichen Anforderungen –, oder hat man, etwa beim Vorstellungsgespräch, tatsächlich ein anderes Bild von dieser Position gezeichnet?

Auch wenn Sie von der Stelle enttäuscht sind: Profilieren Sie sich zunächst nach allen Regeln der Kunst.

Im ersten Fall liegt der Fehler natürlich bei Ihnen. Es nützt allerdings nichts, sich im nachhinein Vorwürfe zu machen. Gehen Sie mit diesem wie mit jedem anderen Fehler um: Nehmen Sie sich vor, ihn kein zweites Mal zu begehen, und versuchen Sie, das beste aus der jetzigen Situation zu machen. Erledigen Sie Ihren Job, so gut Sie können, suchen Sie insbesondere die schwierigeren Aufgaben, liefern Sie Anregungen und Ideen.

Sie sitzen auf der falschen Stelle oder sind mit falschen Versprechungen geködert worden? Lassen Sie nicht locker! Bleiben Sie am Ball!

Nach einigen Monaten sollten Sie dann um ein Gespräch mit Ihrem Vorgesetzten bitten: Sagen Sie ihm, daß Sie sich in der Firma sehr gut eingelebt, sich aber stärkere Herausforderungen von der Stelle erhofft haben. Unter Umständen hat Ihr Chef inzwischen selbst gemerkt, daß Sie zu größeren Aufgaben fähig sind. Will er Sie halten, wird er mit Ihnen nach einer Lösung suchen. Sonst sollten Sie langsam wieder die Stellenanzeigen studieren.

Noch mal von vorn

Natürlich müssen Sie damit rechnen, daß Sie beim nächsten Vorstellungsgespräch darauf angesprochen werden, daß Sie die letzte Stelle nur sehr kurz innehatten. Nützen Sie diese Gelegenheit: Erklären Sie, daß Sie zu spät gemerkt haben, daß die letzte Stelle für Sie keinen Fortschritt bedeutet. Dadurch wird Ihrem Gegenüber auch klar, was Sie wirklich wollen – und er kann frei beurteilen, ob er Ihnen das bieten kann und will.

TIP

Da kurzfristige Wechsel Ihrem Lebenslauf schaden können, sollten Sie sich diesmal genau informieren, bevor Sie diesen Schritt tun.

Nicht lockerlassen bei falschen Versprechungen

Ganz anders liegt der Fall, wenn Sie mit falschen Versprechungen geködert wurden. Das passiert ziemlich häufig: Die Journalistin freut sich auf ihren neuen Job, weil man ihr zugesichert hat, sie könne viele Reportagen schreiben, und stellt dann ernüchtert fest: Ihre Arbeit besteht in der Betreuung von freien Mitarbeitern, dem Umschreiben von Geschichten, der Themensuche. Grundsätzlich hat man nichts dagegen, wenn sie Reportagen liefert – doch dafür bleibt ihr nur ihre Freizeit. Ein anders Beispiel: Die Volkswirtin unterschreibt den Vertrag bei einer großen Firma, weil ihr Arbeitgeber von einer neuen Abteilung sprach, die sie aufbauen soll – doch darüber verliert er später kein Wort mehr und beauftragt sie mit der Auswertung von Statistiken, einer Arbeit, die unter ihrem Niveau liegt und ihr keinen Spaß macht.

Machen Sie deutlich, wenn eine Aufgabe nicht dem entspricht, was vereinbart wurde.

Situationen wie diese sollten Sie so rasch wie möglich klären. Je länger Sie den Status quo hinnehmen, um so geringer werden Ihre Chancen, doch noch an Ihr Ziel zu kommen. Rechtliche Mittel kommen meist nicht in Frage: Zum einen sind viele Verträge so abgefaßt, daß der Arbeitgeber nichts zu befürchten hat. Zum anderen verhärten sich die Fronten dadurch so drastisch, daß Sie in dieser Firma ohnehin keine rosige Zukunft zu erwarten haben. Was aber läßt sich tun?

Zuerst sollten Sie natürlich die Aufgaben erledigen, die Ihnen der neue Arbeitgeber aufträgt. Aber: Zeigen Sie sich überrascht darüber, ruhig auch etwas irritiert.

TIP

Sie sollten Ihren Chef immer wieder an das erinnern, was Sie an diesem Job gereizt hat. »Haben Sie nächste Woche Zeit, damit wir über meine eigentliche Aufgabe sprechen können?« Falls der Chef abblockt: Bleiben Sie hartnäckig!

Signalisieren Sie, daß Sie sich von dem Entschluß, diese Aufgabe zu übernehmen, keinesfalls abbringen lassen. Unter Umständen – und das ist gar nicht selten – erwartet Ihr Chef sogar dieses Verhalten. Er möchte Ihnen die in Aussicht gestellte Aufgabe tatsächlich übertragen; doch zuerst will er einen Beweis, daß Sie gut genug und durchsetzungsfähig sind, daß Sie die Sache ernst nehmen. Insbesondere Frauen verhalten sich in diesen Situationen oft zu passiv. Sie wollen keinen Konflikt provozieren, erledigen brav das, was ihnen aufgetragen wird. Damit machen sie jedoch nicht, wie erhofft, einen guten Eindruck, sondern einen ziemlich schwachen.

Wenn die Situation festgefahren ist

Gerät trotz massiver Vorstöße Ihrerseits nichts in Bewegung, müssen Sie das Problem ganz offen zur Sprache bringen. Die Volkswirtin beispielsweise bat nach drei Monaten um eine Aussprache. Sie sagte: »Ich habe den Eindruck, wir kommen mit dem Plan, eine neue Abteilung aufzubauen, nicht voran. Vielleicht haben sich Ihre Absichten geändert, oder Sie brauchen derzeit dringender jemanden, der die Statistiken auswertet – dafür habe ich natürlich Verständnis, aber für diese Aufgabe bin ich nicht die Richtige. Ich würde mich allerdings sehr freuen, wenn Sie doch eine Lösung finden könnten, wie wir die neue Abteilung möglichst bald aufbauen können, da ich sehr gerne für Sie arbeite.« Durch dieses Gespräch ging Sie natürlich ein Risiko ein. Ihr Chef mußte sich entscheiden, ob er sein Versprechen einlösen und eine fähige Mitarbeiterin behalten wollte oder nicht. Er bevorzugte ersteres. Aber auch wenn er sich gegen sie entschieden hätte, hätte sie ihren Entschluß, die Karten offen auf den Tisch zu legen, vermutlich nicht bereut. Sie hätte gewußt, woran sie wäre, und nur so lange weiter Statistiken bearbeitet, bis sie eine bessere Stelle gefunden hätte.

Häufig enden klärende Gespräche mit einem Kompromiß. Doch auch wenn man sein Ziel nicht ganz erreicht, kann man oft seine Position verbessern.

KIND UND JOB – EIN BALANCEAKT

Nur wer die Weichen richtig stellt, ist wirklich fit fürs Doppelleben.

Kinder zu haben und gleichzeitig berufstätig zu sein ist heute längst die Regel. 56 Prozent aller Frauen in Deutschland meistern Tag für Tag die Doppelbelastung, die eigentlich eine Dreifachbelastung ist, weil neben Kind und Beruf in der Regel auch noch »das bißchen Haushalt« wartet. Dennoch ist die Entscheidung, beides zu wollen, für die meisten Frauen offenbar die richtige.

JOB UND ZUFRIEDENHEIT

Eine kanadische Untersuchung zeigt, daß berufstätige Mütter im allgemeinen zufriedener sind als jene, die ihrem Nachwuchs zuliebe ganz zu Hause bleiben. Sie sind auch ausgeglichener als Frauen, die ihrer Karriere zuliebe auf Kinder verzichten. Doch das kann natürlich nicht über die Tatsache hinwegtäuschen, daß der Balanceakt zwischen zwei Welten oftmals anstrengend und schwierig sein kann.

Ein Kind – das Ende der Karriereträume?

Lassen Sie es uns ganz vorsichtig formulieren: Ein Kind ist erst einmal ganz bestimmt kein Karriereförderer. Doch ob es den Aufstieg hemmt oder bremst, hängt von vielen Faktoren ab. Entscheidend ist z. B. die Dauer des Erziehungsurlaubs: Bis zu drei Jahre können Mütter nach der Geburt ihres Kindes pausieren – bei vollem Kündigungsschutz und dem Anspruch auf einen »gleichwertigen« Arbeitsplatz bei der Rückkehr. Doch wer schnell Karriere machen will, kann es sich sicher nicht leisten, den vollen Erziehungsurlaub auszuschöpfen.

INFO

Maximal ein Jahr, so viele Experten, können Mütter aussteigen, wenn sie keine Stagnation bzw. keinen Karriereknick in Kauf nehmen wollen. Allerdings läßt sich auch diese Einschätzung nicht verallgemeinern: Manche Frau ist nach längerer Abwesenheit so motiviert, daß sie den Erziehungsurlaub im Nu wieder reinholt.

Der richtige Zeitpunkt für ein Kind?

Diese sehr persönliche Frage, die sich eine Frau im Lauf ihres Lebens stellt, kann natürlich nicht generell beantwortet werden. Nur so viel: Eine Frau, die gerade einen großen Karrieresprung gemacht hat, sollte sich möglichst ein, zwei Jahre in dieser Position bewähren. Der Wiedereinstieg fällt ihr dann sicher leichter.

Der richtige Zeitpunkt für den Wiedereinstieg

Selbstverständlich ist auch dieser Zeitpunkt individuell unterschiedlich. Entscheidend ist aber immer, daß die nötigen Vorbereitungen getroffen sind, um den Wiedereinstieg und die Doppelbelastung möglichst gut meistern zu können. Ist Ihr Kind noch sehr klein, ist die Wahl der Betreuungsmöglichkeit natürlich besonders wichtig. Schließlich soll es durch die Berufstätigkeit der Mutter nicht zu kurz kommen.

Seelisch fit für die Doppelbelastung

Wie gut Sie mit der neuen Situation, Kinder und Beruf unter einen Hut zu bekommen, fertig werden, ist nicht zuletzt eine Frage der Psyche. Viele Frauen leiden mehr oder weniger deutlich unter einem schlechten Gewissen. Vergessen Sie solche Schuldgefühle, denn es gibt in aller Regel keinen Grund dafür.

Frauen quält oft die Angst, ihr Kind leide unter der mütterlichen Berufstätigkeit.

Quality time zählt

Wenn es um bewußt miteinander verbrachte Zeit geht, so haben Studien ergeben, schneiden Kinder berufstätiger Frauen meist nicht schlechter ab als jene, deren Mütter zu Hause bleiben. Wichtiger als die Quantität ist ohnehin die Qualität der Zeit, die Sie mit Ihrem Kind verbringen. Ein wesentlicher Faktor: Frauen, die ihren Beruf ausüben, sind, wie bereits erwähnt, zufriedener – und davon profitieren nicht zuletzt die Kinder.

Die zweite psychologische Barriere, die insbesondere nach einer längeren Pause auftreten kann, sind Selbstzweifel. Bin ich der Aufgabe überhaupt noch gewachsen? Werde ich die Belastung meistern können? Eine gute Vorbereitung hilft, Stärken wieder zu mobilisieren:

- Inzwischen werden eine ganze Reihe spezieller Kurse für Wiedereinsteigerinnen angeboten, in denen nicht nur fachliches Know-how trainiert wird, sondern auch das Selbstbewußtsein. Manche Firmen schulen ihre Mitarbeiterinnen auch gezielt vor der Rückkehr in den Job.

- Suchen Sie Kontakt zu Frauen, die Ihnen einen Schritt voraus sind und bereits in den Job zurückgekehrt sind. Die Erfahrungen anderer zeigen: Es geht!

- Machen Sie sich bewußt, daß Sie von der Erfahrung »Kind« profitiert und Fähigkeiten entwickelt haben, die Ihnen auch im Beruf weiterhelfen können (siehe auch »Berufstätige Mutter – Pluspunkte sammeln beim Vorstellungsgespräch«, Seite 168).

Organisation statt Perfektion

Die grundlegende Voraussetzung für Balancing: eine gute Organisation. Befassen Sie sich mit den folgenden Fragen frühzeitig, um unliebsame Überraschungen und überflüssige Komplikationen zu vermeiden. Vieles muß von langer Hand geplant werden, damit vom Tag X an alles glattgeht.

Betreuung Seit einigen Jahren ist es möglich, den Erziehungsurlaub zu splitten. Bis zu dreimal können sich die Partner in den drei Jahren abwechseln. In vielen Fällen ist es sicher die beste und eine sehr schöne Lösung, wenn der Vater für einen gewissen Zeitraum Erziehungsurlaub nimmt. Doch aus finanziellen und gesellschaftlichen Gründen bleibt dieser Gedanke leider oft nur ein Traum. Dann ist man auf Betreuung von außen angewiesen: Ob Tagesmutter, Kindermädchen, Krippe, Elterninitiative, Kindergarten oder Au-pair-Kraft – um die richtige Wahl zu treffen, sollten Sie sich möglichst genau informieren. Vergessen Sie dabei auch nicht, daß es oft lange Wartelisten gibt.

Erziehungsurlaub gibt es für Mütter und Väter. Doch die wenigsten Väter nehmen ihn in Anspruch.

Sicherheitsnetz für Notfälle Auch für den Ernstfall, der garantiert immer mal wieder eintritt, sollten Sie Vorsorge treffen. Wohin mit dem Kind, wenn die Tagesmutter krank oder im Kindergarten gestreikt wird? Hilfreich in solchen Momenten: eine Liste all jener Familienmitglieder,

Nachbarn, Freunde, die unter Umständen kurzfristig einspringen können. Wünschenswert ist es natürlich, daß sich das Kind und die potentiellen »Retter in der Not« kennen. Als Alternative kommen kommerzielle Babysitterservices in Frage.

I N F O

Wenn das Kind krank ist, können Sie Sonderurlaub nehmen: Seit 1992 stehen jedem Elternteil zehn Tage pro Jahr zu. Alleinerziehende haben dementsprechend 20 Tage jährlich Anspruch auf diesen Sonderurlaub.

AUFGABENTEILUNG Ohne Mithilfe des Partners läßt sich die Doppelbelastung kaum in den Griff bekommen. Auch wenn es Ihnen zunächst gelingt, bleiben Sie langfristig auf der Strecke, wenn Sie alles allein erledigen wollen. Vereinbaren Sie deshalb mit Ihrem Mann oder Lebensgefährten eine klare Aufgabenteilung. Wer bringt das Kind zur Krippe, wer holt es ab, wer erledigt die Einkäufe, wer kocht, wer kümmert sich um die Wäsche, wer putzt was? Ob Sie sich täglich neu kurzschließen, einen Wochen- oder gar Monatsplan aufstellen, ist dabei egal – Hauptsache, es ist klar, daß beide gleichermaßen dafür verantwortlich sind.

Wenn es die Haushaltskasse erlaubt, ist es natürlich von Vorteil, sich eine Hilfe zu leisten.

Sind Sie alleinerziehend, fallen zwar weniger Haushaltspflichten an, weil Ihre Familie kleiner ist. Dennoch sollten Sie Unterstützung annehmen, die sich bietet, und sich, soweit möglich, mit anderen Müttern arrangieren – beispielsweise, indem die Kinder abwechselnd von jemand anderem zum Kindergarten gebracht werden.

PRIORITÄTEN SETZEN Mit Kind und Job sind Sie eigentlich schon ziemlich ausgefüllt. Darüber hinaus sollten aber auch Ihr Eigenleben – mit dem Partner, mit Freunden – sowie Ihre Freizeitinteressen nicht völlig auf Sparflamme kochen. Damit der Balanceakt gelingt, müssen Sie Prioritäten setzen und Abstriche machen. Sie haben ein Ehrenamt in einem Verein? Überlegen Sie, ob es Ihnen eher Spaß bringt oder vielleicht doch Kraft raubt. Eine Bekannte ruft grundsätzlich dann an, wenn es ihr schlechtgeht? Verzichten Sie auf Kontakte, von denen nur andere profitieren. Sie bügeln Bettwäsche, Kinderpullis, Unterhosen? Vergessen Sie's und reduzieren Sie Haushaltsarbeiten auf das Nötigste.

Ein wichtiger Schritt aus der Perfektionismusfalle

Legen Sie eine Liste an, worauf Sie in Zukunft verzichten werden, und überprüfen Sie regelmäßig, ob Sie Ihren Vorsätzen auch treu sind.

Den Fuß in der Tür lassen

Der Wiedereinstieg verläuft meist glatt, wenn Sie während der Familienpause beruflich am Ball bleiben. Wichtig ist zum einen der Kontakt zur Firma. In vielen Unternehmen besteht die Möglichkeit, Urlaubs- oder Krankheitsvertretungen zu übernehmen oder auch kleinere Aufgaben zu Hause zu erledigen. Informieren Sie sich auch über firmeninterne Fortbildungskurse oder wichtige Besprechungen, damit Sie Termine, die für Ihre Arbeit besonders wichtig sind, wahrnehmen können. Um beruflich auf dem aktuellen Stand zu bleiben, empfiehlt es sich in vielen Jobs auch, einschlägige Veröffentlichungen und Zeitschriften zu lesen.

Falls es Ihre Zeit während der Pause erlaubt: Erweitern Sie Ihre Fähigkeiten durch Weiterbildung.

Die Babypause muß nicht den völligen Berufsausstieg bedeuten. Zwischenlösungen wie Teilzeitarbeit o. ä. sind möglich.

Als Mutter am Arbeitsplatz: der Umgang mit Chef und Kollegen

Zunächst einmal ist es für die Arbeit, die Sie verrichten, völlig unerheblich, ob Sie Kinder haben oder nicht. Allerdings ändert sich durch die Tatsache, daß Sie nun auch Mutter sind, doch einiges in Ihrem Job. Vermutlich sind Sie längst nicht mehr so flexibel wie früher, beispielsweise wenn es um Überstunden oder Dienstreisen geht – es sei denn, Ihr Mann kümmert sich um das Kind, oder Sie haben eine Betreuungsperson, die an keine festen Zeiten gebunden ist. Sie können fast alles vor Chef und Kollegen geheimhalten, auch Ihren Partner – doch wohl kaum ein Kind. Solange es klein ist, werden es die Betreuungspersonen sein, die bei Ihnen anrufen, um Fragen und Probleme zu erörtern, die nicht bis nach Dienstschluß warten können: Das Kind ist gestürzt, der Kindergarten schließt heute eine Stunde früher, die Tagesmutter hat sich das Bein gebrochen ... Ist das Kind alt genug, wird es selbst anrufen, wenn es etwas auf dem Herzen hat. Diese Situation mag anfangs für Sie und vielleicht auch für die Kollegen neu sein, aber sie wird sehr schnell selbstverständlich, wenn Sie einige grundlegende Punkte beachten:

Die strikte Trennung von Job und Privatleben wird mit einem Kind zumeist etwas aufgeweicht.

- Klar und souverän zur neuen Rolle stehen: Je selbstverständlicher Sie mit den neuen Gegebenheiten umgehen, um so rascher gewöhnen sich auch andere daran. Unvorhergesehene Überstunden, ein kurzfristig anberaumter Abendtermin – das geht jetzt nicht mehr oder nur in Ausnahmefällen. Mit Ihrem Chef werden Sie diese Veränderungen bereits vor der Rückkehr besprochen haben, die Kollegen werden sie schnell akzeptieren, wenn Sie von Anfang an für Klarheit sorgen. Manche Frauen glauben, sich ständig rechtfertigen zu müssen, und mogeln sich ängstlich um eindeutige Aussagen herum – doch damit sorgen Sie nur für Verwirrung und Ärger.

- Die Mutterrolle nicht überstrapazieren: Souverän mit der neuen Situation umzugehen bedeutet nicht, daß Sie weniger leisten müssen als andere. In der Arbeit sind Sie in erster Linie Kollegin, Mitarbeiterin, Vorgesetzte – und nicht Mutter. Fehlzeiten (weil die Betreuung kurzfristig ausfällt) und Zuspätkommen (weil Sie auf dem Weg zum Kindergarten im Stau steckengeblieben sind) sollten Ausnahmen sein.

Häufen sich solche Vorkommnisse, müssen Sie etwas ändern, z. B. Ihr Betreuungsnetz anders aufbauen oder eine Viertelstunde früher losfahren, damit Sie auch bei einem Stau pünktlich sind.

Private Themen – und dazu gehört auch das Thema »Kinder« – können im Job durchaus mal angesprochen werden. Problematisch wird es, wenn sie überhandnehmen.

● Kinderfreude und -frust sind keine Jobthemen: Sie haben heute nacht wieder kein Auge zugetan, weil das Kind Fieber hatte? Falls Sie jemand darauf anspricht, daß Sie heute erledigt aussehen, können Sie den Grund für die schlaflose Nacht erwähnen. Ein absoluter Fehler wäre es allerdings, die Mitleidstour (»Ihr könnt euch gar nicht vorstellen, wie stressig es zur Zeit ist ...«) oder gar die Neidtour (»Ihr wißt gar nicht, wie gut ihr es habt. Ich weiß gar nicht mehr wie das ist, am Feierabend vollkommen zu relaxen.«) einzuschlagen. Durch solche Klagen gehen Sie den Kollegen bestenfalls auf die Nerven, und nicht zuletzt handeln Sie sich den Ruf ein, mit der Doppelbelastung nicht fertigzuwerden. Ebenso schädlich: die überglückliche Mutter zu mimen (auch wenn Sie es sind), wöchentlich neue Fotos zu präsentieren, jeden neuen Zahn in der Kantine zum Tischgespräch zu machen.

Die Mutterrolle nicht übertreiben

Es wirkt nicht nur sehr unprofessionell, wenn sich Ihre Gedanken nur noch ums Kind drehen, es ist auch lästig für die anderen, ständig nur Kindergeschichten zu hören. Nicht zuletzt können dadurch auch Neidgefühle geweckt werden.

● Nicht jedes Wort auf die Goldwaage legen: Der Chef verteilt eine Aufgabe, die besonders schnell erledigt werden muß, und läßt Ihnen gegenüber den Satz fallen: »Das wäre eigentlich was für Sie – aber Sie können ja sicher wieder nicht.« Oder der Kollege ist auf der Suche nach jemand, der mit ihm die Schicht tauscht, und dann fällt der Kommentar: »Unsere Mami muß ich wohl gar nicht fragen.« Reagieren Sie auf solche Bemerkungen keinesfalls überempfindlich. Sie sind zwar unsensibel, aber in der Regel nicht böse gemeint. Das beste Mittel: nicht darauf eingehen.

EXTRA: BERUFSTÄTIGE MUTTER – PLUSPUNKTE SAMMELN BEIM VORSTELLUNGSGESPRÄCH

Das Vorstellungsgespräch wird – und soll – sich natürlich hauptsächlich um berufliche Aspekte drehen. Schließlich sitzen Sie in erster Linie als Stellenanwärterin und nicht als Mutter beim Vorstellungstermin (siehe auch »Das Vorstellungsgespräch – sich perfekt präsentieren«, Seite 57). Doch darüber hinaus sollten Sie einige Punkte beachten:

Verbindliche Aussagen zur Organisation

Ein entscheidender Punkt, der den zukünftigen Arbeitgeber interessieren wird, ist die Kinderbetreuung. Signalisieren Sie deutlich, daß Sie die Organisation voll im Griff und auch an ein Sicherheitsnetz für Notfälle gedacht haben. Bei vagen Aussagen (wie: »Irgendwie klappt das schon!«) wird Ihr Gegenüber Probleme erwarten und auf Distanz gehen.

Wenn Ihr Erziehungsurlaub länger war, müssen Sie gut argumentieren, daß Sie beruflich wieder fit sind.

Erziehungsurlaub

Wichtig ist natürlich auch die Länge des Erziehungsurlaubs. Dauerte er nur ein Jahr oder war er noch kürzer, wird niemand befürchten, Sie hätten den Anschluß verloren. Anders sieht das aus, wenn Sie nach mehreren Jahren Babypause wieder in den Job einsteigen wollen. Dann ist es günstig, wenn Sie nachweisen können, in dieser Zeit beruflich am Ball geblieben zu sein, etwa durch Weiterbildung oder Vertretungen.

Selbstbewußtsein zeigen

Mütter sollten ihr Licht nicht unter den Scheffel stellen. Treten Sie selbstbewußt auf, Sie haben jeden Grund dazu: In der Familienpause entwickelt jede Frau Organisationstalent, Verantwortungsbewußtsein, Belastbarkeit und Flexibilität – Fähigkeiten, die auch dem Job zugute kommen. Besondere Pluspunkte können Sie sammeln, wenn Sie in der Familienpause etwas Neues aufgebaut haben – z. B. gemeinsam mit anderen Müttern eine Elterninitiative ins Leben gerufen haben. Signalisieren Sie, daß Sie über genügend Elan und Aktivität verfügt haben, um sich noch um etwas anderes zu kümmern als um Kind und Haushalt.

Engagement für den Job zeigen

Fragt der Arbeitgeber oder Personalchef, warum Sie wieder arbeiten wollen, sollten Sie keinesfalls finanzielle Gründe in den Vordergrund rücken. Unter Umständen nimmt man dann an, daß Sie nur ungern wieder in das Berufsleben zurückkehren – und damit verschlechtern Sie Ihre Chancen drastisch. Erklären Sie, wie viel Ihnen Ihr Beruf bedeutet, signalisieren Sie Engagement und Interesse für die Stelle. Je motivierter Sie wirken, um so besser.

Kein Arbeitgeber hört es gern, daß nur wegen des Geldes gearbeitet wird. Motivation und Interesse für den Job müssen deutlich werden.

Trockentraining

Wenn Sie länger pausiert haben, sollten Sie sich auf ein Vorstellungsgespräch besonders gut vorbereiten. Hierzu ist es nützlich, wenn Sie ein solches Gespräch mit dem Partner, mit früheren Kollegen oder mit einer Freundin durchspielen:

- Üben Sie also nicht nur in Gedanken, sondern trainieren Sie laut.

- Überlegen Sie sich Antworten auf Fragen, die speziell Ihre Belastbarkeit als Mutter ansprechen könnten.

- Lassen Sie sich keinesfalls die Mutterrolle als Schwachpunkt auslegen, der Sie zu sehr fixiert – und damit für besondere berufliche Herausforderungen weniger geeignet macht. Legen Sie sich die entsprechenden Gegenargumente zurecht.

- Trainieren Sie Gelassenheit. Sie bekommen möglicherweise etwas indiskrete Fragen zu Ihrem Privatleben zu hören. Ihr Chef möchte damit Ihre Belastbarkeit prüfen. Versichern Sie glaubhaft, daß Sie Ihr Privatleben voll im Griff haben und sich jetzt mit großem Einsatz auf den Job konzentrieren wollen.

- Listen Sie alle Punkte auf, die außerhäusliches Engagement und Weiterbildungsmaßnahmen während Ihres Erziehungsurlaubs betreffen. Bringen Sie diese Pluspunkte ins Gespräch ein.

- Machen Sie sich selbst Notizen über Ihre möglichen Fragen zur Stelle, und nehmen Sie diese Notizen auch zum Termin mit.

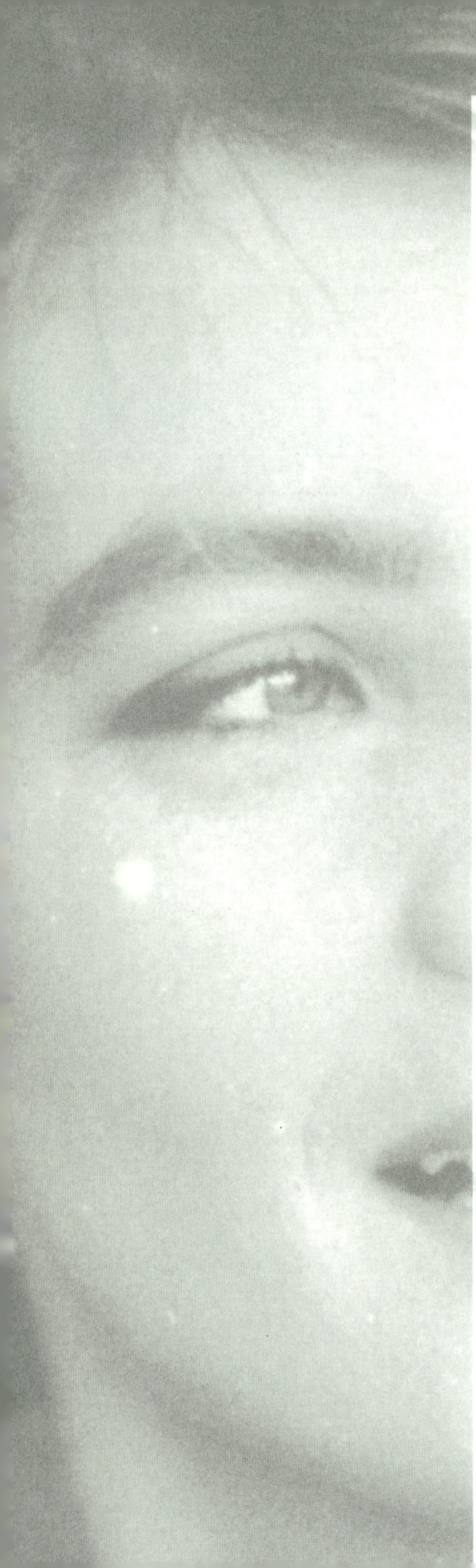

ERFOLG – AUF D

Das letzte Kapitel beschäftigt sich mit dem Erfolg im Job und soll allen Frauen Mut machen, ihren eigenen beruflichen Weg zu gehen. Worauf es dabei besonders ankommt: das Selbstbewußtsein völlig zu entfalten und ein gutes Selbstmanagement zu entwickeln, wenn es um Konflikte, kleine Krisen und sonstige Herausforderungen geht, die Sie in anspruchsvollen Positionen erwarten. Dieses Kapitel will Ihnen dabei helfen. Das »Extra« zum Schluß: »Powertalk – die Sprache des Erfolges«.

EM WEG NACH OBEN

VOR DEM START

Sie haben einen Sprung auf der Karriereleiter getan, vielleicht sogar einen sehr beachtlichen? Gratulieren Sie sich! Freuen Sie sich, feiern Sie, gönnen Sie sich etwas Besonderes, genießen Sie dieses Gefühl – und zwar ganz bewußt. Hören Sie in sich hinein: Ist Ihre Freude ungetrübt? Sind Sie ganz einfach stolz auf sich? Wenn ja, dann sollten Sie sich an dieser Stelle gleich noch einmal gratulieren. Denn Sie können den Erfolg als das akzeptieren, was er ist: die logische Konsequenz Ihrer Fähigkeiten und Ihres Einsatzes.

Aufgestiegen! Eigentlich ein Grund zum Feiern ...

Unter Umständen empfinden Sie allerdings nicht ganz so positiv. Sie fühlen sich vielleicht kurz euphorisch, doch sehr schnell stellen sich Zweifel ein: Bin ich dieser Aufgabe auch gewachsen? Überschätzt man mich nicht doch? Habe ich diesen Sprung überhaupt verdient? Bei vielen Frauen lösen Siegesmomente alles andere als ungetrübte Hochgefühle aus, vielmehr Zweifel, nicht selten auch Ängste: Sie fürchten die neue Aufgabe, weil sie zuwenig an ihre Fähigkeiten glauben.

Das Triumphgefühl ist getrübt, wenn Frauen letztlich nicht davon überzeugt sind, erste Wahl zu sein.

NEGATIVES SELBSTBILD

Frauen spielen oft mit entsprechenden Äußerungen ihre Erfolge herunter. Eine Auswahl:

- »Daß gerade ich befördert wurde, war vor allem Glück. Die anderen im Team sind erst kurz dabei bzw. ihnen fehlte eine wichtige Qualifikation.«

- »Ein Freund wußte, daß diese Stelle frei wird, und er hat mir auch Tips gegeben, wie ich mich in dieser Firma am besten verkaufe. Eigentlich habe ich ihm diesen Traumjob zu verdanken.«

- »Irgendwie habe ich bei meinem Chef einen Stein im Brett – sonst hätte er mich vermutlich nie zu seiner Stellvertreterin gemacht.«

Subjektiv und objektiv

Sicher sind diese subjektiven Einschätzungen nicht völlig falsch, dennoch übersehen die Frauen das Wichtigste: ihre Fähigkeiten. Sie kommen beruflich voran, weil sie gut sind. Sie steigen auf, weil sie den Aufstieg verdienen. Glück, Zufall, Beziehungen oder auch das Unvermögen anderer mögen auch eine Rolle spielen, aber solche Faktoren sind in der Regel nur das letzte Puzzleteil, das ein Bild perfekt macht. Auch Fleiß und Disziplin gehören zu jenen Bausteinen, die zwar wichtig sind, aber letztlich nur dann zum Erfolg führen, wenn die eigenen Fähigkeiten überzeugend genug sind.

In der Bescheidenheitsfalle

Warum aber spielen Frauen ihre Erfolge so oft herunter? Aus Koketterie vielleicht? Das mag in manchen Fällen zutreffen. Zum Großteil aber steckt das typisch weibliche Dilemma dahinter, daß sich viele Frauen letztlich zuwenig zutrauen. Es fällt ihnen schwer zu glauben, daß sie sich die Lorbeeren hauptsächlich allein verdient haben, und sie erklären sich Erfolge mit günstigen äußeren Umständen oder eben mit Eigenschaften wie Disziplin und Emsigkeit – Eigenschaften, die sich letztlich jeder aneignen kann, weil sie nichts mit Intelligenz, Kreativität und ähnlichen außerordentlichen Fähigkeiten gemein haben.

Wenn Frauen ihre Erfolge herunterspielen, lassen sie sich wie so oft von den alten Geschlechterstereotypen leiten, Frauen seien Männern letztlich unterlegen.

Diese Einstellung führt zum einen dazu, daß das Erreichte nicht in vollen Zügen genossen werden kann, was bedauerlich ist. Gleichzeitig aber wird es auch schwieriger als nötig, die neue Aufgabe zu meistern: Versagensängste keimen, die latente Unsicherheit lähmt insbesondere in problematischen Situationen, die in anspruchsvollen Positionen noch häufiger auftreten als auf den unteren Hierarchiestufen.

Die inneren Barrieren, die auch erfolgreiche Frauen oft noch nicht ganz überwunden haben, müssen natürlich nicht zum Scheitern führen. Wenn Sie bereits einige Karrierestufen erklommen haben, haben Sie die schwierigsten Blockaden vermutlich ohnehin schon gelöst. Sicher sind Sie deshalb auch in der Lage, die erreichte Stellung zu halten. Doch wie wohl Sie sich dabei fühlen und wie groß Ihre Chancen sind, den Erfolg weiter auszubauen, das hängt nicht zuletzt davon ab, ob Sie auch die restlichen Hürden gezielt in Angriff nehmen.

Beruflicher Aufstieg ist ein Grund zum Feiern. Spielen Sie Ihren Erfolg nicht herunter, sondern genießen Sie ihn: Sie haben es verdient!

Alte Firma – neue Rolle

Beim Fußball ist es klar: Heimspiele sind leichter zu gewinnen als Auswärtsspiele. Die heimische Mannschaft kennt die Platzverhältnisse im Stadion genau, muß keine anstrengende Anreise in Kauf nehmen und wird von der Fangemeinde zu besonderen Leistungen angefeuert.
Ein Aufstieg innerhalb des Teams hingegen ist nur zum Teil ein Heimspiel im sportlichen Sinne. Zwar kennen auch Sie die »Platzverhältnisse« bestens: Sie wissen genau über die Strukturen in der Firma Bescheid, über Schwächen und Stärken jedes einzelnen »Mitspielers«, und auch Ihr neues Aufgabengebiet ist Ihnen vermutlich einigermaßen vertraut, vor allem dann, wenn Ihr Vorgänger Ihr bisheriger Vorgesetzter war, mit dem Sie tagtäglich zu tun hatten. Die äußere Umstellung hält sich somit stark in Grenzen. Im vertrauten Umfeld aufzusteigen ist in diesem Sinne sicherlich ein Vorteil. Allerdings sollten Sie nicht den Fehler machen zu glauben: »Viel ändert sich also ohnehin nicht.« Denn das ist nicht der Fall.

Die wichtigsten Spielregeln

Gestern noch Kollegin, heute Chefin – auch wenn Sie sich bislang hervorragend mit dem Team verstanden haben, sollten Sie doch ein paar Schwierigkeiten einplanen. Die ehemaligen Kollegen brauchen Zeit, sich auf die veränderte Situation einzustellen. Wenn Sie genügend Fingerspitzengefühl entwickeln, können Sie unnötige Probleme im Vorfeld ausräumen:

- Neider zu Verbündeten machen: Unter Umständen haben sich auch andere aus dem Team Hoffnungen auf diese Position gemacht. Die Enttäuschung darüber, daß sie den kürzeren zogen, schlägt leicht um in Neid und Eifersüchteleien. Arrogantes Auftreten, ein harscher Kommandoton schüren diese negativen Gefühle zusätzlich. Taktisch wesentlich geschickter: Übertragen Sie diesen Kollegen eine verantwortungsvolle Aufgabe, oder beziehen Sie sie in Entscheidungen mit ein. Damit helfen Sie ihnen, ihr angeknackstes Selbstbewußtsein wieder aufzubauen, und glätten die Wogen. Gleichzeitig demonstrieren Sie damit Souveränität – Sie profitieren also in mehrfacher Hinsicht.

Signalisieren Sie, daß Sie die Qualitäten potentieller Neider zu schätzen wissen.

Je länger Sie es stillschweigend hinnehmen, daß Ihre Autorität untergraben wird, um so schwieriger wird es.

- Vorbehalte entkräften: Manchen Kollegen fällt es vielleicht schwer, Sie als Chefin zu akzeptieren. Man sieht Sie nach wie vor als gleichberechtigt und verhält sich dementsprechend. Das kann dazu führen, daß Ihre Anweisungen nicht ernst genommen, allzu lässig oder verspätet erledigt werden. Hier kommen Sie mit Engelsgeduld und der Hoffnung auf Einsicht nicht weiter. Zeigen Sie sofort Flagge, indem Sie freundlich, aber unmißverständlich darauf hinweisen, daß Ihre Anweisungen absolut verbindlich sind. Legen Sie Termine fest, vergessen Sie nicht, rechtzeitig nachzuhaken und notfalls reinen Tisch zu machen.

- Der schwierige Umgang mit Freunden: Nicht ganz unproblematisch wird es meist, wenn Sie zu manchen Ihrer früheren Kollegen ein freundschaftliches Verhältnis haben. Privates und Berufliches müssen strikt getrennt werden – alles andere ist höchst unprofessionell.

Keine Amigoaffären!

Wenn Ihre Freunde eine Sonderbehandlung erwarten oder sich gar nicht auf die neue Situation einstellen, sondern in Ihnen nach wie vor die gleichgestellte Kollegin sehen wollen, sollten Sie in jedem Fall möglichst rasch für klare Verhältnisse sorgen. Ihre Beziehung zueinander hat sich verändert, und Sie sollten auch keinerlei Zweifel daran lassen, daß Sie Ihre neue Rolle annehmen und ernst nehmen – auch auf die Gefahr hin, daß Sie nicht mehr von allen heiß geliebt werden. Heißt es etwa »Du weißt doch, daß ich diese Arbeit nicht mag. Laß das doch jemand anderen machen«, können Sie die Situation entschärfen, ohne von Ihrer Position abzurücken: »Ich würde dir auch lieber immer Arbeit geben, die Spaß macht. Aber es muß nun mal erledigt werden, und diesmal bist du an der Reihe. Wenn ich dich bevorzuge, beschweren sich die anderen zu Recht.«

Beklagen sich Ihre Freunde, daß Sie nur noch selten mit in die Kantine gehen oder sich kaum mehr Zeit nehmen für einen gemütlichen Kaffeeplausch, sollten Sie sich kein schlechtes Gewissen einjagen lassen. Sagen Sie, daß Sie zwar gern öfter mitgehen würden, aber aufgrund Ihrer neuen Aufgabe weniger Zeit oder andere Verpflichtungen haben.

Gleichzeitig sollten Sie darauf achten, daß Sie sich nicht abkapseln, und sich gelegentlich die Zeit für eine Tasse Kaffee mit den Mitarbeitern nehmen. Denn ein guter Kontakt zum gesamten Team ist ein wichtiger Erfolgsfaktor. Und wenn Sie früher eine befreundete Kollegin auch abends öfter trafen, dann gibt es keinen Grund, dies in Zukunft zu ändern.

- Umgang mit Schwächen: Durch Ihre neue Position sind Sie nicht über Nacht perfekt geworden. Wenn Sie zur Unordnung neigen oder auf einem bestimmten Spezialgebiet nicht 100prozentig fit sind, weiß das auch das Team. Es wäre somit zwecklos und auch schädlich, über diese Schwachpunkte hinwegtäuschen zu wollen. Weitaus besser: Bitten Sie in diesem Punkt um Unterstützung aus dem Team. Das motiviert die Mitarbeiter, die mehr Verantwortung erhalten, und entlastet Sie.

Ein ganz anderes Kapitel hingegen: Sie werden von Ihrem nächsthöheren Vorgesetzten scharf kritisiert oder haben ganz einfach einen schlechten Tag. Als Vorgesetzte sollten Sie sich besser nicht dazu verleiten lassen, in diesen Momenten Schwäche zu zeigen und sich bei den Mitarbeitern auszuheulen. Auch wenn es anfangs schwerfällt: Sie sind mehr als früher auf sich allein gestellt und müssen Stärke entwickeln, wo Sie früher schwach sein durften. Sonst verunsichern Sie Ihre Mitarbeiter oder handeln sich ganz schnell den Ruf ein, Ihrer Aufgabe nicht gewachsen zu sein.

Ihre neue Position beinhaltet, daß Sie den Schutz des Teams zum Teil aufgeben müssen.

Den Wissensvorsprung gezielt einsetzen

Bereits vor dem Start können Sie z. B. ein Konzept erstellen, welche Abläufe im Team verbessert werden können oder wie schlummerndes Potential genutzt werden kann. Vielleicht kann die Kollegin, die bislang kaum Kontakt zu Kunden hat, besonders gut mit Menschen umgehen, oder ein Mitarbeiter, der privat viel am Computer tüftelt, bekam bislang keine Gelegenheit, seine Kenntnisse entsprechend einzusetzen. Nun haben Sie die Möglichkeit, solche Fähigkeiten sehr viel besser als Ihr Vorgänger zu nutzen und sich gleichzeitig bei Ihrem alten Team einen guten Start zu verschaffen.

Traumjob in der neuen Firma

Bei diesem Sprung ist das Wasser ein paar Grad kälter, als wenn Sie innerhalb Ihrer alten Firma eine neue Herausforderung erhalten: Nicht nur die Position ist neu, sondern sämtliche Gesichter und Strukturen. Doch genau darin besteht auch der Vorteil: Man kennt Sie nicht als frühere Kollegin, sondern nur als die neue Vorgesetzte. Sie müssen nur sich selbst an die neue Rolle gewöhnen – nicht aber Ihre Mitarbeiter. Damit Sie von Anfang an einen guten, sicheren Eindruck machen können, brauchen Sie Informationen:

Was genau ist Ihre Aufgabe? Über Ihr Aufgabengebiet, Ihre genauen Kompetenzen, das Ziel Ihrer Abteilung wissen Sie in der Regel durch das Vorstellungsgespräch oder auch ein Treffen mit Ihrem Vorgänger schon gut Bescheid. Doch es werden noch einige Fragen auftauchen, sobald Sie angefangen haben. Notieren Sie sich solche Punkte sofort und klären Sie diese in einem Gespräch mit Ihrem Vorgesetzten.

Vorsicht vor zu vielen Fragen!

Natürlich können auch Fragen auftreten, auf die Sie sofort eine Antwort brauchen – dann holen Sie sich die Information gleich. Sonst ist es aber eher angesagt, nicht wegen jeder Kleinigkeit sofort nachzuhaken.

Wie sind die Rollen im Team verteilt? Gibt es einen heimlichen Chef unter den Kollegen, Grüppchenbildung oder einen Mitarbeiter, der sich abkapselt? Es ist empfehlenswert, sich anfangs verstärkt mit den Mitarbeitern zusammenzusetzen, um sich nach den Abläufen und der bisherigen Aufgabenverteilung zu erkundigen. Nebenbei können Sie sich dadurch ein gutes Bild davon machen, in welchem Verhältnis die Kollegen zueinander stehen.

Die inneren Strukturen des Teams erkennen Sie im Berufsalltag, ganz besonders aber bei Meetings.

Gibt es einen Konkurrenten im Team? Unter Umständen hat ein Teammitglied auf Ihren Posten spekuliert. Da dieser Mitarbeiter vermutlich nicht gerade gut auf Sie zu sprechen ist, aber wahrscheinlich ein gu-

Machen Sie eventuelle Gegner zu Verbündeten, indem Sie sie an anspruchsvolle Aufgaben binden – geben Sie dabei aber nicht die Macht aus der Hand.

tes Standing im Team hat, sollten Sie wissen, um wen es sich handelt. Auch hier sollten Sie genau beobachten: Wer wird von den anderen offensichtlich geschätzt, verhält sich Ihnen gegenüber aber sehr distanziert?
Die falsche Reaktion: ihn stark zu kontrollieren und kleinzuhalten, aus Angst, er könne Ihnen gefährlich werden. Versuchen Sie vielmehr, ihn zum Verbündeten zu gewinnen. Übertragen Sie ihm verantwortungsvolle Aufgaben, beziehen Sie ihn in Entscheidungen mit ein – dadurch nutzen Sie sein Potential und entkräften seine Vorbehalte. Allerdings dürfen Sie ihn auch nicht zu mächtig werden lassen. Es muß stets klar sein, daß Sie letztlich das Sagen haben.

WO LIEGEN STÄRKEN UND SCHWÄCHEN DER MITARBEITER? Eine Möglichkeit, dies herauszufinden: Bitten Sie jeden einzelnen Mitarbeiter um eine Selbsteinschätzung. Erkundigen Sie sich, welche Aufgaben er besonders gern erledigt und was ihm weniger liegt. Fragen Sie ihn, was er eventuell anders machen würde.

VON JEDEM DAS BESTE

In kreativen Berufen können Sie auch fragen, welche seiner Arbeiten der jeweilige Mitarbeiter als seine beste ansieht. Auf diese Weise gewinnen Sie zumindest einen Überblick über Neigungen und oft auch einen Einblick in die Leistungsfähigkeit des einzelnen.

Doch Selbsteinschätzungen Ihrer Mitarbeiter genügen natürlich nicht, um sich ein objektives Bild zu machen. Je früher Sie jedem Mitarbeiter gezielt eine Aufgabe anvertrauen, die er innerhalb einer gewissen Zeit erledigen soll, um so schneller können Sie Stärken wie Schwächen einschätzen und jeden optimal für bestimmte Aufgaben oder auch Sonderprojekte einsetzen. Was Sie keinesfalls machen sollten: sich bei einem Mitarbeiter nach den Leistungen eines anderen zu erkundigen. Zum einen sind solche Urteile oft alles andere als verläßlich, zum anderen: Wenn das Team den Eindruck erhält, daß es ausgehorcht wird, hat die neue Vorgesetzte einen denkbar schlechten Stand.

EXTRA: STRATEGIEN FÜR SELBSTBEWUSSTES AUFTRETEN

Eine Frau kommt zur Tür herein, zielsicher, mit festem Schritt und aufrechter Haltung. Ihr Händedruck ist fest, ihr Blick weicht nicht aus, sondern ist offen und auf ihr Gegenüber gerichtet. Ihre Argumente formuliert sie klar, pointiert, mit fester Stimme und nicht zu leise. Sie weiß Ihre Ansichten zu vertreten, dafür zu kämpfen, wenn es sein muß, ohne deshalb uncharmant oder gar schroff zu wirken ...

Wie ein selbstbewußter Auftritt aussieht, weiß eigentlich jeder. Die Kunst besteht darin, dieses Wissen umzusetzen. Selbstverständlich lassen sich solche Auftritte trainieren – beispielsweise, indem man gezielt an seiner Körpersprache arbeitet. Damit lassen sich durchaus Fortschritte erzielen, doch auch eine perfekte Haltung kann kaum über latente Unsicherheit hinwegtäuschen, wenn die Gesten nur aufgesetzt und die gesamte Ausstrahlung in sich widersprüchlich und damit irritierend wirkt. Um wirklich und glaubhaft selbstbewußt auftreten zu können, braucht man vor allem – Selbstbewußtsein.

Selbstbewußtsein: gewußt wie

Ein gesundes Selbstbewußtsein hat nichts mit Überheblichkeit, Selbstüberschätzung oder auch mit Perfektion zu tun. Wer selbstbewußt ist, kann Fehler machen, ohne zu verzweifeln, kann anderen zugestehen, daß sie in gewissen Bereichen besser sind, kann schwierige Situationen besser meistern und auch Niederlagen verkraften. Kurz: Selbstbewußtsein ist nicht nur das Ticket zum Erfolg, es bahnt generell den Weg zu mehr Glück und Wohlbefinden.

Probieren Sie verschiedene Wege aus, um herauszufinden, welche Strategie für mehr Selbstbewußtsein für Sie am geeignetsten ist.

Wie selbstbewußt wir sind, ist von verschiedenen Faktoren abhängig. Ganz entscheidend wird in der Kindheit der Grundstock für jenen Wert gelegt, den wir uns selbst zuschreiben. Ein Mädchen, das die typische Erziehung zum »schwachen Geschlecht« erfahren hat, wird als Frau oft Probleme haben, sich als stark und sicher zu definieren. Natürlich prägen uns auch spätere Erlebnisse: Positives Feedback im Privatleben, Erfolge im Beruf oder in der Freizeit tragen dazu bei, innere Barrieren abzubauen und dem Selbstbewußtsein enormen Auftrieb zu geben.

Der Stufenplan

Er eignet sich hervorragend, wenn Sie ein großes Ziel anpeilen, sich das Ganze aber nicht zutrauen und allein schon bei dem Gedanken, was Sie sich vorgenommen haben, innerlich zusammenbrechen. Diese typischen Das-schaff-ich-nie-Situationen meistert man am besten, wenn man nicht auf das große Ziel und die damit verbundene gewaltige Überwindung und Anstrengung fixiert ist, sondern sich nur auf kleine Etappenziele konzentriert.

Nicht das Endziel anpeilen, sondern ein Etappenziel.

Ein Beispiel: Katja, eine 28jährige Erzieherin, verspürte jedesmal einen kleinen Stich, wenn sie eines der von ihr betreuten verhaltensauffälligen Kinder an einen Psychologen weitergeben mußte, weil der Fall zu schwierig wurde. Natürlich war ihr klar, woher dieses Unbehagen rührte: Sie hätte selbst gern Psychologie studiert, doch mit Mittlerer Reife war nicht daran zu denken. Der Gedanke, ihren Wunschberuf doch noch zu erlernen, kam ihr immer wieder – doch jedesmal erstickte sie sämtliche Überlegungen im Keim: Sie müßte das Abitur nachmachen, sicherlich würde sie schon daran scheitern. Und wenn nicht, würde sie wohl keinen Studienplatz bekommen. Und auch wenn sie diese Hürde nehmen könnte: Dann wäre sie schon über 30, und ihre Kommilitonen würden sie sicher nicht akzeptieren, sondern bestenfalls belächeln. Abgesehen davon: Was würde ihr Mann zu diesem wahnsinnigen Plan sagen, den er auch noch mitfinanzieren müßte?

In Etappen vorwärts

Als Katja mit einer Freundin wieder einmal über ihren Frust im Job redete, kam die Sprache auch auf diese »illusorische Wunschvorstellung«. Die Freundin riet ihr, sich ganz unverbindlich zu informieren, welche Möglichkeiten es gäbe, das Abitur berufsbegleitend nachzumachen. Nach längerem Überlegen ließ sich Katja einen Termin bei der Berufsberatung geben. Dort gab man ihr einige Informationen und Adressen. Wieder vergingen einige Wochen, bis Katja soweit war, sich das nächste Miniziel zu stecken: abzuchecken, welche Möglichkeit für sie überhaupt in Frage käme. Etwa ein halbes Jahr verging, bis sie sich für einen Kurs einschrieb. Inzwischen hatte sie ihre Lethargie schon ein klein wenig überwunden. Gemeinsam mit ihrem Mann steckte sie sich das nächste Ziel: Ein halbes Jahr würde sie in jedem Fall durchhalten; wenn der Streß zuviel werden würde, könnte sie dann abbrechen.

Auch diese Etappe nahm Katja. Jetzt hatte sie ein neues Ziel: die Prüfungen zu schaffen – weiter dachte sie vorerst nicht. Zwei Jahre später hatte sie das Abitur mit einem beachtlichen Notendurchschnitt. Ihr Selbstbewußtsein war inzwischen so groß, daß sie auch gut damit hätte umgehen können, wenn sie keinen Studienplatz bekommen hätte. Heute steht sie kurz vor dem Abschluß und zweifelt schon längst nicht mehr daran, ihren großen Traum in Kürze zu verwirklichen.

Schritt für Schritt zum Ziel

Katjas Beispiel zeigt, daß auch hochgesteckte Ziele zu erreichen sind, wenn man sich nicht auf den langen und anstrengenden Weg konzentriert, sondern die Strecke in viele kleine Schritte unterteilt. Der erste Schritt, so klein und unspektakulär er auch sein mag, ist dann oft der entscheidende. Denn wenn wir ihn hinter uns gebracht haben, können wir bereits den ersten Erfolg verbuchen. Mit jedem Erfolg nimmt die Angst ab, steigen das Selbstbewußtsein und die Zuversicht, daß wir auch das nächste Etappenziel erreichen können.

Tagebuch der guten Nachrichten

Perspektivenwechsel: Starren Sie nicht auf Fehler, sondern führen Sie sich alle Erfolge vor Augen.

Frauen neigen dazu, sich auf das Negative zu konzentrieren und das Positive zu ignorieren: Ein Mißerfolg wiegt dann oft mehr als zehn Erfolge; bei einer gut gelösten Aufgabe denken sie unaufhörlich an den einzigen Fehler, den sie sich geleistet haben. Diese negative Sichtweise, die das Selbstvertrauen unterhöhlt, kann man ändern, wenn man bereit ist, den Blickwinkel um 180 Grad zu verstellen und gezielt auf die andere, die positive Seite zu schauen. Eine Möglichkeit, Erfolge und angenehme Erlebnisse bewußter wahrzunehmen und damit auch dem Selbstbewußtsein Kraftfutter zu geben, ist das »Tagebuch der guten Nachrichten«. Egal, ob Sie ein Lob vom Chef erhalten, einen neuen Kunden gewonnen haben, eine schwierige Aufgabe auf Anhieb meistern oder eine heikle Situation retten konnten: Notieren Sie alles, was Sie geleistet haben, was nach Wunsch geklappt hat, was Ihnen Angenehmes widerfahren ist. Dadurch können sich positive Erlebnisse weitaus besser verankern. Und Sie werden feststellen: Es gibt viel mehr Positives zu vermelden als ursprünglich angenommen.

Die inneren Dialoge ändern

Meist ist es uns nicht bewußt, aber wir sprechen ständig mit uns selbst. Bereits bei Kleinigkeiten im Alltag: Wir ermahnen uns selbst (»Oh, in fünf Minuten geht der Bus, jetzt darfst du dich aber beeilen«), wir beruhigen uns, wenn wir abends zu spät ins Bett kommen (»Irgendwie kommst du schon aus den Federn!«) oder wir diskutieren mit uns (»Was soll ich morgen zur Präsentation nur anziehen? Am besten das rote Kleid. Oder ist es zu gewagt?«).

Unsere stummen Selbstgespräche sind oft negativer Natur; sie hemmen uns letztlich, statt uns aufzubauen.

Auch im Beruf laufen diese (meist) stummen Selbstgespräche ab. Oft bauen wir uns auf diese Weise nicht auf, sondern nehmen uns vielmehr den Wind aus den Segeln. Einige Beispiele: Der Chef will das Konzept schon morgen. Die innere Stimme sagt: »Das schaff' ich nie!« Eine Konferenz mit der Führungsspitze steht an, die innere Stimme meint: »Sicher bekommst du den Mund wieder nicht auf.« In der Zeitung steht eine interessante Stellenanzeige. Das klingt doch interessant, denken wir noch, doch schon pfeifen wir uns wieder zurück: »Auf dich haben die bestimmt nicht gewartet.«

INFO

Negative innere Dialoge wirken destruktiv, da sie zu selbsterfüllenden Prophezeiungen werden können: Wenn wir uns lange genug einreden, etwas nicht zu können, werden wir auch scheitern.

Stimmen aus der Kindheit

Woher kommen diese inneren Negativbotschaften, die unser Denken und Handeln bestimmen? Oft sind es Sätze, die wir in der Kindheit von Eltern, Lehrern, Mitschülern, Freunden, Verwandten gehört haben – und zwar so oft, daß wir sie verinnerlicht haben.

Auch Mißerfolge und Ungeschicklichkeiten, die wir als Erwachsene hinnehmen mußten, lösen diese Negativprogrammierung aus. Oft genügt ein einziger Vorfall, etwa das Nichtbestehen der Führerscheinprüfung, und in jeder ähnlichen Situation meldet sich die innere Stimme.

Gegenstrategie in vier Schritten

Die Negativgedanken müssen uns bewußt sein, bevor wir sie umprogrammieren können.

Um diese inneren Monologe ändern zu können, müssen wir sie zuerst bewußt wahrnehmen. Oft genügt es, in jenen kniffligen Momenten, die uns immer wieder angst machen und blockieren, bewußt in uns hineinzuhören. Wer generell ein schwaches Selbstbewußtsein hat, sollte über einige Wochen hinweg auf seine Gedanken achten und sie notieren. Sobald wir die inneren Negativparolen kennen, können wir sie abschalten bzw. ändern. Im akuten Fall, also dann, wenn wir uns bereits in einer schwierigen Situation befinden, ist es natürlich wichtig, so schnell wie möglich zu agieren:

ERSTER SCHRITT Sobald der Gedanke auftaucht, machen wir uns bewußt, wer diese Botschaften steuert: nämlich wir selbst. Da wir den Gedanken bereits vom Unterbewußtsein in das Bewußtsein befördert haben, können wir ihn auch weiter steuern.

ZWEITER SCHRITT Den Gedanken ausschalten. Dazu sollten wir immer wieder das gleiche Signal aussenden: »Stopp«, »Halt« oder auch »Schluß«.

DRITTER SCHRITT Da wir nicht einfach aufhören können zu denken, muß die unerwünschte Botschaft überlagert werden, etwa durch eine schöne Vorstellung, ein positives Bild. Als Vorlage dienen zum einen angenehme Erinnerungen aus dem Privatbereich. Sehr wirkungsvoll sind auch berufliche Erfolge, die wir bei diesen Gelegenheiten nochmals durchleben – am besten natürlich solche, die unsere Ängste direkt widerlegen. Wer also Angst davor hat, einen Vortrag zu halten, sollte sich bewußt eine ähnliche Situation vor sein geistiges Auge holen, die positiv verlaufen ist.

VIERTER SCHRITT Die neue Botschaft aussenden. Statt »Ich schaff' das bestimmt nicht in der kurzen Zeit« wäre die beste Aussage: »Das schaff' ich.« Wer anfangs Schwierigkeiten hat, ein solch selbstbewußtes Statement zu formulieren, kann auch auf vorsichtigere Formulierungen ausweichen: »Ich versuch's einfach.« Entscheidend ist, daß die destruktive Botschaft durch eine zuversichtliche ersetzt wird.

Natürlich kann es sein, daß Sie bei Ihren ersten Versuchen, die Gedanken umzuprogrammieren, noch nicht den erwünschten Erfolg haben. Schließlich durften sich die unerwünschten Botschaften jahre-, oft jahrzehntelang in Ihrem Unterbewußtsein tummeln. Deshalb gilt wie sooft: üben, üben, üben. Gleichzeitig sollten Sie die positiven Gedanken nicht nur im Krisenfall mobilisieren, sondern kontinuierlich und präventiv daran arbeiten. Eine der bewährtesten Methoden hierzu ist autogenes Training: In einem absolut entspannten Zustand werden dabei bejahende Aussagen im Unterbewußtsein verankert.

Training des Unterbewusstseins

Prinzipiell müssen die Sätze positiv formuliert werden:

- Sagen Sie sich nicht: »Ich habe keine Angst vor Konferenzen.« Sondern: »Ich werde frei und sicher sprechen.«

- Statt »Ich werde nicht scheitern«, sagen Sie sich ganz einfach: »Ich bin erfolgreich.«

- Voraussetzung auch hier: am Ball bleiben. Wer täglich 15 bis 20 Minuten opfert, kann das eigene Ego enorm stabilisieren.

Visualisierung

Bei dieser Technik malen wir uns Ziele und Wunschvorstellungen bildlich aus. Auch dafür ist es wichtig, ganz entspannt zu sein. Ein Beispiel: Sie haben ein Gespräch mit einem Geschäftspartner vor sich, von dem ein großer Auftrag und viel Geld abhängt. Verständlicherweise wollen Sie sich und Ihre Firma optimal verkaufen. Dieses Zusammentreffen lassen Sie nun vor Ihrem geistigen Auge ablaufen – wie einen Film, in dem Sie als Hauptdarstellerin glänzen. Szene für Szene malen Sie sich aus, wie charmant Sie auftreten, wie souverän Sie die Argumente vorbringen, wie sicher und überzeugend Sie Einwände entkräften. Sie sind in Topform, fühlen sich ausgesprochen wohl – und ihr Verhandlungspartner gibt Ihnen den Auftrag mit Handkuß. Dieses »Gedankenkino« bewirkt mehreres: Mit jeder gei-

Bei Visualisierungsübungen stellen Sie sich alles bildlich vor. Sie lassen gewissermaßen einen inneren Film ablaufen, in dem Sie sich in Szene setzen.

stigen Aufführung dieses Films wird die Angst geringer, weil Ihnen die Situation vertrauter wird. Ihr Erfolg wird gleichzeitig sichtbar, zum Greifen nahe, was wiederum motivierend wirkt.
Je öfter und detaillierter Sie den Erfolg visualisieren, um so besser. Irgendwann setzt sogar ein überraschender Effekt ein: Sie fühlen sich so sicher, daß Sie Ihr »Kopfkino« am liebsten sofort in die Realität umsetzen würden. Spätestens jetzt können Sie sich völlig unverkrampft, dafür hochmotiviert und selbstsicher in die Gesprächssituation hineinbegeben.

I N F O

Dieses Erfolgsprogramm wirkt in jeder Beziehung und wird deshalb von Managern ebenso genutzt wie von Spitzensportlern.

Der »positive Anker«

Beim »positiven Anker« werden die Techniken der Visualisierung und der körperlichen Entspannung miteinander verbunden.

Ein einfacher Psychotrick, der Ängste und Schwächen überwinden hilft: Um sich für eine Streßsituation zu wappnen, rufen Sie sich positive Bilder und Vorstellungen ins Gedächtnis. Wenn sich auf diese Weise ein entspanntes Wohlgefühl eingestellt hat, machen Sie gleichzeitig eine bestimmte Geste: Sie reiben Zeigefinger und Daumen aneinander, ballen die linke Faust oder ähnliches. Nach mehrmaligem Üben verbinden sich Geste und Wohlgefühl miteinander. Die geballte Faust oder das Reiben der Finger wird zum Reiz, der immer wieder die gleiche Reaktion hervorruft: ein entspanntes Wohlgefühl.

Das »So-tun-als-ob-Spiel«

Eine äußerst reizvolle Methode, da sie ebenso spannend wie effektiv ist. Die Ausgangssituation ist wiederum ein konkreter Wunsch oder ein Ziel, das wir erreichen wollen. Ein Beispiel: Sie möchten in Konferenzen selbstbewußter auftreten, unbefangener widersprechen und deutlicher Ihren Standpunkt vertreten. Das »So-tun-als-ob-Spiel« ist dafür eine hervorragende Übung. Der Begriff klingt nach Hochstapelei, und ein wenig trifft das auch zu. Sinn des Spiels ist es nämlich, in die Wunschrolle immer mal wieder hineinzuschlüpfen. Natürlich vorerst nicht im Ernstfall. Suchen Sie sich für den Anfang weniger bedrohliche Situationen aus.

TIP

Geeignete Gelegenheiten bieten sich fortlaufend: Ein Partygast stolpert, verschüttet ein paar Tropfen Rotwein auf Ihrer Bluse und will sich mit einer lässigen Bemerkung einfach davonmachen? In Ihrer neuen Rolle ist es für Sie selbstverständlich, daß man Sie ernst nimmt. Fordern Sie ihn also freundlich, aber deutlich auf, sich zu entschuldigen und die Kosten für die Reinigung zu übernehmen. Sie möchten eine Zugreservierung für eine kurze Strecke buchen, und die Angestellte des Reisebüros meint, das würde sich nicht lohnen? Als selbstsichere Frau bestehen Sie natürlich darauf, daß Ihre Wünsche erfüllt werden.

Lernen Sie im Spiel, selbstbewußter zu werden. Irgendwann sind Sie es dann auch tatsächlich.

Wenn Sie solche banalen Situationen mit links meistern, sollten Sie Ihre Rolle bei etwas kniffligeren Gegebenheiten weiter ausbauen – z. B. vor einem größeren Publikum bei einer Vereinssitzung, bei öffentlichen Veranstaltungen oder auch beim Elternabend im Kindergarten. Als widerspruchsfreudiger Frau fällt Ihnen garantiert ein Tagesordnungspunkt auf, der kontrovers diskutiert werden kann. Es wird nicht lange dauern, bis Sie die selbstbewußte Frau nicht mehr nur spielen, sondern sich tatsächlich selbstbewußter fühlen und letztlich auch in Konferenzen Ihr Anliegen überzeugender vertreten können.

Spiel und Realität

Sinn des »So-tun-als-ob-Spiels« ist folgender: Es geht nicht darum, zeitlebens etwas zu spielen, was man gar nicht ist. Das wäre glatte Selbstverleugnung und darüber hinaus für andere schnell zu durchschauen. Ziel der Übung ist es vielmehr, Verhaltensweisen und Eigenschaften, die sich bislang zuwenig ausbilden konnten, so lange zu trainieren, bis sie uns buchstäblich in Fleisch und Blut übergehen.

Durch das Rollenspiel bieten wir einem noch schwach ausgeprägten Gefühl einen Raum an, in dem es sich entfalten und Wurzeln schlagen kann. Mit der Zeit wird das Gefühl den angebotenen Raum füllen.

Wichtig ist dabei, daß das gesteckte Ziel nicht zu hoch ist. Der erstrebte Soll-Zustand sollte nur eine Stufe über dem Ist-Zustand liegen. Wer beispielsweise sehr schüchtern ist, sollte zuerst nur so tun, als ob er etwas selbstbewußter wäre. Die Rolle der Powerfrau, die durch nichts zu irritieren ist, wäre drei Nummern zu groß – das schwach ausgeprägte Selbstwertgefühl könnte den riesigen Raum niemals füllen. Eine Enttäuschung wäre programmiert.

Stärke, Mut und anderes

Dieses Spiel funktioniert natürlich nur bei inneren Fähigkeiten, die in jedem Menschen auch tatsächlich schlummern – wie z. B. Durchsetzungsvermögen, Selbstbewußtsein, Mut, Offenheit, Souveränität. Fachliche Fähigkeiten können mit diesem Psychotraining nicht gefördert werden. Denn: Wo nichts ist, kann auch nichts wachsen.

Sport

Körperliche Bewegung sollte sicher nicht die einzige Methode sein, mit der Sie Ihr Selbstbewußtsein auf Trab bringen. Aber Sport ist unbestritten eine hervorragende Unterstützungsstrategie. Und dafür gibt es mehrere Gründe. Der offensichtliche: Sport verhilft uns zu einem positiven Körperbewußtsein. Wer sich in seiner Haut wohl fühlt, ist gleichzeitig psychisch stabiler. Diese enge Wechselwirkung zwischen Körper und Seele ist inzwischen hinlänglich bekannt. Doch das ist noch längst nicht alles: Eine ganze Flut wissenschaftlicher Untersuchungen belegt, daß beispielsweise Menschen, die regelmäßig joggen, nicht nur ihrem Körper positiver gegenüberstehen, sondern auch ein größeres Selbstbewußtsein entwickeln. Die Erfahrung, sich überwinden zu können, stetig mehr Kondition zu bekommen, etwas zu schaffen, was man sich vorher nicht zugetraut hat, läßt sich nämlich auch auf andere Lebenssituationen übertragen. Damit wächst auch der Mut, andere Probleme anzupacken, die man bislang als zu schwierig erachtet hat. Auf sportlichem Wege kann der Mensch somit seine Persönlichkeit auch weit über ein verbessertes sportliches Selbstbewußtsein hinaus verändern.

Erfolge beim Sport – und auch bei anderen Freizeitaktivitäten – füttern das Selbstbewußtsein. Sie lassen sich ohne weiteres als Stimulanzien auf den beruflichen Bereich übertragen.

Ein Team leiten

Welche Qualitäten braucht eine gute Führungskraft? Der Begriff allein verrät schon, worin die wohl wesentlichste Aufgabe besteht: nämlich im Führen von Mitarbeitern – eine anspruchsvolle Aufgabe.

Die wichtigsten Führungsqualitäten

- Sinnvoll delegieren
- Konstruktiv kritisieren
- Konflikte lösen
- Sich durchsetzen
- Integrieren
- Den Teamgeist wecken
- Motivation fördern
- Entscheidungen fällen
- Verantwortung übernehmen
- Loyal und fair vorgehen

Zugegeben: Einige männliche Vorgesetzte können hier kaum als Vorbild dienen, weil sie die Fähigkeit, Menschen verantwortungsvoll zu leiten, mit »Verwalten von Humankapital« oder dem »Beherrschen von Untergebenen« verwechseln. Doch diese unerfreuliche Tatsache kann nicht darüber hinwegtäuschen, daß der richtige Umgang mit Mitarbeitern heute nicht zuletzt aus wirtschaftlichen Gründen wichtiger ist denn je. Die Bedeutung von wirklich funktionierender Teamarbeit bzw. eines gesunden Betriebsklimas wird in Zukunft eher noch zunehmen.

Die Wichtigkeit von Teamwork wird künftig zunehmen – sehr zum Vorteil für ambitionierte, fähige Frauen.

Und Frauen besitzen eine ganze Reihe von Qualitäten, die sie für Führungspositionen bis hinauf in die Spitze prädestinieren: Einfühlungsvermögen, Verständnis, Intuition, Kommunikationsfähigkeit, die Gabe, zu integrieren und ganzheitlich zu denken – typisch weibliche Eigenschaften also, die, richtig dosiert und geschickt eingesetzt, keinesfalls zu Schwächen werden, sondern zu hochkarätigen Stärken.

Obwohl Frauen über hervorragende Führungsqualitäten verfügen, haben die meisten immer noch mit Ängsten und Zweifeln zu kämpfen, wenn Ihnen eine Führungsaufgabe übertragen wird.

Frauen führen besser

Die Autorin Sally Helgesen kam, als sie für ihr Buch »Frauen führen anders« den Führungsstil amerikanischer Managerinnen untersuchte, zu folgendem Ergebnis: Die von ihr beobachteten Karrierefrauen erwiesen sich nicht als »bessere Männer«, sondern verstanden es, die sogenannten weiblichen Schwächen exzellent einzubringen. Sie zeigten sich ausgeglichener und besser organisiert als die männliche Konkurrenz. Nicht zuletzt strukturierten sie im Gegensatz zu den meisten Männern ihr Unternehmen nicht als hierarchisches Gebilde, sondern als hocheffektives Netzwerk – zum Wohl der Firmenbilanzen, zum Wohl ihrer Mitarbeiter und natürlich zu ihrem eigenen Wohl.

Von der Squaw zum Häuptling

Die meisten Frauen müssen sich nur an ihre Anfänge erinnern. Ob Räuber und Gendarm oder Indianerspiele: Wenn Mädchen zu diesen aufregenden Jungenabenteuern überhaupt zugelassen waren, dann meist nur unter »ferner liefen«. Zur Anführerin brachten es die wenigsten. Sie durften die Squaw spielen, die dem Häuptling den Wigwam schön sauber hielt. Die Marschrichtung blieb meist auch in der Jugend erhalten: Ob Cliquenboß oder der Chefredakteurssessel der Schülerzeitung – in der Regel saß der hoffnungsvolle männliche Führungsnachwuchs am Drükker. Sicher ändert sich das derzeit bereits. Aber für den Großteil der Frauen, die heute nach oben kommen, ist die Erfahrung, von der Squaw zum Häuptling befördert zu werden und selbst den Ton anzugeben, relativ neu.

Doch nicht nur mangelnde Erfahrung macht Frauen zu schaffen. Auch auf dem Weg, Mitarbeiter zu führen, lauern einige Psychofallen: Konflikte auszuhalten oder Kritik zu üben – das haben uns Männer oft noch voraus. Um erfolgreich zu sein, muß sich Einfühlungsvermögen mit Konfliktbereitschaft paaren. Dann entsteht ein Synergieeffekt, der es Frauen erlaubt, nicht nur anders zu führen, sondern auch besser. Gelingt es mehr Frauen als bisher, beides zu verbinden – die inneren Barrieren zu überwinden und gleichzeitig ihre weiblichen Eigenschaften einzubringen –, muß sich die männliche Konkurrenz noch »wärmer anziehen« als bislang.

Die Fähigkeit auszugleichen müssen Frauen auch mit Durchsetzungskraft kombinieren, um beruflich erfolgreich zu sein.

Schwierigkeiten, andere zu kritisieren

Kritik ist mehr als ein notwendiges Übel. Sie stellt ein unentbehrliches Instrument dar, das von großem Nutzen sein kann. Vorausgesetzt, es wird richtig eingesetzt. Viele Frauen haben Scheu davor, dieses Werkzeug in die Hand zu nehmen – aus Angst, jemand zu verletzen, und in der Hoffnung, der Betreffende würde seinen Fehler selbst erkennen und sich bessern. Doch durch diese passive Abwartehaltung wird der Schaden meist erst richtig groß: Die Fehler wiederholen sich, die Mitarbeiter nehmen die Vorgesetzte nicht ernst, und wenn der stets nachsichtigen Chefin dann doch irgendwann der Kragen platzt, fühlen sie sich ungerecht behandelt. Nicht zu Unrecht – denn in aller Regel fällt Kritik, die sich allzulange aufgestaut hat, äußerst heftig aus. Wie ein Wolkenbruch aus heiterem Himmel.

Konstruktive Kritik

Die richtige Reaktion auf einen Fehler hängt stark von der jeweiligen Situation ab. Der einfachste Fall: Ein zuverlässiger Mitarbeiter kommt auf Sie zu, um sein Mißgeschick zu beichten. Er bedauert den Fehler offensichtlich und hat sich bereits überlegt, wie der Schaden auszubügeln oder zumindest in Grenzen zu halten ist. Auch wenn der Lapsus gravierend ist, sollte jetzt keinesfalls ein Donnerwetter folgen. Versuchen Sie gemeinsam zu retten, was zu retten ist, und beschließen Sie die mißliche Angelegenheit, indem Sie den Fehler in Relation zu den sonstigen Leistungen des Mitarbeiters stellen, etwa mit den Worten: »Ich weiß, daß auf Sie Verlaß ist, und ich bin mir sicher, das passiert Ihnen so schnell nicht wieder.« Damit motivieren Sie den Mitarbeiter, ohne den Fehler auf die leichte Schulter zu nehmen.

Konstruktive Kritik heißt, zusammen mit dem Mitarbeiter den Fehler klar zu analysieren – und möglichst schnell zu beheben.

Spielen Sie nicht die Trösterin

Versichern Sie keinesfalls, daß das Mißgeschick auch jederzeit Ihnen hätte passieren können. Sonst geraten Sie schneller, als es Ihnen lieb ist, in die Rolle der alles verstehenden und verzeihenden Mutter – kein starkes Image. Ist der Mitarbeiter arg zerknirscht, sollten Sie ihn allerdings etwas aufmuntern.

Doch längst nicht immer ist es der Mitarbeiter selbst, der Sie auf seinen Fehler aufmerksam macht. Oft werden Sie selbst darauf stoßen, etwa wenn eine Aufgabe in Ihren Augen nicht richtig oder zu spät ausgeführt wurde. Prüfen Sie zuerst, ob der Fehler bei Ihnen liegt, ob Sie unklare Anweisungen gegeben oder keinen festen Termin genannt haben, zu dem Sie das Ergebnis haben möchten. Oft gehen Vorgesetzte – auch weibliche – davon aus, der Mitarbeiter würde ohnehin wissen, wie sie sich die Erledigung einer bestimmten Aufgabe vorstellen oder wie dringend eine Angelegenheit ist. Oder eine Anweisung wird sozusagen nebenbei erteilt (z. B.: »Der Gesprächstermin mit dem Kunden X ist nun perfekt. Wir sollten also sämtliche Unterlagen vorbereiten.«). Falls Ihnen solche vagen Formulierungen unterlaufen, sollten Sie in Zukunft darauf achten, Ihre Wünsche und Anweisungen so klar wie möglich auszudrücken, z. B.: »Die Unterlagen für das Kundengespräch müssen vorbereitet werden. Bitte übernehmen Sie das, Frau A. Bis wann können Sie das erledigen?«

Fehler haben ganz unterschiedliche Ursachen. Prüfen Sie sie, dann können Sie Ihre Kritik zielgerichteter einsetzen.

Kritik gezielt einsetzen

Falls die Leistung eines Mitarbeiters aber trotz klarer Anweisungen nicht Ihren Erwartungen entspricht, sollten Sie möglichst sofort aktiv werden. Inwieweit Ihre kritischen Äußerungen auf fruchtbaren Boden fallen, hängt stark von Ihrem Geschick ab, diese vorzubringen:

- Kritik sollte niemals als persönlicher Angriff oder als Verallgemeinerung geäußert werden, etwa: »Mit Ihrer Unzuverlässigkeit und Vergeßlichkeit behindern Sie das gesamte Team.« – »Nie sind Sie pünktlich!« Damit erreichen Sie nichts, denn der Mitarbeiter fühlt sich verletzt und ungerecht behandelt. Formulieren Sie Ihre Vorwürfe vielmehr sachlich und konkret, etwa: »Sie haben den Termin bei X vergessen.« – »Sie sind zum zweitenmal in dieser Woche zu spät gekommen.«

- Kritik sollte stets konstruktiv, also aufbauend sein. Das setzt voraus, daß der Mitarbeiter erfährt, wie er seinen Fehler ausbügeln kann.

- Geben Sie dem Mitarbeiter die Chance, sich zu den Vorwürfen zu äußern: Egal, ob eine Frau in Ihrem Team sich für ihr wiederholtes Zuspätkommen entschuldigt, weil der Kindergarten zur Zeit geschlossen ist, oder ein anderer seine schlechte Leistung mit zuviel Streß am Arbeitsplatz begründen will: Nehmen Sie solche Äußerungen ernst. Das heißt nicht, daß Sie deshalb alles billigen müssen – aber Sie sollten darauf eingehen: Im ersten Fall etwa, indem Sie die Mitarbeiterin fragen, wie lange der Betreuungsengpaß andauern wird. Handelt es sich um mehr als eine Woche, sollten Sie ihr klarmachen, daß sie sich um Alternativmöglichkeiten kümmern muß. Im zweiten Fall sollten Sie gemeinsam mit dem Mitarbeiter prüfen, ob er tatsächlich überlastet ist.

Psychologisch geschickter: Kritik positiv formulieren.

● Ermuntern statt entmutigen! »Ich hoffe doch sehr, beim nächstenmal bekommen Sie das besser hin.« Wenn ein Mitarbeiter einen Fehler gemacht hat, schüchtern Sie ihn auf diese Weise nur ein. Weitaus besser: »Ich bin mir sicher, daß Sie das beim nächstenmal schon viel besser machen.«

● Stellen Sie den Mitarbeiter nicht vor anderen bloß. Kritik sollte möglichst unter vier Augen vorgetragen werden.

● Wiederholen sich die Fehler oft, müssen Sie natürlich Konsequenzen ziehen, beispielsweise, indem Sie besonders anspruchsvolle Aufgaben an andere übertragen. Diese Konsequenzen sollten Sie vorher ankündigen, indem Sie mit dem Mitarbeiter ein offenes Gespräch führen. Sagen Sie ihm, daß Sie in den letzten Wochen trotz wiederholter Versuche keine Fortschritte erkennen konnten und welche Schritte Sie sich deshalb überlegen.

Ausnahmesituation oder Wiederholungstat?

Klären Sie ab, ob der Mitarbeiter einfach nur überfordert ist. Vielleicht befindet er sich auf einer persönlichen Durststrecke, die Sie – bis zu einem gewissen, vertretbaren Punkt – berücksichtigen sollten. Zumindest sollte der Mitarbeiter nach einem solchen Gespräch nochmals eine Bewährungsprobe erhalten.

Man(n) nimmt die Chefin nicht ernst

Zu glauben, es mache keinen Unterschied, ob Sie es bei Ihren Mitarbeitern hauptsächlich mit Männern oder mit Frauen zu tun haben, wäre blauäugig. Es macht einen Unterschied!

Zum einen haben viele Männer, auch jene, die Gleichberechtigung generell befürworten, immer noch Schwierigkeiten, wenn eine Frau das Sagen hat. Schließlich waren die Männer im Hierarchiegefälle lange Zeit obenauf. Die umgekehrte Situation ist doch noch so neu, daß die wenigsten männlichen Arbeitnehmer bislang damit konfrontiert wurden. Sie fühlen sich – bewußt oder unbewußt – in ihrer Männlichkeit verletzt. Besonders schwierig wird es, wenn sie sich selbst Hoffnungen auf den Posten gemacht haben: Von einer Frau ausgestochen zu werden, empfinden viele als doppelte Schmach. Gleichzeitig spüren Frauen natürlich solche Vorbehalte, und dieses Gefühl ist alles andere als angenehm.

Die Macht nicht aus der Hand geben

Die größte Gefahr in dieser Situation: sich von all den unausgesprochenen männlichen Negativgefühlen beeinflussen zu lassen. Um das Hierarchiegefälle nicht sichtbar zu machen, geben manche Chefinnen zuviel von ihrer Macht auf: Sie ziehen die männlichen Mitarbeiter bei jeder Entscheidung hinzu, überlassen ihnen wesentliche Bereiche, die eigentlich zum Aufgabenpool der Vorgesetzten zählen, bitten um Rat, auch wenn sie ihn gar nicht nötig haben. Ein solches Verhalten kann ein böses Erwachen nach sich ziehen: Wer als Chefin versucht, Männern das Gefühl der Unterlegenheit zu nehmen, riskiert, selbst zu unterliegen.

Frauen, die das Hierarchiegefälle leugnen, verlieren an Einfluß, Respekt und Handlungsspielraum – und werden über kurz oder lang ihren Stuhl räumen müssen.

T I P

Statt die männlichen Mitarbeiter mit (angeblichen) Schwächen versöhnen zu wollen, sollten Sie vielmehr versuchen, sie durch Ihre Stärken zu beeindrucken. Sobald die Männer insgeheim zugeben »Sie ist ihrer Position voll gewachsen. Kein Wunder, daß sie Chefin geworden ist!« – haben Sie gewonnen. Auch wenn ein Mitarbeiter auf Ihren Posten spekuliert hat, wird es ihm dann leichter fallen, die Realität zu akzeptieren.

Sie sollten also Durchsetzungsvermögen, Energie und Selbstbewußtsein an den Tag legen. Wie läßt sich dieses Ziel nun am besten umsetzen?

- Sehr wichtig ist, wie Sie sich selbst definieren. Halten Sie sich die Situation immer wieder klar vor Augen: Sie sind die Chefin. Die Wahl traf auf Sie – und nicht auf einen Ihrer Mitarbeiter. Sagen Sie sich das lieber einmal zu oft als zuwenig.

- Unterschätzen Sie Äußerlichkeiten nicht. Wenn Sie Statussymbole lächerlich finden, ehrt Sie das. Doch Erfolg definiert sich nach außen hin leider auch über Nebensächlichkeiten, wie die Größe des Büros, seine Ausstattung oder ein Dienstwagen. Was in dieser Firma für Ihre Position üblich ist, erkennen Sie am besten an den Privilegien ihrer Kollegen, die sich auf der gleichen Hierarchieebene bewegen wie Sie. Falls sich also ein Mitarbeiter vor Ihrem ersten Tag im besten Büro eingenistet hat, sollten Sie freundlich darauf bestehen, daß er umzieht – und sich nicht etwa mit einem kleinen Raum zufriedengeben, der zufällig freisteht. Sonst erwecken Sie unter Umständen unfreiwillig den Eindruck, man könne Sie um den Finger wickeln.

Gehen Sie souverän mit den Insignien der Macht um: ein entsprechendes Büro oder das Dienstauto gehören einfach dazu.

- Verzichten Sie auf vornehme Bescheidenheit. Wenn es Ihnen gelingt, einen großen Auftrag an Land zu ziehen oder ein kniffliges Problem zu lösen, sollten Sie das ebenso herausstreichen, wie Männer das in der Regel tun. Sonst gehen Ihre Erfolge unter.

Auf die Nuancen kommt es an

Ein Formulierungsbeispiel! Verkünden Sie nicht: »Wir haben den Auftrag erhalten.« Sagen Sie vielmehr ganz selbstbewußt: »Ich habe es geschafft. Der Auftrag gehört uns.«

- Stellen Sie Ihre Fehler nicht ins Rampenlicht. Natürlich sollten Sie dazu stehen, wenn Sie etwas falsch gemacht haben. Aber mit der nötigen Souveränität. Es genügt, wenn Sie sich vor den anderen einmal dazu äußern.

- Kumpelhaftes Auftreten sollten Sie zumindest in der Anfangsphase tunlichst vermeiden. Eine Portion Distanz ist hilfreich, um die Grenzen klar zu stecken.

- Beharren Sie auf Ihrem Führungsstil. Frauen sind oft besser als Männer in der Lage, an das Wir-Gefühl im Team zu appellieren, Entscheidungen transparent zu machen oder auch mal ein Auge zuzudrücken, wenn sich ein Mitarbeiter in einem seelischen Tief befindet. Auch wenn insbesondere Ihre männlichen Mitarbeiter anfangs irritiert auf solche »weiblichen« Führungsqualitäten reagieren: Lassen Sie sich nicht beirren.

Mit der Zeit erkennen auch Männer die Vorteile eines weiblichen Führungsstils – und wissen sie zu schätzen.

- Übergeben Sie wichtige Aufträge und Bereiche förmlich. Selbstverständlich sollten Sie vermeiden, daß Ihre Mitarbeiter in der jetzigen Konstellation keine Entwicklungsmöglichkeiten sehen. Allein schon deshalb sollten Sie sie auch mit wichtigen und verantwortungsvollen Aufgaben betrauen. Allerdings kommt es darauf an, wie Sie das anfangen: Ihre männlichen Mitarbeiter sollten keinesfalls den Eindruck gewinnen, Sie würden diese Bereiche zufällig abgeben oder gar, weil Sie sich damit zuwenig auskennen.

In aller Form

Die richtige Strategie, um wichtige Aufträge zu delegieren: Machen Sie klar, daß ein bestimmtes Projekt in Ihren Augen viel Kompetenz oder Verantwortungsgefühl verlangt und daß Sie bewußt auf diesen Mitarbeiter setzen. Damit versetzen Sie sich in die Rolle der Förderin und behalten die Fäden fest in der Hand. Achten Sie dabei allerdings darauf, daß Sie keinen Bereich abgeben, der allein Aufgabe der Vorgesetzten ist.

- Reagieren Sie sofort auf Unkorrektheiten. Zum einen bedeutet das, daß Sie sich nicht vor Kritik scheuen sollten. Zum anderen: Wenn ein Mitarbeiter versucht, Sie bei einer Entscheidung zu übergehen, sollten Sie die Sache sofort klarstellen. Freundlich, aber nachdrücklich.

Auf den oberen Etagen ist die Luft etwas dünner. Entscheidungen müssen oft schnell und allein gefällt werden.

Angst vor Entscheidungen

Frauen haben oft Schwierigkeiten, sich zu einem Entschluß durchzuringen. Zum einen hat das wiederum mit der Kindheit zu tun: Mädchen werden oft zuwenig dazu erzogen, die Verantwortung für sich selbst zu übernehmen. Man nimmt ihnen viele Entscheidungen ab, mit dem Erfolg, daß sie als Erwachsene oft schon bei Kleinigkeiten ins Trudeln geraten und lieber andere fragen, als sich auf ihr eigenes Empfinden oder Urteilsvermögen zu verlassen. Zum anderen droht auch hier wieder die Perfektionismusfalle: Jede Entscheidung ist mit dem Risiko verbunden, das Falsche zu tun. Aus Angst, Fehler zu machen, wird deshalb vieles auf die lange Bank geschoben oder gar vertrauensvoll in die Hände anderer gelegt. Als Führungskraft müssen Sie aber tagtäglich Entscheidungen treffen, belanglose, aber auch solche von Tragweite. Mit Zögern und Zaudern kommen Sie nicht weiter.

Niemand kann Ihnen letztlich Entscheidungen abnehmen. Entscheiden Sie also allein – und stehen Sie dazu.

Die Fähigkeit, Entscheidungen zu fällen, kann trainiert werden. Bedienen Sie sich zusätzlich einiger bewährter Entscheidungshilfen:

- Gönnen Sie sich selbst bei kleinen Entscheidungen keinen Aufschub. Das beginnt bereits bei der Durchsicht der Post. Überlegen Sie nicht dreimal hin und her, was Sie brauchen und was in den Papierkorb wandern soll. Im Zweifelsfall werfen Sie es weg: Unterlagen, von denen man nicht weiß, ob sie einem jemals nützen, braucht man erfahrungsgemäß auch nicht. Und wenn doch: Fast alles läßt sich wieder besorgen. Falls Sie zu unsicher sind: Entscheiden Sie sich sofort dafür, das Schreiben aufzubewahren. Aber richten Sie sich eine gute Ablage ein, sonst ersticken Sie über kurz oder lang unter dem Papierkram.

- Entscheiden Sie bei Kleinigkeiten grundsätzlich allein. Das beginnt bei Lappalien wie der morgendlichen Kleiderfrage oder der Überlegung, ob Sie zu einem halbberuflichen Abendtermin gehen sollen oder nicht. Ziehen Sie bei solchen Entscheidungen weder eine Freundin noch Ihren Partner hinzu (außer natürlich, wenn er in dieser Zeit auf Ihr Kind aufpassen soll).

Fragen Sie bei Lappalien nie um Rat; es kostet einfach zuviel Zeit.

Eine altbewährte Methode

Bei größeren Entscheidungen müssen Sie sich natürlich zuerst gründlich informieren. Dann nehmen Sie sich ein weißes Blatt Papier zur Hand, listen zuerst alle Gründe auf, die für Weg A sprechen, dann alle Gründe, die für Weg B sprechen; das gleiche machen Sie mit den Nachteilen, die Sie bei den jeweiligen Entscheidungsmöglichkeiten sehen. Jedem dieser Aspekte geben Sie nun ein Gewicht – etwa durch ein Punktesystem. In der Regel werden Sie Ihre Entscheidung nicht einmal davon abhängig machen müssen, welche Variante mehr Punkte erbringt – allein schon dadurch, daß Sie die jeweiligen Vor- und Nachteile schwarz auf weiß vor Augen haben, wird Ihnen der bessere Weg klarwerden.

- Je mehr Entscheidungen Sie treffen, um so besser. Zwar steigt damit sicherlich Ihre Fehlerquote, aber gleichzeitig auch die Erfolgsbilanz. Auch wenn es hart klingt: Eine falsche Entscheidung ist besser als gar keine. Erstere bringt Ihnen zumindest eine Einsicht, letztere gar nichts.

Konflikte lösen

Zwei grundsätzliche Arten gilt es zu unterscheiden: Konflikte, die zwischen Ihnen selbst und einem anderen bestehen, sowie Streitigkeiten, die zwischen Mitarbeitern stattfinden und vor denen Sie als Vorgesetzte nicht die Augen verschließen sollten. Erstaunlich ist dabei, daß Frauen letzteres – also das Schlichten von Streitigkeiten, die sie nicht unmittelbar berühren – meist sehr gut beherrschen. Bei den Konflikten hingegen, an denen sie selbst beteiligt sind, haben sie zum Teil erhebliche Probleme.

Eigene Konflikte selbstbewußt in Angriff nehmen

Daß Frauen konfliktscheu sind, kann sich auf unterschiedliche Art und Weise zeigen. Manche Frauen verlegen sich auf die Vogel-Strauß-Taktik und geben vor, gar keine Dissonanzen zu bemerken. Andere geben vorsichtshalber klein bei, noch bevor die Auseinandersetzung so richtig begonnen hat.

Sieger und Verlierer?

Hinter beiden Konflikttypen steckt jenes anerzogene Bedürfnis nach Harmonie und der (illusorische) Wunsch, von allen geliebt zu werden. Darüber hinaus herrscht – bei Männern übrigens ebenso wie bei Frauen – der Irrglaube vor, jeder Konflikt ende entweder mit einem Sieg oder einer Niederlage. Um nicht unterlegen zu sein, vermeidet man die Auseinandersetzung lieber gleich. Doch die Konflikte gären dann unterschwellig weiter und werden mit der Zeit nur größer.

Wenn Konflikte übersehen werden, wird eine mögliche Entwicklung zum Positiven verhindert.

Zur Erklärung ein Beispiel aus der Werbebranche: Simone, Leiterin eines Kreativteams, spürt seit geraumer Zeit, daß das Verhältnis zwischen ihr und Sonja, einer ihrer besten Mitarbeiterinnen, gespannt ist. Sonja erscheint häufig mißmutig in der Arbeit, spricht nur noch das Nötigste mit ihrer Chefin. Simone nimmt an, Sonja habe private Probleme und entschließt sich, erst einmal abzuwarten. Doch die Situation verbessert sich nicht, im Gegenteil: Sonja engagiert sich lange nicht mehr so wie früher, mit ihren Leistungen geht es bergab. Simone er-

mahnt ihre Mitarbeiterin, doch wieder mehr Gas zu geben. Sonst könne sie ihr die nächste Kundenpräsentation nicht übergeben. Sonja gibt an, ohnehin kein Interesse daran zu haben. Simone unternimmt immer noch nichts – erst als ihr eine andere Mitarbeiterin im Vertrauen sagt, Sonja suche bereits eine andere Stelle, wird sie aktiv.
Simone holt Sonja zu sich und bittet sie um eine Aussprache. Gleichzeitig versichert sie ihr, wie sehr sie sie schätze. Nun erst gelingt es ihr, die Ursache für den Konflikt zu erkennen: Sonja hatte bei einem großen Auftrag drei Monate zuvor Hervorragendes geleistet. Sie steuerte die besten Ideen bei, arbeitete wochenlang bis tief in die Nacht, alle waren von dem Ergebnis begeistert. Der Knackpunkt: Die Präsentation vor dem Kunden hatte Simone übernommen. Sonja fühlte sich übergangen, glaubte, die Vorgesetzte wolle allein die Lorbeeren kassieren – und zog sich verletzt und frustriert zurück.

Das Drei-Stufen-Programm zur Konfliktbewältigung

Erster Schritt: Benennung des Konflikts Alle beteiligten Personen müssen sich darauf einigen, um welchen Konflikt es sich genau handelt. Zurück zu unserem Beispiel: Da Simone in diesem Fall nicht wußte, worum es sich handelt, hätte sie Sonja möglichst früh fragen müssen. Gemeinsam hätten sie den Konflikt benennen können: die unterschiedliche Auffassung darüber, wer eine Präsentation macht – die Vorgesetzte oder die Mitarbeiterin, die die Hauptleistung erbracht hat. Auch Sonja hätte die Vorgesetzte um eine Aussprache bitten können.

Je früher ein Konflikt angepackt wird, um so besser.

Zweiter Schritt: Aufarbeitung des Konflikts Nun hätte Simone Gelegenheit gehabt, ihren Standpunkt darzulegen: In ihren Augen (und auch in denen ihres Chefs) ist es allein Aufgabe der jeweiligen Teamleiterin, die Ergebnisse dem Kunden vorzustellen. Sonja hätte darauf verweisen können, daß es sich hierbei um eine Ausnahme handelt: Sie war nicht nur am Auftrag beteiligt, sie führte ihn fast allein durch. Sie hätte auch generell Kritik an dieser Firmenrichtlinie üben können. Gemeinsam hätten beide – unter Umständen mit den anderen Teammitgliedern – Möglichkeiten diskutieren können, wie solche Situationen in Zukunft gelöst werden.

Dritter Schritt: Lösung des Konflikts Gemeinsam hätte ein Kompromiß gefunden werden können – etwa in der Form, daß Simone bei der Präsentation zwar die Federführung übernimmt, doch auch Sonja anwesend ist und beispielsweise die Grundideen ihrer Arbeit selbst ausführen darf.

Natürlich kann es nicht bei jedem Konflikt eine Lösung geben, die beide Seiten befriedigt. Sobald aber offen darüber gesprochen wird, hat die Vorgesetzte die Möglichkeit, ihren Standpunkt klar darzulegen und argumentativ zu begründen. Auch wenn es zu einer harten Auseinandersetzung kommt, ist das in jedem Fall besser, als einem Konflikt freien Lauf zu lassen. Langfristig ist die Harmonie innerhalb des Teams dadurch wesentlich stärker bedroht als durch eine vorübergehende Mißstimmung.

Harmonie ist zweitrangig

Das Risiko, durch einen bewußteren Konfrontationskurs Sympathien zu verlieren, müssen Sie eingehen. Immer und allseits beliebt zu sein ist nun mal im Berufsleben nicht durchführbar – abgesehen davon, daß es auch gar nicht wünschenswert ist. Wer nicht bereit ist, im Fall eines Konflikts neben Kompromißbereitschaft auch Durchsetzungsvermögen an den Tag zu legen, kann sich auf Dauer nicht behaupten und bestenfalls eine Karriere als Berufsopportunist starten.

Chefsache: Konflikte im Team

Wer zahlt wieviel in die Kaffeekasse? Wer telefoniert zu laut? Bei kleinen Streitereien zwischen Kollegen dürfen und sollten Sie sich heraushalten. In Ihrem Team arbeiten schließlich erwachsene Menschen, die nicht wie Kleinkinder behandelt werden wollen. Bei größeren oder länger anhaltenden Konflikten hingegen sind Sie als Vorgesetzte gefordert. Selbst wenn Sie keine klaren Anhaltspunkte haben, sondern nur spüren, daß im Team etwas nicht stimmt, sollten Sie in jedem Fall Ihre Intuition ernst nehmen – und handeln. Sonst werden aus Mißstimmungen Spannungen, es bilden sich Fronten. Schlimmstenfalls kommt es zu Mobbingprozessen.

Frauen beherrschen die Kunst, zu schlichten und zu versöhnen recht gut – bei anderen.

Die wichtigsten Regeln, um Streitereien im Team zu schlichten und Mobbingprozesse abzuwenden:

- Egal, ob der Umgangston zwischen zwei oder mehreren Mitarbeitern in letzter Zeit schärfer wurde oder ein Teammitglied immer nur noch allein zum Essen geht: Achten Sie auf solche Warnsignale.

- Versuchen Sie, die Ursache des Konflikts herauszufinden: durch Beobachtung, durch Gespräche mit den Betroffenen und anderen.

- Lassen Sie immer beide Seiten zu Wort kommen, ergreifen Sie keinesfalls Partei.

- Fordern Sie die Kontrahenten auf, sich Lösungsmöglichkeiten zu überlegen. Auch Sie selbst können Vorschläge machen – und müssen es sogar, wenn von den Betroffenen keine vernünftigen Ideen kommen. Machen Sie dann aber deutlich, daß Ihr Vorschlag verbindlich ist.

- Bleiben Sie am Ball. Setzen Sie sich nach ein bis zwei Wochen wieder mit den Beteiligten zusammen, klären Sie, ob der Konflikt tatsächlich bereinigt wurde oder noch stillschweigend weitergärt. Erst wenn sich das Verhältnis normalisiert, können Sie den Konflikt als gelöst betrachten.

Erst wenn der Konflikt gelöst ist, dürfen Sie die Sache zu den Akten legen.

Ärger mit unmotivierten Mitarbeitern

Eine Binsenweisheit: Motivation ist ein wesentlicher Schlüssel zum Erfolg. Mitarbeiter, die bestenfalls Dienst nach Vorschrift machen, erbringen keine guten Leistungen.

Motivation kommt von innen

Jeder trägt die Motivation in sich. Entfalten kann sie sich dann, wenn der Mensch Sinn in seiner Arbeit sieht und Spaß daran hat. Aus der Perspektive der Vorgesetzten gesehen, bedeutet das: Motivation läßt sich nicht einfach von außen implantieren. Als Vorgesetzte können Sie lediglich Bedingungen schaffen, in denen sie sich entwickeln kann.

Geld ist nicht alles

Materielle Anreize etwa sind nur mit Vorsicht als Motivierungshilfen einzusetzen. Eine Gehaltserhöhung, Prämien oder auch teure Incentive-Reisen können die Zufriedenheit eines ohnehin bereits motivierten Mitarbeiters steigern, doch bei seinem unmotivierten Kollegen werden sie kaum den Funken entfachen können. Schlimmstenfalls geht der Schuß nach hinten los: Man strengt sich vorübergehend etwas stärker an, um in den Genuß der Extraleistung zu kommen, danach fällt die Leistungskurve um so drastischer ab. Schließlich lag der Anreiz nicht beim Inhalt der Arbeit selbst, sondern außerhalb. Oder man überredet einen Kunden zu einem Geschäft, um die nötige Punktzahl zur Teilnahme am Luxustrip für besonders verdiente Mitarbeiter zu erreichen – und schert sich nicht darum, ob dieser sich später enttäuscht von der Firma abwendet, weil er sich nicht gut beraten fühlt. Materielle Anreize haben, wenn überhaupt, nur dann Sinn, wenn sie als zusätzliche Auszeichnung in einem ohnehin motivationsfördernden Klima eingesetzt werden. Dieses Klima wird durch unterschiedliche Faktoren begünstigt:

Motivation läßt sich nicht kaufen. Materielle Anreize machen erst dann Sinn, wenn auch die inhaltliche Seite der Arbeit stimmt.

- Nehmen Sie Ihre Mitarbeiter ernst: Geben Sie jedem einzelnen das Gefühl, ihn als Persönlichkeit wahrzunehmen und nicht nur als Arbeitnehmer. Nehmen Sie sich die Zeit, auf Fragen und Probleme einzugehen, und konzentrieren Sie sich auf folgendes: Kein Teammitglied sollte den Eindruck gewinnen, der Vorgesetzten gleichgültig zu sein oder gar »auf den Nerv« zu gehen.

- Sorgen Sie für Kommunikation: Beispielsweise auch dadurch, daß Sie sich Zeit für eine Tasse Kaffee nehmen und in Ruhe mit einem oder mehreren Mitarbeitern plaudern – dabei sollte es nicht nur um den Job gehen.

- Machen Sie Wege und Ziele transparent: Erst wenn ein Mitarbeiter den Sinn einer Aufgabe versteht, hat er ein Motiv, einen Beweggrund. Gleichzeitig fühlt er sich dann in den Ablauf integriert und kommt sich nicht wie ein Computer vor, dem es gleichgültig ist, ob die Aufgabe, die er löst, Sinn macht.

- Erkennen Sie Leistung an: Dazu genügt es nicht, regelmäßig ein kurzes Lob herauszulassen. Gut-gemacht- und Weiter-so-Parolen wecken Assoziationen an die typischen Streicheleinheiten, die Erwachsene Kindern zuteil werden lassen. Und welcher Arbeitnehmer möchte sich als braves Kind fühlen, das seine Hausaufgaben erledigt hat? Um tatsächlich aufzubauen, sollte eine Anerkennung differenziert und begründet sein: »Ihre Arbeit gefällt mir sehr gut, weil ...« – »Ich finde Ihren Ansatz besonders bemerkenswert, weil ...«

- Zeigen Sie Interesse an der Beurteilung Ihrer Arbeit: Viele Vorgesetzte reagieren fast schon beleidigt, wenn sie von einem Mitarbeiter gelobt werden. Das ist ein großer Fehler, denn dadurch wird wiederum die Erwachsenen-Kinder-Ebene eingeblendet. Wer sich über ein Kompliment eines Mitarbeiters freut, signalisiert: »Ich schätze ihre Meinung.« Lassen Sie deshalb auch Raum für Kritik an Ihrer Leistung.

- Beweisen Sie, daß Sie Ihren Mitarbeitern vertrauen. Dazu gehört einerseits, nicht jeden Schritt zu kontrollieren, sondern möglichst viel Eigenverantwortung zuzulassen. Fahren Sie beispielsweise einige Tage weg, sollten Sie keinen Zweifel daran lassen, daß Sie davon überzeugt sind, daß in Ihrer Abwesenheit alles reibungslos verlaufen wird. Ein weiterer wichtiger Vertrauensbeweis besteht darin, Mitarbeitern mehr Verantwortung zu übergeben. Wer den Eindruck hat, sich unter Ihrer Führung entwickeln und verbessern zu können, wird automatisch motiviert sein.

Auch wenn Sie sich nicht sicher sind, einfach wegfahren zu können, sollten Sie das Ihre Mitarbeiter keinesfalls spüren lassen.

Feiern Sie zur rechten Zeit!

Das Team hat einen Erfolg zu verbuchen, ein großer Auftrag ist beendet, oder ein neuer konnte an Land gezogen werden? Gute Gelegenheiten, auch mal eine Runde auszugeben und das Ereignis gebührend zu feiern. Damit erhalten die Mitarbeiter zum einen das Gefühl, am Erfolg beteiligt zu sein. Gleichzeitig tut es einfach gut, mal loszulassen, durchatmen zu können und sein Vergnügen zu haben. Solche kleinen Events sind oft motivationsfördernder als ein Incentive-Trip in die Karibik.

Ohne die Vorgesetzte läuft gar nichts

»Wenn ich krank werde, bricht der Laden hier mit Sicherheit zusammen.« – »Ich schiebe meinen Urlaub schon ewig vor mir her. Meine Mitarbeiter wissen ohne mich doch gar nicht, was sie machen sollen.« Kennen Sie solche Gedanken? Dann wird es höchste Zeit, etwas zu ändern. Denn auch wenn Sie eine verantwortungsvolle Position innehaben: Der Verdacht, ohne Sie liefe nichts, unterstreicht weniger Ihre Wichtigkeit als vielmehr Ihre mangelnde Fähigkeit und Bereitschaft, zu delegieren und Abläufe transparent zu gestalten.

Was Sie delegieren sollten

Das sinnvolle Übertragen von Aufgaben ist aus zweierlei Gründen wichtig: Sie entlasten sich und demonstrieren gleichzeitig, daß Sie Ihren Mitarbeitern etwas zutrauen, wodurch deren Motivation gesteigert wird. Selbstverständlich kommt es darauf an, was man an wen delegiert. Generell sollten Sie sämtliche Routinearbeiten abgeben – schließlich müssen Sie den Kopf frei haben für Wesentlicheres, den Überblick behalten und neue Ideen entwickeln. Doch das allein genügt noch nicht: Darüber hinaus müssen Sie auch verantwortungsvolle Tätigkeiten aus der Hand geben, allein schon deshalb, weil Ihre Mitarbeiter nicht das Gefühl haben sollen, nur »Handlangerdienste« verrichten zu dürfen. Um Ihr Team optimal einzusetzen, müssen Sie die Fähigkeiten jedes einzelnen einschätzen können und dementsprechend die Aufgaben verteilen.

Die Kunst, zu delegieren: Einerseits müssen Sie auch wichtige Aufgaben an Mitarbeiter abgeben, andererseits dürfen Sie sich die Zügel nicht aus der Hand nehmen lassen.

Arbeitsabläufe transparent machen

Zumindest Ihr Stellvertreter oder, wenn Sie keinen haben, einige fähige Mitarbeiter sollten wesentliche Informationen und Zusammenhänge kennen sowie bei wichtigen geschäftlichen Belangen stets auf dem aktuellen Stand sein. Es darf eben kein Chaos geben, wenn Sie doch einmal unvermittelt krank werden. Sonst fällt es auf Sie zurück.

Was Sie keinesfalls delegieren dürfen

So wichtig es ist, daß andere Ihr »Drehbuch« zumindest in groben Zügen kennen, so entscheidend ist es andererseits, daß Sie die »Regie« führen. Entscheidungen zu treffen, wichtige Gespräche mit dem Chef oder Geschäftspartnern zu führen, Projekte abzusegnen – das sind Aufgaben, die Sie zumindest am Anfang nicht aus der Hand geben sollten. Denn letztlich sind Sie verantwortlich und müssen den Kopf hinhalten, wenn etwas danebengeht. Sobald Ihre Position wirklich gefestigt ist, können Sie auch mal wichtigere Aufgaben an besonders kompetente und vertrauenswürdige Mitarbeiter delegieren. Allerdings sollten Sie regelmäßig Rücksprache halten, damit Sie rechtzeitig eingreifen können – und keiner daran zweifelt, daß Sie die Fäden fest in der Hand halten.

Richtiges Delegieren ist eine Kunst: Es kann Sie entlasten, Ihre Mitarbeiter motivieren und Ihre Position festigen.

Dauerproblem Stress

Ganz läßt sich Streß im Job nie umgehen. Insbesondere wenn Sie eine verantwortungsvolle Position innehaben, werden Sie häufiger mal Phasen voller Hektik erleben und auch eine innere Anspannung bemerken.

Bei Streß leiden Psyche und Körper ebenso wie Beruf und Privatleben.

Solange diese Zeitspannen vorübergehend sind, gibt es meist keinen Grund zur Besorgnis. Kritisch wird es hingegen, wenn Sie der Streß gar nicht mehr losläßt. Der folgende Test hilft Ihnen herauszufinden, ob der Streß in Ihrem Job ein gesundes oder zumindest erträgliches Level noch nicht überschreitet oder ob er bereits zum gefährlichen Dauerbegleiter geworden ist.

Test: Wie gestresst sind Sie wirklich?

	Ja	Nein
Ich nehme mir häufig Arbeit mit nach Hause.	☐	☐
Mehr Mitarbeiter in meiner Abteilung/meinem Team würden wirklich nicht schaden.	☐	☐
Termindruck haben wir eigentlich pausenlos.	☐	☐
Manchmal weiß ich morgens gar nicht, wo ich anfangen soll.	☐	☐
Ich wünsche mir oft, der Tag hätte 48 Stunden.	☐	☐
Mein/e Partner/Freunde/Familie klagt/en häufig, ich würde mich wegen des Jobs zuwenig um ihn/sie kümmern.	☐	☐
Eigene Interessen? Ich habe einen Beruf und Kind(er) – für mehr reicht meine Zeit beim besten Willen nicht.	☐	☐
Ich beende eine Arbeit erst, wenn ich 100prozentig damit zufrieden sein kann.	☐	☐

TEST: WIE GESTRESST SIND SIE WIRKLICH?

	Ja	Nein
● Meine Mitarbeiter kommen auch mit kleinen Problemen und Fragen zu mir.	☐	☐
● Es fällt mir oft schwer, abends oder am Wochenende richtig abzuschalten.	☐	☐
● Ich träume oft von meinem Job.	☐	☐
● Ich fürchte, mein Vorgesetzter ist nicht zufrieden mit der Leistung, die ich und mein Team erbringen.	☐	☐
● In der letzten Zeit häuften sich Fehler.	☐	☐
● Während der Arbeit vergesse ich oft, regelmäßig zu essen, oder hole mir nur eine Kleinigkeit für zwischendurch.	☐	☐
● Manchmal wage ich gar nicht daran zu denken, was ich alles erledigen sollte.	☐	☐
● Wenn ich doch daran denke, kommt gleich der Gedanke »Das schaffst du nie!«	☐	☐
● Ich gehe in der Regel auch in die Firma, wenn ich krank bin.	☐	☐
● Ich rauche, nehme Tabletten und/oder brauche abends erst einmal ein Glas Wein, um abschalten zu können.	☐	☐
● »Du siehst blendend aus« hat mir schon lange keiner mehr gesagt. Eher spricht man mich dezent darauf an, wie müde und blaß ich aussehe.	☐	☐
● Für Sport habe ich einfach keine Zeit.	☐	☐
● Ich reagiere schnell gereizt, wenn jemand Fehler macht, umständlich erklärt oder sich verspätet.	☐	☐

TEST: WIE GESTRESST SIND SIE WIRKLICH?

	Ja	Nein
● Ohne mich läuft in meinem Team fast gar nichts.	☐	☐
● Am liebsten würde ich manchmal drei Sachen gleichzeitig machen.	☐	☐
● In letzter Zeit machen mir öfter mal Magen- oder Kopfschmerzen zu schaffen.	☐	☐
● Wenn man mich bittet, heute pünktlich Schluß zu machen, fühle ich mich unter Druck gesetzt.	☐	☐
● Die 38-Stunden-Woche habe ich meist schon am Donnerstag hinter mir.	☐	☐
● Für kurze private Telefongespräche oder eine Tasse Kaffee mit Kollegen bleibt mir eigentlich keine Zeit.	☐	☐
● Ich würde gern in Ruhe über einige berufliche Ideen oder Projekte nachdenken – aber wann?	☐	☐
● In unserer Abteilung kommt es immer wieder zu Konflikten.	☐	☐
● Der Konkurrenzdruck in unserer Firma ist ziemlich hoch.	☐	☐

Testauflösung

Wie viele dieser Aussagen treffen auf Sie zu? Nicht mehr als sieben? Oder sehr viele mehr? Jedes angekreuzte Ja zählt einen Punkt.

● ***Bis zu sieben Punkten:*** Sie haben Ihren Job nicht nur gut im Griff, sondern Sie lassen sich auch von Streßfaktoren nicht so leicht aus der Ruhe bringen.

● ***Sieben bis zwölf Punkte:*** Der Streß ist für Sie wohl gerade noch erträglich. Allerdings kann das schnell kippen.

- *Mehr als zwölf Punkte:* Sie sollten sich als höchst gefährdet betrachten. Der Streß droht, Sie zu vereinnahmen, oder hat es bereits getan.

Zeitmanagement – ein Programm in acht Schritten

Mit einem durchdachten Zeitmanagement können Dauerstreß sowie Hochbelastungsphasen enorm entschärft werden. Um Zeit zu sparen, müssen Sie zuerst etwas Zeit investieren. Es zahlt sich aus: in Minuten, Stunden, Tagen – und besseren Nerven.

Mit einer Prioritätenliste behalten Sie den Überblick und können nichts Entscheidendes vergessen.

ERSTER SCHRITT: TEILEN SIE DEN TAG EIN Schreiben Sie morgens als erstes (oder auch bereits am Vorabend) auf, wie Sie Ihren Arbeitstag strukturieren werden: Welche Aufgaben müssen erledigt werden, welche Termine sind bereits festgelegt, wofür werden Sie wie lange brauchen? Dabei müssen Prioritäten gesetzt werden: Die wichtigsten und besonders unangenehmen Aufgaben sollten Sie ganz oben auf die Liste setzen. Dann Punkt für Punkt abhaken.

ZWEITER SCHRITT: PLANEN SIE ZEITPUFFER MIT EIN Ein lückenlos vollgepfropfter Terminkalender läßt keinen Spielraum für Unvorhergesehenes (und dazu kommt es täglich) und langfristige Konzeptionen. Etwa 30 bis 40 Prozent der Gesamtzeit planen erfahrene Führungskräfte als frei verfügbare Zeit ein. Diese Reserven sind auch dringend nötig, denn im Alltagsgeschäft bleibt kein Raum, um neue Ideen zu entwickeln oder Projekte zu planen.

DRITTER SCHRITT: BEACHTEN SIE IHRE LEISTUNGSKURVE Zu welchen Tageszeiten sind Sie besonders kreativ und hellwach, wann schlaffen Sie ab? Die meisten Menschen erreichen ihr Leistungstief in den frühen Nachmittagsstunden, diese Zeit sollten Sie deshalb Routinearbeiten widmen.

VIERTER SCHRITT: VERSCHAFFEN SIE SICH DURCHBLICK Eine halbe Stunde täglich vergeuden wir laut Untersuchungen mit Suchen! Diese Zeit läßt sich einsparen, wenn der Arbeitsplatz übersichtlich und ordentlich gestaltet wird. Deshalb: Halten Sie die Arbeitsfläche möglichst frei, postieren Sie wichtige Unterlagen und Arbeitsmaterial griffbereit. Spannen Sie, wenn möglich, den Computer bei Archivierungen mit ein, füttern Sie ihn mit Adressen und Telefonnummern, anstatt Dutzende von Zetteln vollzukritzeln. Gliedern Sie auch Ihren Terminkalender übersichtlich, etwa indem Sie für verschiedene Bereiche bestimmte Farben verwenden.

Fünfter Schritt: Verzetteln Sie sich nicht Erledigen Sie, wenn möglich, nicht eine Sache nach der anderen. Sonst leidet die Konzentration. Bündeln Sie ähnliche Arbeiten. Ein Telefonanruf, dann ein Gespräch mit einem Mitarbeiter, danach einen Brief aufsetzen? So vergeuden Sie Ihre Zeit. Das Gehirn braucht jedesmal wieder eine Einarbeitungs- und Aufwärmphase, um sich auf das neue Thema einzustellen. Bilden Sie deshalb Arbeitsblöcke und stellen Sie, soweit möglich, nicht eingeplante Arbeiten erstmal zurück. Und: Planen Sie langfristig. Nehmen Sie sich eine Viertelstunde oder auch länger pro Tag, um vorauszuplanen. Was steht in den nächsten Tagen und Wochen an? Vieles läßt sich im voraus wesentlich zeitsparender in die Wege leiten.

Hauruck-Aktionen kurz vor Geschäftsschluß sind regelrechte Zeitkiller und Hyperstressoren.

Die ABC-Methode

Eine bewährte Methode, um Prioritäten zu setzen. Gliedern Sie alle Aufgaben nach folgendem System: A steht für alles, was erledigt werden muß, B für Aufgaben, die erledigt werden sollten, C für jene Tätigkeiten, die Sie gern erledigen würden. Wenn Sie sämtliche A-Prioritäten bearbeitet haben, ist Ihnen der Erfolg bereits so gut wie sicher – bei einem geringen zeitlichen Aufwand. Wie Forschungen belegen, kostet die Erledigung der A-Prioritäten nur 20 Prozent der Gesamtzeit. 80 Prozent unserer Zeit vergeuden wir nämlich mit Aufgaben, die nicht Voraussetzung für den Erfolg sind.

Sechster Schritt: Legen Sie Pausen ein Alle eineinhalb bis zwei Stunden sollten Sie Ihrem Gehirn für einige Minuten Gelegenheit geben abzuschweifen – um auf neue Gedanken zu kommen. Machen Sie dabei Gymnastikübungen oder spazieren Sie zumindest auf und ab, denn wirklich zündende Gedanken erhalten wir nur, wenn das Pingpong-Spiel unseres Gehirns in Gang gesetzt wird: die Verbindung zwischen unserer

Ein gutes Zeitmanagement hilft, Streß zu vermeiden. Teilen Sie sich den Tag sinnvoll ein.

linken Gehirnhälfte, die logisch denkt, und der rechten, die assoziativ-bildlich arbeitet. Während die linke bei jedem Blick in die Akten, jedem Versuch, unsere Gedanken zu strukturieren, ohnehin ständig aktiv ist, muß die rechte durch Bewegung mobilisiert werden, um in Aktion zu treten und uns eine Lösung vor unser geistiges Auge holen zu können.

SIEBTER SCHRITT: VERSCHLEPPEN SIE UNANGENEHME ARBEITEN NICHT Alles, was wir vor uns herschieben, blockiert uns und stiehlt uns Zeit. Denn unbewußt kreisen unsere Gedanken um diese Aufgabe. Der einzige Weg, unser Gehirn von dieser Last zu entrümpeln: Setzen Sie sie auf Ihrem Zeitplan ganz nach oben – und bringen Sie sie hinter sich.

ACHTER SCHRITT: TAGESRESÜMEE ZIEHEN Kurz vor Feierabend sollten Sie Ihren Plan nochmals durchgehen und Ihr Timing mit den gesteckten Zielen vergleichen: Was konnten Sie abhaken? Welche Aufgaben stehen noch aus (und müssen morgen ganz nach oben auf die Liste)? Wo liegen Knackpunkte?

Das Arbeitspensum reduzieren

Wenn wir im Streß versinken, liegt das fast immer auch daran, daß unser Arbeitspensum zu gewaltig ist. Sie haben zwei Möglichkeiten:

Ermutigen Sie Ihre Mitarbeiter zu mehr Eigeninitiative, damit man nicht wegen jeder Kleinigkeit zu Ihnen kommt.

- Mehr delegieren. Die beste Möglichkeit festzustellen, ob Sie noch zuviel selbst erledigen ist die ABC-Methode. Überprüfen Sie dabei auch Ihr Raster: Viele Frauen ordnen auch Aufgaben in die A-Klasse ein, die eigentlich in die B- oder gar C-Kategorie fallen würden.

- Der zweite Weg, um Ihr Arbeitspensum zu reduzieren, ist kniffliger: Sie dürfen sich von Ihrem Vorgesetzten nicht mehr so viele Aufgaben aufs Auge drücken lassen. Mit der Schwierigkeit, rechtzeitig nein zu sagen, haben weibliche Vorgesetzte oft noch zu kämpfen. Natürlich können Sie sich nicht einfach verweigern. Aber wenn Ihr Team Zusatzarbeiten übernehmen soll und die Kapazität bereits ausgelastet ist, müssen Sie Ihrem Chef klarmachen, daß andere Aufgaben vorübergehend zurückgestellt werden oder von anderen Abteilungen übernommen werden müssen. Das sind Sie Ihrem Team und Ihren Nerven gleichermaßen schuldig.

Ein Anti-Stress-Programm

1. Entspannung: Wir können viel Streß ertragen, wenn wir innerlich ruhig, zuversichtlich und ausgeglichen sind. Greifen Sie deshalb auf bewährte Entspannungstechniken, wie autogenes Training, zurück.

2. Bewegung: Sport ist der ideale Ausgleich für einen hektischen Alltag und unentbehrlich, um Streß wirkungsvoll abzubauen. Ob Sie schwimmen, joggen oder Tennis spielen, ist egal. Hauptsache, Sie haben Spaß daran und betreiben Ihre Sportart mindestens zweimal pro Woche.

3. Muße: Auch der Geist braucht Entspannung und die Gelegenheit, richtig aufzutanken. Suchen Sie sich bewußt Freizeitbeschäftigungen, die Sie positiv stimmen: schöne Spaziergänge, Bücher, Musik …

4. Ernährung: Lassen Sie Fastfood und Co. links liegen. Auch Zucker und viel Fett sollten Sie meiden. Greifen Sie zu vitaminreichen und möglichst naturbelassenen Nahrungsmitteln.

NACH OBEN BEHAUPTEN

Auch als Führungskraft haben Sie natürlich Chefs. Ihr wichtigster Ansprechpartner ist der Vorgesetzte, dem Sie unterstellt sind. In der Regel wird er in der Hierarchie eine Stufe über Ihnen angesiedelt sein. Ist das Verhältnis zu dieser Führungskraft gestört, wird Sie das natürlich besonders belasten. Denn schließlich sind Sie nicht nur für sich selbst, sondern auch für Ihre Mitarbeiter verantwortlich. Ein paar typische Schwierigkeiten lassen sich aber ganz gut meistern.

Im Dauerhagel der Kritik

Wie Sie mit berechtigter Kritik von oben am besten umgehen, wurde bereits ausführlich erläutert (siehe dazu »Fehler und Pannen – wie sag' ich's ihm?«, Seite 41). Schwierig wird es allerdings, wenn sich Vorwürfe häufen und Ihr Vorgesetzter häufig und stark kritisiert. Zuerst sollten Sie überlegen, wo die Ursachen liegen:

- Sind Sie es, die hauptsächlich Fehler macht?
- Oder arbeitet das Team mangelhaft?
- Oder ist die Kritik des Vorgesetzten überzogen oder gar ungerechtfertigt?

Auch wenn es hart klingt: Bei jedem der drei Fälle handelt es sich um Ihr Problem – allerdings unterscheiden sich die Lösungswege.

Wenn der Fehler bei Ihnen liegt

Sie sollten Ihre Fehler jedesmal analysieren, damit Ihnen dasselbe Mißgeschick kein zweites Mal passiert.

Zunächst zur ersten Möglichkeit: Sie machen (zu) viele Fehler, etwa bei Entscheidungen oder beim Delegieren von anspruchsvollen Aufgaben. Das ist meist nicht verwunderlich, wenn Sie Ihre Funktion erst sehr kurz ausüben. In diesem Fall empfiehlt es sich, offen mit dem Vorgesetzten zu sprechen. Bitten Sie ihn um konstruktive Ratschläge, wie Sie Ihre Arbeit besser in den Griff bekommen. Dadurch zeigen Sie zwar vorübergehend Schwäche, haben aber die Möglichkeit, gezielt an Ihren Defiziten zu arbeiten.

Wenn das Team nicht die gewünschten Ergebnisse bringt

Der zweite Fall verlangt ebenfalls Engagement Ihrerseits. Wenn die Leistung im Team nicht stimmt, fällt das auf Sie zurück. Schließlich sind Sie dafür verantwortlich. Prüfen Sie zunächst, wieso Ihre Mitarbeiter ständig Fehler machen oder mangelhaft arbeiten. Sind sie unmotiviert, in ihren Fähigkeiten überfordert oder durch zuviel Arbeit schlichtweg überlastet? Erst wenn Sie die Ursachen kennen, können Sie die richtige Erfolgsstrategie einsetzen. Einiges können und müssen Sie in Eigenregie durchführen, etwa indem Sie ein motivationsförderndes Klima schaffen oder die Aufgaben im Team anders verteilen.

Falls manche Mitarbeiter auf Kosten anderer eine ruhige Kugel schieben, ist es Ihre Aufgabe, dies zu ändern.

Wenn Vorgesetzte den Druck von oben nach unten weitergeben, sinkt die Arbeitsmotivation. Schaffen Sie ein motivationsförderndes Klima.

Doch es gibt Grenzen: Nicht immer können Sie die Misere allein beheben – beispielsweise bei chronischer Überlastung. Den Druck, den Sie von oben bekommen, nach unten weiterzugeben, ist zwar die häufigste Methode, um mit der Situation fertigzuwerden, aber auch die schlechteste. Denn die Arbeitsmotivation sinkt dadurch zusätzlich, und Ihre besten Mitarbeiter werden früher oder später abwandern: Die Situation würde eskalieren. Ebenso fatal wäre es, wenn Sie selbst versuchen, die Arbeit Ihrer Mitarbeiter zu erledigen, denn dann kommen Ihre wichtigeren Aufgaben zu kurz. Deshalb müssen Sie Ihrem Vorgesetzten die Sachlage erklären und ihm mögliche Alternativen anbieten.

Besonders engagierte Mitarbeiter sollten Sie dazu bewegen, mehr als nötig zu tun, indem Sie ihnen Perspektiven bieten und beispielsweise mehr Verantwortung überlassen.

TIP

Beispiel Überlastung: Machen Sie Ihrem Chef klar, daß das Arbeitspensum entweder reduziert oder eine weitere Planstelle geschaffen werden muß. Ihrem Vorgesetzten muß deutlich werden, wie sehr Sie darauf bedacht sind, ihn zufriedenzustellen. Doch ebenso muß er verstehen, daß das nur durch seine Unterstützung geschehen kann. Ähnlich liegt der Fall, wenn Ihre Mitarbeiter fachlich überfordert sind: Dann müssen Sie darum kämpfen, daß entweder geeignete Weiterbildungsmaßnahmen eingeleitet werden oder daß Sie eine zusätzliche Fachkraft bekommen.

Wenn der Fehler bei Ihrem Vorgesetzten liegt

Was aber, wenn Sie die Kritik Ihres Vorgesetzten überhaupt nicht nachvollziehen können? Dann müssen Sie ihm das mitteilen. Vielleicht sind es Kleinigkeiten, die ihn stören und leicht aus der Welt zu schaffen sind. Allerdings müssen Sie auch damit rechnen, daß Sie es mit einem frustrierten Menschen zu tun haben, der immer ein Haar in der Suppe finden wird. Vergeuden Sie Ihre Energien nicht damit, alles doppelt so gut machen zu wollen, um ihn davon zu überzeugen, daß seine Kritk jeglicher Grundlage entbehrt. Legen Sie sich ein dickeres Fell zu und versuchen Sie, seine Nörgeleien gelassen zu nehmen. Gleichzeitig sollten Sie seine abfälligen Kommentare nicht an das Team weitergeben: Dadurch verunsichern und entmutigen Sie nur Ihre Mitarbeiter.

Der Chef delegiert über Sie hinweg

Wenn Ihre Mitarbeiter nicht nur von Ihnen Anweisungen erhalten, sondern auch von der nächsthöheren Stelle, ist das äußerst problematisch. Zum einen müssen Sie damit rechnen, daß die Erledigung der von Ihnen übertragenen Aufgaben hinausgeschoben wird, da jeder Mitarbeiter selbstverständlich annimmt, die Aufträge des höhergestellten Chefs hätten Vorrang. Zweitens verlieren Sie dadurch eindeutig an Gewicht – Ihre Mitarbeiter können Sie nicht für voll nehmen, wenn es der nächsthöhere Chef offensichtlich auch nicht tut. Drittens müssen Sie davon ausgehen, daß Ihr Vorgesetzter nicht allzuviel Vertrauen in Sie und Ihre Art zu delegieren hat, sonst würde er Sie nicht übergehen.

Anweisungen Ihres Chefs an Ihre Mitarbeiter müssen über Sie laufen – und nicht an Ihnen vorbei.

Um die Situation wieder ins rechte Lot zu rücken, müssen Sie Ihr Verhalten sowohl Ihren Mitarbeitern als auch Ihrem Vorgesetzten gegenüber ändern:

Schieben Sie einen Riegel vor

- Geben Sie Ihren Mitarbeitern Anweisungen mit klaren zeitlichen Vorgaben, die sie auch überschauen können. Am besten bitten Sie darum, eine bestimmte Aufgabe sofort zu erfüllen. Dann erfahren Sie zumindest gleich, wenn der Vorgesetzte wieder einmal Extraaufträge an das Team zu vergeben hat.

- Denken Sie voraus: Welche sinnvollen Aufgaben können Sie übergeben, wenn einmal weniger zu tun ist? Ihr Vorgesetzter darf keinesfalls in seiner Ansicht bestärkt werden, Ihr Team wäre zuwenig ausgelastet, weil Sie zuwenig delegieren.

- Sprechen Sie mit dem Vorgesetzten. Teilen Sie ihm mit, daß es zu Verwirrung und Reibungsverlusten führt, wenn Anweisungen von verschiedenen Stellen kommen. Darüber hinaus könnten Sie sich auf diese Weise keinen Überblick verschaffen, welche Mitarbeiter über- bzw. unterbeschäftigt seien. Bitten Sie ihn, seine Wünsche in Zukunft zuerst Ihnen mitzuteilen. Denn: Auch seine Aufträge dürfen keinesfalls an Ihnen vorbeilaufen.

LOYALITÄTSKONFLIKTE

In Ihrer Position ist Loyalität gefragt – Ihrem Vorgesetzten ebenso wie Ihrem Team gegenüber. In der Praxis kann das manchmal zu Konflikten führen, beispielsweise, wenn ein Mitarbeiter einen schwerwiegenden Fehler gemacht hat. Auch wenn Sie tatsächlich keinerlei Schuld tragen: Faktisch sind Sie dafür ebenso verantwortlich wie ein Minister für die Abläufe in seinem Ministerium. Fragt Ihr Vorgesetzter in solch einem Fall, auf wessen Konto der Fehler geht, sollten Sie keinen Zweifel daran lassen, daß Sie sich der Verantwortung stellen, und Ihre Mannschaft schützen. Sie müssen deshalb nicht lügen, indem Sie behaupten, Sie selbst hätten den Fehler gemacht. Aber wenn Sie versichern, mit dem Betreffenden gesprochen zu haben und dafür zu sorgen, den Schaden in Grenzen zu halten, wird Ihr Vorgesetzter Ihr Loyalitätsempfinden vielleicht anerkennen und nicht darauf beharren, sich den Schuldigen selbst vorzuknöpfen. Durch ein solches Verhalten können Sie das Vertrauen des Teams in Ihre Person enorm stärken. Voraussichtlich wird es auch Ihr Chef gerne sehen, wenn Sie die Verantwortung selbstbewußt auf Ihre Schultern nehmen.

Unter dem Siegel der Verschwiegenheit

Diese Loyalität sollten Sie auch umgekehrt an den Tag legen. Teilt Ihnen Ihr Chef oder die Firmenspitze Interna unter dem Siegel der Verschwiegenheit mit, müssen Sie sich unbedingt daran halten. Haben Sie das Gefühl, Ihre Mitarbeiter sollten etwa von einer geplanten Umstrukturierung wissen, sollten Sie sich gute Argumente überlegen und sich dann mit Ihrem Vorgesetzten absprechen.

Auch wenn es nicht ausdrücklich vereinbart wurde, bei Interna ist Stillschweigen meist angebracht.

In manchen Fällen können Sie sich auch mit diplomatischem Geschick aus einem Loyalitätskonflikt befreien. Angenommen, einer Ihrer Mitarbeiter befindet sich seit längerer Zeit in einer privaten Krise. Weil er oft zu spät kommt, hat er auch schon eine Abmahnung erhalten. Daraufhin hat sich sein Verhalten zwar stark gebessert, aber dennoch kommt es noch zu Ausrutschern. Ihr Vorgesetzter hat Ihnen nun mitgeteilt, beim nächsten Zuspätkommen würde man kein Auge mehr zudrücken. Gleichzeitig hat er Sie dazu verpflichtet, den Betreffenden nicht von dieser Absicht zu informieren. Selbstverständlich sollten Sie sich erst einmal für den Mitarbeiter einsetzen und klarmachen, daß sich seine Verfassung ebenso wie sein Zuspätkommen bereits gebessert hat. Unter Umständen haben Sie damit aber keinen Erfolg. Was nun?

Der schwierige Spagat

Einerseits stehen Sie beim Vorgesetzten im Wort, andererseits möchten Sie den Mitarbeiter schützen. Um beiden Ansprüchen gerecht zu werden, können Sie nur eines tun: Sie müssen vor dem jeweiligen Mitarbeiter die entschlossene Haltung der Firmenspitze als Ihre eigene ausgeben, indem Sie dem Mitarbeiter klarmachen, daß Ihre Geduld endgültig erschöpft ist und Sie sich beim nächsten Zuspätkommen dazu gezwungen fühlen, die Konsequenzen zu ziehen. Vielleicht ist Ihnen diese Rolle unangenehm, vielleicht erkennt der Mitarbeiter auch, woher der Wind weht. In jedem Fall aber bekommt er jene letzte Chance, die Sie für richtig halten. Sie bleiben sich und Ihrem »weiblich geprägten« Führungsstil treu, ohne die Regeln zu verletzen.

Weiblicher Führungsstil und Loyalität nach oben schließen sich nicht aus: Sie können Mitarbeitern immer eine Chance geben.

Loyal nach oben und nach unten? Mit Bestimmtheit und Verständnis können Sie einen weiblichen Führungsstil durchsetzen.

EXTRA: POWERTALK – DIE SPRACHE DES ERFOLGES

Frauen drücken sich anders aus als Männer – und reden sich dabei im Job oft um den Erfolg. Mit schöner Regelmäßigkeit kommen Forscher, die sich mit dem kleinen verbalen Unterschied beschäftigen, zu diesem Ergebnis. Doch wer die typischen Fallen kennt, so belegte zuletzt auch die amerikanische Soziolinguistin Deborah Tannen in ihrem Buch »Job-Talk«, kann sie auch vermeiden – und erfolgreich den Ton angeben.

Wer nicht fragt, bleibt dumm?

Von wegen. Frauen fragen viel mehr als Männer und sind gerade deshalb die Dummen: Denn der weibliche Wissensdurst wird leicht als Unwissenheit interpretiert. Daß Männer oft nicht nur weniger fragen, sondern auch weniger wissen, ändert daran leider gar nichts.

T I P

Überlegen Sie genau, wen Sie fragen können, ohne sich eine Blöße zu geben, oder wie Sie sich die nötigen Infos anderweitig beschaffen können. Und: Formulieren Sie die Frage als Aussage: »Folgendes muß noch geklärt werden ... «

Frauen artikulieren Ihre Wünsche zu zaghaft

Während Männer Ihre Vorstellungen ohne Umschweife darlegen (»Jetzt machen wir ein Konzept.«), versuchen es Frauen auf die sanfte Tour (»Ich schlage vor ... « – »Wir sollten jetzt ... «). Natürlich wirkt das netter, sympathischer und höflicher, doch leider häufig auch weniger verbindlich. Das bedeutet nicht, daß Sie von nun an den männlichen Kommandoton übernehmen sollten. Überprüfen Sie aber immer wieder, inwieweit Ihre höflichere Art so ankommt, wie Sie es wollen. Sonst müssen Sie Ihre Vorstellungen eine Spur nachdrücklicher formulieren.

Keine sanfte Tour: Sprechen Sie möglichst direkt und geradeheraus.

Frauen formulieren vage

Frauen verwenden öfter als Männer abschwächende Floskeln, wie: »Ich denke ... « – »Vielleicht« – »Vermutlich«. Wenn Sie Ihre Gedanken auf diese Weise einleiten, können Sie sie auch gleich für sich behalten.

Frauen stehen zuwenig zu ihrer Meinung
Sie verstecken sich hinter neutralen Formulierungen, wie: »man« – »es heißt«. Demzufolge werden ihre Argumente von vornherein als weniger überzeugend eingeschätzt. Bringen Sie Ihre Persönlichkeit selbstbewußt ins Spiel: »Ich bin der Überzeugung …« – »Wie ich festgestellt habe …«

Frauen lassen sich öfter unterbrechen
Auch das interpretieren andere als Schwäche. Wenn man Ihnen ins Wort fällt, sollten Sie im gleichen Tonfall, aber etwas lauter weiterreden. Absolut tabu: sich entschuldigen. Etwa: »Verzeihen Sie, aber ich wollte noch etwas sagen.« Statt dessen: »Moment, Herr X!« – und weiterreden.

Frauen gehen stärker auf Ihre Vorredner und Gesprächspartner ein
Sie greifen zuerst das auf, was der andere gesagt hat, um Verständnis zu signalisieren und eine Überleitung herzustellen. Das ist sicherlich kommunikationsfördernd – aber nur dann, wenn die Zusammenfassung tatsächlich in einem Satz erfolgt. Bei Konferenzen ist sogar davon abzuraten: Nutzen Sie Ihre Redezeit für den eigenen Beitrag!

Verständnis ist zwar nett, kostet aber Zeit.

Frauen sind flexibler als Männer
Das ist ein Vorteil, den Sie nutzen sollten, um sich in der jeweiligen Gesprächssituation auf Ihr Gegenüber einzustellen. Mit Diplomatie und Selbstvertrauen können Sie überall erfolgreich mitreden.

SPRACHMÄCHTIGKEIT

- Männer reden in der Regel länger.
- Äußerungen von Männern finden meistens mehr Beachtung.
- Männer unterbrechen Frauen viel häufiger als umgekehrt.

Bedenken Sie immer: Männer können das nur tun, weil Frauen es zulassen. Frauen können es ändern: Fordern Sie Ihr Rederecht selbstbewußt ein. Reden Sie mit!

Weiterführende Literatur

- ***Cheryl Benard und Edit Schlaffer: Rückwärts und auf Stöckelschuhen ... können Frauen so viel wie Männer.***
  Kiepenheuer & Witsch Verlag. Köln 1989

- ***Christa von Winsen: »Schluß mit der Männerwirtschaft«. Frauen in Beruf und Ausbildung.***
  C. Beck Verlag. München 1990

- ***Ulla Dick: Netzwerke und Berufsverbände für Frauen.***
  Rowohlt Verlag. Reinbek 1992

- ***Christel Frey und Brigitte Kümbel: Als Frau Führungspersönlichkeit entwickeln. Was Sie wissen und können sollten, um erfolgreich führen zu können.***
  PAL VerlagsGmbH. Mannheim 1993

- ***Claudia Kirsch: Meine Chefin bin ich selbst. Strategien und Tips für die berufliche Selbständigkeit.***
  PAL VerlagsGmbH. Mannheim 1993

- ***Sonja Bischoff: Frauen zwischen Macht und Mann – Männer in der Defensive. Führungskräfte in Zeiten des Umbruchs.***
  Rowohlt Verlag. Reinbek 1990

- ***Lotte Adolphs: Karrierefrauen. Mann und Kind im Karrierelauf der Frau.***
  Walter Braun Verlag. Duisburg 1988

- ***Renate Ibelgaufts: Karrierefrauen – Frauenkarriere. Der tägliche Umgang mit dem Erfolg.***
  Falken Verlag. Niedernhausen 1991

Hinweis
Das vorliegende Buch ist sorgfältig erarbeitet worden. Dennoch erfolgen alle Angaben ohne Gewähr. Weder die Autorin noch der Verlag können für eventuelle Nachteile oder Schäden, die aus den im Buch gemachten praktischen Hinweisen resultieren, eine Haftung übernehmen.

Bildnachweis
Cover und Kapitelanfangsseiten: **Tony Stone** (Peter Correz)
Fotex: 130 (Melanie Carr), 88 (T. Mc Carthy), 158,
IFA-Bilderteam: 8 (IPP), 165 (ICS)
Mauritius: 45 (Poehlmann), 150 (Mitterer), 173 (Coll), 196 (Ridder), 205 (Enzinger)
Tony Stone: 16 (Charles Thatcher), 26 (Dale Durfee), 35, 70, 137 (Bruce Ayres), 55, 214 (Tim Brown), 92 (Frank Herholdt), 211 (Nick Dolding), 218 (Walter Hodges)
Transglobe: 106 (Todd Weinstein), 127

Impressum

Redaktion:
Dr. Elfriede Ledig
Redaktionsleitung:
Josef K. Pöllath
Bildredaktion: Bettina Huber
Produktion:
Manfred Metzger
Design, Layout und Satz:
Kraxenberger KommunikationsHaus GmbH, München
Druck und Bindung:
Legoprint, Trento

Printed in Italy

Gedruckt auf chlorfrei gebleichtem Papier

ISBN 3-517-01721-3

REGISTER